기출을 재해석한 **기본 심화 이론**

기심론
독해

조태정 영어 2026

넥스트스터디

Preface 머리말

■ **공무원 시험에 있어 '영어'의 중요성**

공무원 강사로 영어를 가르치면서, 특히나 저에게 많은 학생분들이 상담 신청을 해오셨습니다. 모두 인사 다음으로 저에게 건네는 공통적인 첫마디가 있습니다. 바로 "제가요~ 영어가 너무 약해서요….".입니다.

다른 과목들처럼 암기하는 대로 문제를 보자마자 답을 골라낼 수 있는 과목도 아닐뿐더러, 어휘의 경우 휘발성이 강하며, 독해는 나름 한다고 하는데 잘하고 있는 건지 알 길이 없고, 문법은 생소한 용어, 생소한 규칙을 회독하고 암기하다가 쉽게 지치는 모습을 실제로 꽤 많이 볼 수 있습니다.

공무원 합격의 당락을 결정짓는 과목은 '영어'라고 알려져 있고, 실제로 공무원 시험의 성패는 '영어'에 달려 있다 해도 과언이 아닙니다. 그만큼 만만치 않은 과목인 것도 사실이지요.

이 글을 읽고 계실, 이제 막 공무원 시험을 준비하는 초시생, 다시 도전하는 재시생 등 2026년 시험을 목표로 하는 우리 수험생분들에게 말씀드립니다.

"사실 영어는 걱정할 만한 과목이 아닙니다!"

**■ 자신의 현재 위치를 제대로 파악하고 방향성만 제대로 잡으면
영어는 오히려 전략 과목이 됩니다!**

"뭐부터 하면 될까요?"라는 물음에 저는 "제일 먼저 현재 위치를 파악해 보세요."라고 말씀드립니다. 개개인마다 생김새와 성격이 모두 다르듯, 영어 또한 개개인마다 차이가 존재합니다. 따라서 스스로가 현재 어떤 위치에 있는지 파악하고 이에 맞춰 앞으로의 학습 계획을 세우는 것이 중요하답니다.

자가진단을 하실 수 있도록 진단고사를 만들어 두었으니, '진단고사 & 합격전략' 강의 혹은 네이버 카페 (cafe.naver.com/taeenglish100)나 넥스트공무원 사이트를 통해 꼭 활용하시기 바랍니다.
현 위치를 파악했다면, 이제 출발선에서 학습 방향성을 제대로 잡아야겠지요.
모든 수험생들이 원하는 길은 빙빙 돌지 않으면서 가장 빠르게, 가장 확실하고 정확하게 가는 지름길일 겁니다. 안타깝게도, 특히나 영어에 있어 잘못된 공부 방향임을 인지하지 못하고, 그저 스스로를 탓하며 주변을 계속해서 헤매고 맴도는 경우를 흔치 않게 볼 수 있습니다.

영어 각 영역별로 학습 방법만 확실히 알고 있다면, 많은 양의 영어 공부가 불필요할 수도 있습니다.

수험생 여러분의 합격을 기원합니다.

조태정

Guide 우리말과 영어의 차이

■ **우리말과 영어의 차이를 이해하는 것이 중요합니다.**

구분	조사	각 요소의 위치에 따른 의미
우리말	○	×
영어	×	○

우리말은 영어와 달리 조사가 발달하여, 문장 내에서 조사가 각 단어의 역할을 결정합니다. 그래서 각 문장 요소의 어순이 크게 의미 차이를 만들어 내지 않습니다.

☑ 뱀**이**   소녀**를**   물었다.
  = 뱀**이**   물었다   소녀**를**.
  = 소녀**를** 물었다   뱀**이**.
  ▶ 주격 조사 '은/는/이/가'와 함께 쓰인 '뱀'은 위치와 상관없이 주어이고, 목적격 조사 '을/를'이 붙어 있는 '소녀'는 목적어입니다.

반면, 영어에서는 문장 내에서 조사 대신에 각 단어의 위치(자리)가 그 단어의 역할을 결정합니다.

☑ <u>A snake</u>   bit   <u>a girl</u>.
   주어 자리   동사   목적어 자리
  ▶ 주어 자리에 놓인 **A snake**가 주어이고, 목적어 자리에 놓인 **a girl**이 목적어입니다.

☑ <u>A girl</u>   bit   <u>a snake</u>.
   주어 자리   동사   목적어 자리
  ▶ 주어 자리에 놓인 **A girl**이 주어이고, 목적어 자리에 놓인 **a snake**가 목적어입니다.

■ **우리말과 영어의 차이에서 기본을 배웁니다.**

이렇듯 영어에서는 각 단어의 어순에 따라 그 문장의 의미가 달라집니다. 그러므로 각 단어의 위치를 제대로 보는 것이 문장의 구조를 파악하는 데 있어 가장 중요합니다.

따라서, 영어 공부를 한다는 것은 영어에서 각 단어의 위치를 우리말 조사로, 우리말 조사를 영어 단어의 위치로 바꾸어 생각하는 것이라고 할 수 있습니다.

우리말 '조사' ▶ 영어 '단어의 자리'

한편, 이 같은 영어 문장에서 자리(위치)의 기준이 되는 것은 동사로, 각 문장에서는 동사를 중심으로 하여 문장 내에서 각 단어의 역할이 무엇인지 생각해야 합니다.

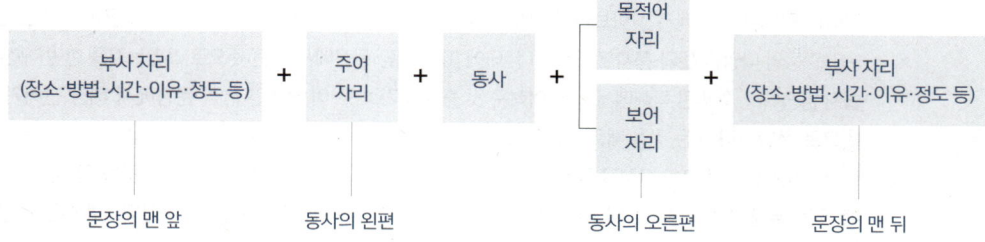

Guide 조태정 선생님이 추천하는 독해 공부법

■ 끊어 읽기

모든 독해의 **기본은 정확한 해석**입니다. 너무도 당연한 이 부분이 안타깝게도 근래 들어서 경시되는 경향이 있는 것 같습니다. '어차피 영어는 정확하게 해석이 안 되니까', 또는 '정확하게 해석을 하다 보면 시간이 많이 걸리니까' 등의 이유로 정확한 해석을 오히려 지양하도록 하는 강사들도 있는 실정입니다. 끊어 읽으면 이 모든 것이 간단하게 해결됩니다. 올바른 끊어 읽기는 문장의 구조와 구문을 쉽고 정확하게 분석할 수 있게 해 줍니다. 이렇듯 **정확한** 분석은 각 단어의 쓰임을 올바르고 신속하게 파악하게 해서, 정확한 해석과 동시에 시간 단축도 가능하게 해 줍니다. 구문 독해 수업을 통해 익힌 **끊어 읽기 8원칙**을 본서를 통해 충분히 연습한다면, **간단하고도 정확한 지문 분석**과 **해석**, **시간 단축**을 모두 얻을 수 있을 것입니다.

본서는 '감 독해'를 지양하고자 핵심문장 다시 보기를 통해 해석의 정확성을 높이도록 했습니다.

■ 맥락을 통해 글 예측하기

영어는 대표적인 '**다품사 언어**'로, 하나의 단어가 너무나도 많은 뜻을 포함하고 있습니다. 예를 들어, **mean** 이라는 단어를 사전에서 찾아보면, '1. **의미하다**(v), 2. **의도하다**(v), 3. **수단**(n), 4. **평균**(n), 5. **진심으로** (adv)' 등의 다양한 뜻과 품사로 쓰입니다. 이에 따라 해당 문장에서 어떤 뜻으로 쓰였는지를 한 번에 알기가 쉽지 않습니다. 어쩌면 독해에서 가장 어려운 것 중 하나가 바로 이 부분인데, 각 **문장에서 해당 단어가 어떤 뜻으로 쓰였느냐** 하는 것을 빠르게 알아내는 것이 독해의 성패를 가른다고 할 수 있겠습니다.

영어는 이러한 스스로의 단점을 극복하기 위해 **맥락에 무게**를 두고 있습니다. 즉, **주제문을 각 문단의 맨 앞에 두는 두괄식**을 기본으로 하여, 서로 다른 전개 방식으로 각 문장이 유기적으로 연결되도록 하는 것입니다. 이러한 **맥락을 읽는 연습**을 통해서 글의 뒷부분을 예측·확인하는 방식으로 독해가 진행되지 않으면, 별도의 서로 다른 문장을 해석한 후 스스로 이 문장들을 연결하는 수고까지 동시에 진행해야 합니다. 이는 독해 자체를 굉장히 어렵게 만드는 결과를 낳게 됩니다.

본서는 공무원 영어 독해에서 가장 자주 보이는 글의 전개 방식을 소개하고, 기출문제를 통해서 그 방식을 충분히 적용해 볼 수 있도록 구성되었습니다. 이렇게 맥락 읽기와 글 예측하기를 충분히 연습해 준다면, 실제 시험에서도 지문을 빠르고 정확하게 파악하는 것은 물론, 정답까지 쉽게 도출해 낼 수 있을 것입니다.

본서에서는 이와 같은 맥락 파악 능력을 높이고자 핵심문장의 근거찾기 연습을 합니다.

■ **요령을 통해서 시간 단축하기**

독해의 각 유형별 문제들은 **답을 쉽게 찾을 수 있는 요령**이 존재합니다. 근래의 출제 경향을 보면, 독해에서는 '**순서 배열**', '**빈칸 추론**', '**문장의 삭제**', '**문장 삽입**' 등의 유형에 해당하는 문제들의 난도를 현격하게 높여서, 이를 통해 변별력을 높이려고 하는 것을 확인할 수 있습니다. 즉, 이들 유형의 **문장의 복잡성**을 높이거나, 글의 제재를 수험생들이 어려워하는 '**철학, 문화 인류학, 보건**' 등에서 채택하여, 아예 답을 찾는 것 자체를 어렵게 만들고 있는 것입니다. 따라서 이러한 유형들의 문제를 푸는 **요령을 습득**하는 것은 그 무엇보다도 **중요한 포인트**입니다.

한편, 요령 자체는 무엇보다도 **간단하고 습득이 쉬워야 합니다**. 그리고 모든 문제에 적용할 수 있는 **보편성이 확보**되어야 합니다. 간혹, 개중에는 너무나도 복잡한 나머지 요령 자체를 습득하는 데만 너무 많은 시간이 들거나, 혹은 한두 가지에만 간신히 적용되는 30%짜리 요령도 보입니다.

본서에서는 핵심 유형의 문제들을 쉽게 풀어내는 '**진짜 요령**'을 다룹니다. 즉, '**주제문을 쉽게 찾는 요령**'부터, '**문장의 삭제**', '**순서 배열**', '**빈칸 추론**' 등 수험생들이 어려워하고 시간 소비가 많은 부분에서 **쉽고 정확**하고 **빠르게** 답을 찾아내는 **혁신적인 방식**을 제시합니다. 이러한 유형별 요령을 습득한다면, **독해 시간을 줄이는 것**은 물론, **쉽게 정답을 찾는 것**에서 나아가 자신이 고른 답을 확인해 보는 시간까지 확보할 수 있을 것입니다.

본서에서 제시하는 간단하지만 보편성을 갖는 요령을 습득한다면, 독해에서 고득점을 넘어 만점을 획득할 수 있습니다.

Construction & Features 이 책의 200% 활용법

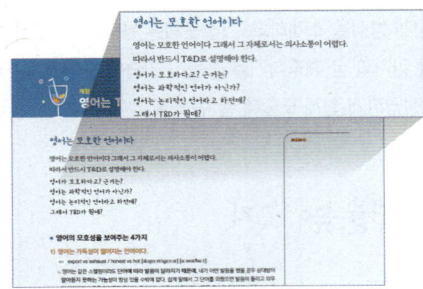

한눈에 보는 이론 설명

공무원 영어 독해에는 여러 가지 유형의 문제들이 있습니다. 이에 따라 각 파트의 시작 부분에 한눈에 볼 수 있는 유형별 풀이 방법을 제시하였습니다. 이는 뒤이어 수록된 문제를 푸는 데 필요한 기본기를 잘 다질 수 있게 할 것입니다.

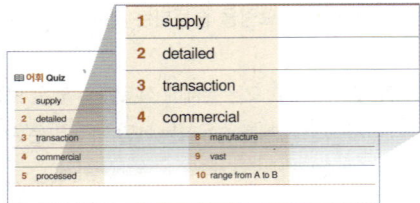

기본을 잡는 어휘와 Quiz

독해 전에 가장 먼저 이루어져야 하는 부분은 많은 어휘를 숙지하고 있어야 한다는 것입니다. 어휘의 의미를 알아야 문장의 의미를 파악할 수 있기 때문입니다. 본서는 각 유형별 독해 문제를 풀기 전에 알아두면 좋을 어휘들을 수록하였습니다. 그리고 특히 중요하다고 여겨지는 어휘들은 '어휘 Quiz'를 통해 완벽하게 암기할 수 있도록 하였습니다. 이를 통해 독해 문제를 보다 수월하게 풀 수 있는 기본기를 다지게 될 것입니다.

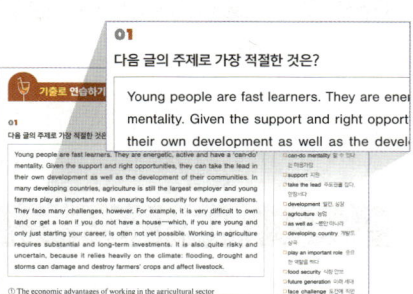

최신 출제 트렌드를 반영한 다양한 기출문제

앞서 배운 이론을 최신 출제 트렌드를 반영하여 엄선한 다양한 기출문제(최신 기출문제 포함)에 적용해 봄으로써 출제 경향을 한눈에 파악할 수 있게 하였습니다. 이렇듯 기출을 기반으로 한 독해 요령 학습은, 앞으로 출제될 높은 난도의 문제와 새로운 유형의 문제에 자연스럽게 대비할 수 있도록 할 것입니다.

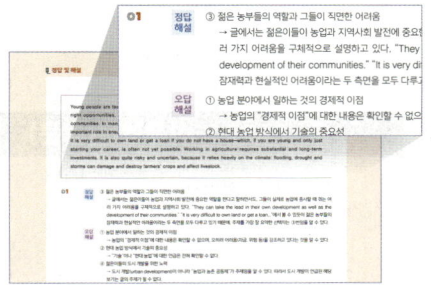

친절하고 꼼꼼한 설명

해설에는 출제자의 의도를 보다 쉽게 파악할 수 있는 힌트로서 '주제문, 정답의 근거, 결론' 등을 표시하였습니다. 이를 통해 독해 입문자 및 혼자 공부하는 수험생들도 어려움 없이 학습할 수 있을 것입니다. 짧은 지문이라도 빠짐없이 해석과 해설을 제시하였고, 특히 문제에 끊어 읽기 해석을 함께 수록함으로써 해당 지문을 꼼꼼하게 이해할 수 있게 하였습니다. 나아가 다양한 기출 어휘와 예상 어휘들을 제시하여 암기하게 함으로써, 빠르고 정확한 독해를 도울 뿐만 아니라 손쉽게 정답을 찾을 수 있게 하였습니다.

Contents & Self test list 차례 & 자기 진단 목록

PART 1 주제/제목/요지/필자의 주장
- ☐☐☐ 개괄 ... 014
- ☐☐☐ 이론 설명 적용하기 ... 028
- ☐☐☐ 유형별로 적용하기 ... 030
- ☐☐☐ 기출로 연습하기 ... 040

PART 2 글의 흐름
- ☐☐☐ 이론 설명 적용하기 ... 066
- ☐☐☐ 기출로 연습하기 ... 072

PART 3 순서 배열
- ☐☐☐ 이론 설명 적용하기 ... 098
- ☐☐☐ 기출로 연습하기 ... 100

PART 4 문장 삽입
- ☐☐☐ 기출로 연습하기 ... 128

PART 5 빈칸 추론
- ☐☐☐ 기출로 연습하기 ... 154

PART 6 내용일치, 불일치
- ☐☐☐ 기출로 연습하기 ... 180

PART 7 신유형(실용문)
- ☐☐☐ 이론 설명 적용하기 ... 198

Study plan  3회독을 위한 학습 계획

학습계획표에 따라 기간을 정해 3회독하여 기본서를 완독하는 것이 중요합니다.

	DAY	PAGE	학습내용	1회독	2회독	3회독
week 1	1	~				
	2	~				
	3	~				
	4	~				
	5	~				
	6	~				
	7	~				
week 2	1	~				
	2	~				
	3	~				
	4	~				
	5	~				
	6	~				
	7	~				
week 3	1	~				
	2	~				
	3	~				
	4	~				
	5	~				
	6	~				
	7	~				
week 4	1	~				
	2	~				
	3	~				
	4	~				
	5	~				
	6	~				
	7	~				

PART 1

주제/제목/요지/필자의 주장

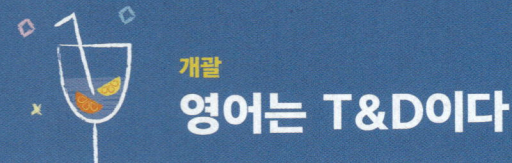

개괄
영어는 T&D이다

영어는 모호한 언어이다

영어는 모호한 언어이다 그래서 그 자체로서는 의사소통이 어렵다. 따라서 반드시 T&D로 설명해야 한다.

영어가 모호하다고? 근거는?
영어는 과학적인 언어가 아닌가?
영어는 논리적인 언어라고 하던데?
그래서 T&D가 뭔데?

■ 영어의 모호성을 보여주는 4가지

1) 영어는 가독성이 떨어지는 언어이다.

　　ex export vs exhaust / honest vs hot [ɪkspɔːrt/ɪgzɔːst] [ɑːnɪst/hɑːt]

　↳ 영어는 같은 스펠링이라도 **단어에 따라 발음이 달라지기** 때문에, 내가 어떤 발음을 했을 경우 상대방이 **알아듣지 못하는 가능성**이 항상 있을 수밖에 없다. 쉽게 말해서 그 단어를 외웠으면 발음이 들리고 외우지 않았다면 발음을 알아듣지 못한다. 즉 영어는 가독성이 떨어지는 **매우 모호한 언어**이다. 따라서 그 자체로는 의사소통이 어렵다.

2) 영어는 규칙성이 떨어지는 언어이다.

　　ex walk, run, go, come

　↳ 영어는 굉장히 **불규칙한 언어**이기 때문에 이런 부분들을 몽땅 암기해야 의사소통이 되는 언어이다. 예로 walk는 과거 형태가 될 때, walked가 되어 규칙 변화를 일으키지만, run의 경우 ran으로, go는 went, come은 came 등 각각의 변화 형태가 제각각인 불규칙한 언어로서 이들을 몽땅 암기해야 하는 불규칙한 언어로 **모호성**을 갖는다.

3) 영어는 다의어, 다품사 언어이다.

　　ex fast, mean

　↳ 영어의 모호성을 보여주는 가장 큰 특성 중 하나는 영어의 각 단어가 **다의어, 다품사 언어**라는 점이다.

예로 fast는 형용사로서 "**빠른**"의 의미와 부사로서 "**빠르게**"라는 의미 둘 다를 갖는다. 즉 이 단어가 **형용사인지 부사인지** 그 자체로는 알 수가 없는 것이다. 더욱이 fast는 **명사**로 "**단식**"의 의미도 갖고 있으므로 fast에 대한 정확한 품사를 말한다는 것은 여간 어려운 일이 아니다.

또 다른 예로, mean은 동사로 쓰여 "**의미하다, 의도하다**"의 뜻도 있지만 명사로는 "**수단/방법**", 형용사로는 "**비열한**"의 의미로도 쓰이기 때문에 이 단어의 정확한 품사를 말하기가 어렵다. 이는 이 두 단어만의 독특한 사례가 아니고 영어의 거의 모든 단어에서 나타나는 언어적 특색으로 **영어 단어가 어떤 품사인지 알아보는 것은 그 자체만으로는 매우 어렵다**. 즉, 영어는 품사에서, 또 의미에서 매우 모호하다는 성질을 가지며 의사소통이 그만큼 어렵다고 할 수 있다.

4) 영어는 단순한 구조이며 다양한 해석이 가능한 언어이다.

ex 문장의 형식

↳ 영어가 모호한 또 하나의 성질은 **영어 문장의 패턴이 매우 단순하게 이루어 진다는 점이다.**
1) Please make me a doll. (4형식)
2) Please make me a prince. (4형식?/5형식)
3) She will make a good lawyer. (2형식/3형식?)

앞선 문장들에서 보면 1)의 경우는 4형식으로 씀이 거의 확실하지만, 영화 Aladin의 대사 중 하나인 2)의 예시는 5형식으로 **"나를 왕자로 만들어 줘."** 로 해석해도 되지만, 억지/오해이긴 하지만 **"나에게 왕자 한 명을 만들어 줘."** 로 해석될 여지도 있다. 3)의 예시 역시도 **"그녀는 훌륭한 변호사가 될 것이다."** 의 의미로 2형식으로 쓸 수도 있지만, **"그녀가 훌륭한 변호사를 만들어 낼 것이다."** 의 의미로 해석될 여지도 있는 것이다.

즉, 영어는 모호한 언어이다.

즉, 영어는 **가장 간단한 발음에 있어서도, 단어의 규칙성에 있어서도, 단어의 의미 및 품사적으로 보더라도, 조금은 복잡한 문장의 구성을 통한 의미 전달을 보더라도, 매우 모호한 언어임을 알 수 있는 것이다.**

이와 같은 영어의 모호성은 영어로의 의사소통을 매우 어렵게 만드는 주범으로, 10명의 사람이 하나의 문장을 보면 <u>의사소통이 전혀 안 되거나,</u> <u>10개의 서로 다른 이해를 만들어 낼 가능성도 있는 것이다.</u>

■ 해결책은 T&D!

그래서 T&D가 뭔데요?

T&D란 Top(Topic) ⇒ Down(Detail) 을 가리키는 것으로서, 먼저 명쾌하게 **"주제를 제시"** 해주고, **"이후에 세부 정보, 근거, 부연 설명"** 등을 통해 본인의 의사를 독자 및 청자에게 전달하는 방식을 말한다. 즉, **두괄식** 으로 써야만 의사소통이 원활해질 수 있는 것이다.

아하! 두괄식 말씀이시군요!?

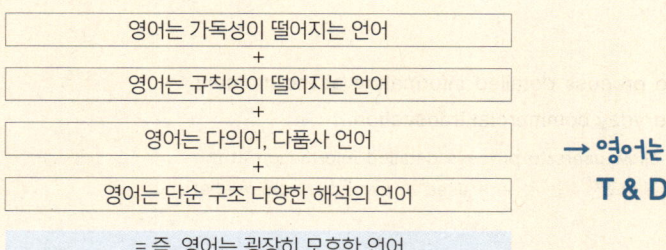

PART 1 주제/제목/요지/필자의 주장

영어는 두괄식!

■ 주제/제목/요지/필자의 주장

"주제/제목/요지/필자의 주장", 추가로 신유형의 "글의 목적" 문제는 모두 「주제문을 추론」하는 문제이다. 즉, 발문에서 보이는 표현의 차이일 뿐, 주어진 글의 「가장 핵심적인 내용」을 묻고 있는 것이다.
앞서 언급한 바와 마찬가지로 영어에서 주제문을 찾기란 어려운 것이 아니다.
즉, 영어는 모호한 언어이고, 이 모호성을 극복하기 위해 「두괄식」을 채택하고 있다.
따라서, 이 주제문 문제(글의 목적 포함)의 풀이는 글의 전반부에 등장하는 문장에서 가장 많은 단서를 얻어야 한다.

■ 주제/제목/요지/필자의 주장의 글 구성 방식

주제문은 [소재 + 필자의 태도]로 구성되어 있으며, 필자의 태도는 아래의 5가지 방식으로 나타낸다.

주제문 = 소재 + 필자의 태도

- 정의 — A=B
- 나열 및 정리 — There is/are A, B, and C
- 통념 + 신정보 — 통념 (역접 표현) 신정보
- 필자의 주장 — 명령문 / 연구/사례 제시
- 대조 — 선/악, 신/구, 동/서, 남/북

① 정의

필자의 태도를 나타내는 **첫 번째 방식은 "정의"**이며, 'A는 B이다'의 형태로 이루어져 있다. 정의는 주로 소재/견해가 특이하거나 생소한 경우에 많이 쓰는 구조이다.

정의 방식을 나타내는 유형

1) Bar code systems, which allow users to process detailed information at the moment the bar code is scanned, are used in everyday commercial transaction.

   정답 [본문의 소재] Bar code systems, which allow users to process detailed information at the moment the bar code is scanned, [이 글에서 말하고자 하는 것] are used in everyday commercial transaction.

2) Fear and its companion pain are two of the most useful things that men and animals possess, if they are properly used. 2017 국가직

   정답 [글의 주제: 공포와 고통에 대한 정의] Fear and its companion pain are two of the most useful things that men and animals possess, if they are properly used.

3) Taking time to clear your mind through meditation can boost your spirits and your immunity. 2012 국가직

　정답 [주제: 명상의 좋은 점(정의)] Taking time to clear your mind through meditation can boost your spirits and your immunity.

② 나열 및 정리

참고로, 영어에서 나열구조로 제시되는 경우 이 나열된 요소는 뒤에서 반드시 소개되며, 소개되는 순서 역시 나열된 순서와 일치해야 한다.

예를 들어 There are Ⓐ, Ⓑ, and Ⓒ로 제시되는 경우,

이 주제문의 뒤에서는 반드시 Ⓐ/Ⓑ/Ⓒ가 소개되어야 하며,

이 소개되는 순서 역시 Ⓐ/Ⓑ/Ⓒ로 제시되어야 한다.

```
There are A, B, and C.
A is ..........
B is ..................
C is ............................
```

나열 및 정리를 사용한 주제문

1) Mapping technologies are being used in many new applications. Biological researchers are exploring the molecular structure of DNA ("mapping the genome"), geophysicists are mapping the structure of the Earth's core, and oceanographers are mapping the ocean floor. 2019 국가직

　정답 [글의 주제] Mapping technologies are being used in many new applications. [예시 1] Biological researchers are exploring the molecular structure of DNA ("mapping the genome"), [예시 2] geophysicists are mapping the structure of the Earth's core, and [예시 3] oceanographers are mapping the ocean floor.

2) There are three prerequisites for conversation to be meaningful: 1. You have to know what you're talking about, meaning that you have an original point and are not echoing a worn-out, hand-me-down or pre-fab argument; 2. You respect the people with whom you're speaking and are authentically willing to treat them courteously even if you disagree with their positions; 3. You have to be both smart and informed enough to listen to what the opposition says while handling your own perspective on the topic with uninterrupted good humor and discernment. 2020 국가직

　정답 [좋은 의사소통을 위한 조건 나열] There are three prerequisites for conversation to be meaningful: [예시 1] 1. You have to know what you're talking about, meaning that you have an original point and are not echoing a worn-out, hand-me-down or pre-fab argument; [예시 2] 2. You respect the people with whom you're speaking and are authentically willing to treat them courteously even if you disagree with their positions; [예시 3] 3. You have to be both smart and informed enough to listen to what the opposition says while handling your own perspective on the topic with uninterrupted good humor and discernment.

③ 통념(도입 정보) + 신정보

필자의 태도를 나타내는 세 번째 방식은 "통념(도입 정보) + 신정보"이며, 공무원 영어 독해지문에서 제일 많이 접하는 구조이다. 「통념(도입 정보) + 신정보 구조」는 앞에서 통념/상식을 제시하는데, 이는 누구나 다 알고 있는 사실로서 주제문이 될 수 없으며, 그 뒤에 역접의 표현(however, but, yet, still) 등을 사용하여 제시하는 "신정보가 글의 주제문"일 확률이 높다.

■ 통념 / 도입 정보 제시 방식

1) 빈도 부사의 삽입

- It is **often** said (that) ~
  흔히 ~라고 이야기된다 / ~라는 말이 자주 있다
- It is **sometimes** assumed (that) ~
  때때로 ~라고 가정되곤 한다
- It is **usually** believed (that) ~
  일반적으로 ~라고 여겨진다
- It is **frequently** claimed (that) ~
  자주 ~라는 주장이 제기된다

2) 대중적 (부정확한) 믿음

- **Many people** believe (that) ~
  많은 사람들이 ~라고 믿는다
- **People tend to** believe (that) ~
  사람들은 ~라고 믿는 경향이 있다
- There is a widespread **belief** (that) ~
  ~라는 믿음이 널리 퍼져 있다

3) 대중적 (부정확한) 주장

- **Some people** claim (that) ~
  어떤 사람들은 ~라고 주장한다
- **Some** would argue (that) ~
  어떤 이들은 ~ 주장할 수도 있다
- **Many people** think (that) ~
  많은 사람들은 ~라고 생각한다

MEMO

 TJ Says

통념 제시 방식을 알아두면 바로 뒤에 이어질 주제를 예측할 수 있다.

4) 관습적 통념 제시

- It **has long been** believed (that) ~
  오랫동안 그렇게 믿어져 왔다
- For decades, people **have assumed** (that) ~
  수십 년간 사람들이 그렇게 가정해왔다
- It **has been widely accepted** for years (that) ~
  수년간 널리 받아들여져 왔다
- This view that ~ **has remained unchanged** for a long time.
  이 관점은 오랫동안 변함이 없었다
- ~ **has been standard** practice for the last ~
  지난 ~ 간 표준적인 방식이었다

5) 기타 표현 (역접 / 겉보기 동사)

- Contrary to what was **previously believed** ~[주제]
  사람들이 이전에 생각했던 것과는 달리,
- Unlike what many thought,
  많은 사람들이 생각했던 것과는 달리, + [주제].
- While [통념 도입 정보] ~ , [주제]
- It may seem (appear) (that) ~
  ~처럼 보일는지 모른다/~처럼 보일 수도 있다
- It seems likely (that) ~
  ~가 가능해 보일 수도 있다/~가 그럴듯해 보일 수도 있다

통념 + 신정보를 사용한 주제문

1) **The holiday season** is a time to **give thanks**, reflect on the past year, and spend time with family and friends. **However,** if you're not careful, it can also be a time you overspend on holiday purchases. 2025 국가직

   정답 [상식(통념)] The holiday season is a time to **give thanks**
   [신정보] it can also be **a time you overspend**

2) My students **often believe** that if they simply meet more important people, their work will improve. **But** it's remarkably hard to engage with those people unless you've already put something valuable out into the world. 2018 국가직

   정답 [통념] My students often believe that if they simply meet more important people, their work will improve.
   [신정보] But it's remarkably hard to engage with those people unless you've already put something valuable out into the world.

3) The crushed-body treatment **has been standard** for fifty years, **but** a report released recently said that it was ineffective. 2013 국가직

   정답 [통념] The crushed-body treatment has been standard for fifty years,
   [신정보] but a report released recently said that it was ineffective.

4) It's long been part of **folk wisdom** that birth order strongly affects personality, intelligence and achievement. **However**, most of the research claiming that firstborns are radically different from other children has been discredited, and it now seems that any effects of birth order on intelligence or personality will likely be washed out by all the other influences in a person's life. 2013 국가직

정답 [통념] It's long been part of folk wisdom that birth order strongly affects personality, intelligence and achievement. [통념에 대한 반대 주장을 설명] However, most of the research claiming that firstborns are radically different from other children has been discredited, and
[신정보이자 글의 주제] it now seems that any effects of birth order on intelligence or personality will likely be washed out by all the other influences in a person's life.

> **TIP 통념과 정의 방식의 차이점**
> 「통념」과 「정의」는 그 전반부가 유사하게 보일 수 있다. 그러나, 통념은 보통 「친숙한 소재」를 소개하고, 「친숙한 결론」을 제시한다. 이에 반해 「정의」 방식은 "소재가 친숙"하면 "의외의 결론"을 제시하고, "소재가 특이"하면 "결론이 평이"하게 제시된다.
>
> 스트레스 (친숙한 부정적 소재) + 건강에 좋지 않다 (친숙한 부정적 결론) ⇒ 통념 제시
> 스트레스 (친숙한 부정적 소재) + 업무 성과를 높일 수 있다. (의외의 긍정적 결론) ⇒ 정의

④ 필자의 주장

필자가 자신의 견해를 직접적으로 밝히는 방식이다.
자신의 생각을 직접적으로 드러냄으로써, 매우 강력한 주제문을 만들어 낼 수 있다.
자신의 생각을 드러내는 방식에는 "I (strongly) believe (that)" 등의 표현으로
내용을 직접 설명할 수도 있고, "It is obvious (that)"의 「**필자의 (이성적) 판단**」을 나타내는
형용사를 사용함으로써 표현해 내기도 한다.
따라서, 이와 같은 표현에 유의하여 주제문을 파악한다.

1) (필자의) 직접 주장

- I (strongly) believe (that) ~[주제]
  나는 ~라고 (강하게) 믿는다
- I would argue (that) ~[주제]
  나는 ~라고 주장하고 싶다(주장하려고 한다)
  (maintain/contend/hold/insist)
- My belief is (that) ~[주제]
  내 생각에는 ~이다

2) 필자의 판단

- It is obvious (that) ~[주제] (clear/apparent)
  ~는 명백하다
- It is undeniable (that) ~[주제]
  ~는 부정할 수 없는 사실이다
- There is no doubt (that) ~[주제]
  ~라는 데 의심의 여지가 없다

3) 명령문

필자의 주장은 **명령문**을 사용함으로써, 독자에게 자신의 의견을 주입하기도 하고, 「성공 사례/실패 사례」를 소개함으로써 독자에게 사실 및 의견을 간접적으로 주입하기도 한다.

- Consider the implications of + [주제].
  [주제]의 함의를 고려해 보라.
- Focus on the urgent need for + [주제].
  [주제]에 대한 긴급한 필요성에 집중하라.
- Recognize the importance of + [주제].
  [주제]의 중요성을 인식하라.
- Take action to address + [주제].
  [주제]에 대응하기 위한 조치를 취하라.

4) 과학/의학적 발견

필자의 주장에서 자주 등장하는 방식 중 하나가 **과학적 사실의 제시**인데, 이는 최신 과학적 연구 등을 알기 쉬운 글로 옮긴 것으로 과학적 발견 내용의 소개가 이 글의 목적이다. 따라서, **과학적 발견의 내용**이 제시되면 이를 **주제문**으로 간주하여 유의하여 읽는다.

- Recent studies have discovered that + [주제]
  최근 연구에서는 + [주제]가 발견되었다.
- Scientists have found that + [주제]
  과학자들은 + [주제]를 발견했다.
- New findings challenge the traditional view that + [기존 통념]
  새로운 발견은 + [기존 통념]이라는 전통적인 견해에 도전한다.
- This discovery sheds light on + [영향/의미]
  이 발견은 + [영향/의미]에 대해 빛을 비춘다.
- This breakthrough could change the way we + [행동/치료/이해 방식]
  이 혁신적인 발견은 우리가 + [행동/치료/이해 방식]을 바꿀 수 있게 할 것이다.

MEMO

5) 질문과 답을 통한 주제문

영어에서는 글의 전반부에 질문이 제시되면 항상 그 뒤에 바로 답이 이어지며, **이 답이 주제문을 구성한다.** 즉, 「질문에서 소재를 제시」하고, 그 「답을 통해서 필자의 이 소재에 대한 의견」이 제시되는 것이다.

> - What is [소재]? / The answer is [주제에 대한 설명].
>   [소재]란 무엇인가? 그 답은 [주제에 대한 설명]이다.
> - Why is [소재] important? / Because [이유].
>   왜 [소재]가 중요한가? 그 이유는 [이유] 때문이다.
> - How does [소재] impact [대상]? / It affects [영향].
>   [소재]는 [대상]에 어떻게 영향을 미치는가? 그것은 [영향]을 미친다.
> - Why should we care about [소재]? / Because [이유].
>   왜 우리는 [소재]에 대해 신경 써야 하는가? 그 이유는 [이유] 때문이다.

필자의 주장을 사용한 주제문

1) The benefits of exercise extend far beyond physical health improvement. Many people work out as much for mental and spiritual well-being as for staying fit. Can being physically active make you happy? Can it help you deal with life stress? Can it lead to a more spiritual and religious life? For many, the answer is yes. Exercise, such as walking, increases blood flow to the brain. A study of people over 60 found that walking 45 minutes a day at 6 km/h enhanced the participants' thinking skills. *2014 지방직*

   정답 [필자의 주장] The benefits of exercise extend far beyond physical health improvement. Many people work out as much for mental and spiritual well-being as for staying fit. Can being physically active make you happy? Can it help you deal with life stress? Can it lead to a more spiritual and religious life? For many, the answer is yes. Exercise, such as walking, increases blood flow to the brain. [연구 제시] A study of people over 60 found that walking 45 minutes a day at 6 km/h enhanced the participants' thinking skills.

2) That means that first call on food and other goodies goes to the breeders and warriors and hunters and planters and builders and, certainly, the children, with not much left over for the seniors, who may be seen as consuming more than they're contributing. *2020 지방직*

   정답 [필자의 주장] That means that first call on food and other goodies goes to the breeders and warriors and hunters and planters and builders and, certainly, the children, with not much left over for the seniors, who may be seen as consuming more than they're contributing.

⑤ 대조

필자의 태도를 나타내는 다섯 번째 방식은 "대조"이며,
"A와 B는 서로 다르다"의 형태로 쓴다.
대표적인 소재로는 **양극성**을 나타내는 **[선/악] [신/구] [동/서] [남/북] 정도**가 있다.

대조를 사용한 주제문

1) Few words are tainted by so much subtle nonsense and confusion as profit. To my liberal friends the word connotes the proceeds of fundamentally unrespectable and unworthy behaviors: minimally, greed and selfishness; maximally, the royal screwing of millions of helpless victims. Profit is the incentive for the most unworthy performance. To my conservative friends, it is a term of highest endearment, connoting efficiency and good sense. 2016 지방직

   정답 [주제문 서로 다른 입장] Few words are tainted by so much subtle nonsense and confusion as profit. [입장 1 진보주의 친구들의 입장] To my liberal friends the word connotes the proceeds of fundamentally unrespectable and unworthy behaviors: minimally, greed and selfishness; maximally, the royal screwing of millions of helpless victims. Profit is the incentive for the most unworthy performance. [입장 2 보수주의 친구들의 입장] To my conservative friends, it is a term of highest endearment, connoting efficiency and good sense.

2) **In the 1960s, television was viewed as a revolutionary medium** that brought entertainment, news, and culture directly into people's homes for the first time. Families would gather around a single TV set, treating scheduled programs as shared social events. It was seen as a symbol of modernity and progress, and many trusted it as an authoritative source of information. **In contrast, people in the 2020s often view television with a more critical and fragmented lens**. With the rise of streaming platforms, social media, and smartphones, traditional TV has become just one of many content sources. Younger generations, in particular, tend to value on-demand access and personalized content over scheduled programming. Moreover, growing awareness of media bias and misinformation has led many to question the credibility of televised news. Thus, while television in the 1960s was a unifying cultural force, in the 2020s it has become a more individualized and sometimes distrusted medium.

   ① The Impact of Television as a Revolutionary Medium on Society
   ② The Major Scientific Advancements in Television Technology
   ③ Television Then and Now: A Shift in Perception
   ④ The Impact of Scientific Advancements on the Media

   정답
   [글의 특징] 주제문이 주제문 자리에 별도로 존재하지 않음
   [전반부] 과거의 TV에 대한 인식 : In the 1960s, television was viewed as a revolutionary medium
   → "1960년대에 텔레비전은 혁명적인 매체로 여겨졌다."(긍정적)
   [대조/역접의 접속 부사] : In contrast,
   → "반면, 대조적으로"
   [후반부] 현대의 TV에 대한 인식 : people in the 2020s often view television with a more critical and fragmented lens.
   → 2020년대의 사람들은 텔레비전을 예전보다 더 비판적이고 파편화된 시선으로 보는 경향이 있다 (부정적)

[주의] 자칫, 글의 맨 앞부분만을 참고해서 "과거의 TV에 대한 인식"으로 잘못된 답을 고를 수 있다. 글의 중간 혹은 뒷부분까지 참고하여, ③를 정답으로 고를 수 있어야 한다.

[해석] 1960년대에 텔레비전은 오락, 뉴스, 문화를 처음으로 사람들의 가정 안으로 직접 전달해 주는 혁신적인 매체로 여겨졌다. 가족들은 하나의 TV 앞에 모여 편성된 프로그램을 함께 시청하는 것을 사회적 행사(사교 모임)처럼 여겼고, 텔레비전은 현대화와 진보의 상징으로 간주되었다. 많은 사람들은 텔레비전을 신뢰할 수 있는 정보의 권위 있는 출처로 믿기도 했다. 반면, 2020년대의 사람들은 텔레비전을 보다 비판적이고 분산된 시각으로 바라본다. 스트리밍 플랫폼, 소셜 미디어, 스마트폰의 등장으로 인해 전통적인 TV는 많은 콘텐츠 출처 중 하나로 전락했다. 특히 젊은 세대는 정해진 시간의 방송보다는 원하는 때에 볼 수 있는 맞춤형 콘텐츠를 더 선호한다. 게다가 미디어 편향성과 허위 정보에 대한 인식이 높아지면서, 많은 사람들이 TV 뉴스의 신뢰성에 의문을 제기하게 되었다. 이처럼, 1960년대의 텔레비전이 문화적으로 사람들을 하나로 묶는 매체였다면, 2020년대의 텔레비전은 보다 개인화되고 때로는 불신받는 매체가 되었다.

① The Impact of Television as a Revolutionary Medium on Society
　→ 혁명적인 매체로서의 텔레비전이 사회에 미친 영향
② The Major Scientific Advancements in Television Technology
　→ 텔레비전 기술의 주요 과학적 발전
③ Television Then and Now: A Shift in Perception
　→ 과거의 텔레비전과 오늘날의 텔레비전: 인식의 변화
④ The Impact of Scientific Advancements on the Media
　→ 과학 발전이 미디어에 미친 영향

■ **독해 전체 풀이 요령**

선지를 먼저 읽고, 최대한 활용하자

독해를 수행한다는 것은 유형과 상관없이 항상 똑같은 과정의 연속이다.
즉, 1) "새로운 글을 읽고" 2) "내용을 파악한 후" 3) "추론의 과정을 거쳐"
4) "답을 도출해야 한다"는 것이다. 이는 어느 유형이라도 마찬가지이다.
"주제문을 고르는 문제"도, "빈칸을 추론하는 문제"도, "문장의 순서를 잡는 문제"도,
모두 이 4단계를 거칠 수밖에 없다.

반드시 기억해야 하는 것은 우리가 읽게 되는 글은 "새로운, 난생 처음 보는"
즉, 우리가 그 내용을 알 수 없는 글이라는 점이다.
따라서, 어떤 글이든 그 안에는 **모르는 단어**, **모르는 표현**, **중의적 표현**, **은유적 표현** 등
우리가 **이해하지 못할** 내용들이 일부 담겨 있게 마련인 것이다.

결국 1)의 단계에서 2)의 단계로 넘어가는 과정에는 많은 난관이 있을 수밖에 없다.
이는 결국 제대로 글이 이해/파악되지 않은 상태로 3)/4)의 단계로 넘어가므로,
정답률은 현저히 떨어질 수밖에 없다.

 TJ Says

시험장에서 마주하는 글은 항상 새로운 글임을 기억하자!

객관식 답게 문제를 풀어보자!

생각을 바꿔보자. 우리가 "독해 문제를 푼다는 것"은 엄밀히 말해서
"글을 이해하는 것이 아니라", 「4개의 선지 중에 답을 고르는 것」이다.
그렇다면, 이 선지 중에서 "가장 그럴듯한 것", "가장 답스러운 것" 하나를 고르면 된다.
이는 출제자의 주관이 개입된 선지에서 가장 잘 드러난다.

출제자의 의도가 가장 잘 드러나는 것은 선지이다.

사실 주어진 글(본문)은 문제를 출제한 출제자가 작성한 것이 아닌 경우가 대부분이다.
따라서, 이 본문은 출제자의 의도가 담길 수 없다.
출제자가 의도를 담은 것은 본인이 구성하고, 작성한 선택지이다.

따라서, 선지를 잘 비교하여 출제자가 원하는 내용을 최우선적으로 파악하도록 해야
한다.

전형적 문제 풀이방식(객관식, 주관식 공통)

글 이해 → 선지 중 답 선택

객관식 다운 문제 풀이방식

선지 차이 분석 → 필요정보 파악 → 본문 중 필요정보 취득 → 선지에서 답 선택

 TJ Says

결국 핵심은
출제자의 의도 파악!

 TJ Says

우리가 풀이하는 문제는
모두 객관식임을 기억하자!

다음의 두 경우를 살펴보자.

다음 글의 제목으로 가장 적절한 것은? 2015 국가직

> America gets 97% of its limes from Mexico, and a combination of bad weather and disease has sent that **supply plummeting and prices skyrocketing**. A 40-lb. (18kg) box of limes that cost the **local restaurateurs** about $20 late last year now goes for $120. In April, the average **retail price** for a lime hit 56 cents, more than double the price last year. Across the U.S., bars and restaurants are rationing their supply or, like Alaska Airlines, eliminating limes altogether. In Mexico, the value spike is attracting criminals, forcing growers to guard their limited supply of "green gold" from drug cartels. Business owners who depend on citrus are hoping that spring growth will soon bring costs back to normal.

① An Irreversible Change in Wholesale Price of Lime
② Mexican Lime Cartel Spreading to the U.S.
③ Americans Eat More Limes than Ever
④ A Costly Lime Shortage

이와 같은 경우에 "주요 소재"는 모두 "라임"으로 같다.
따라서, 우리가 앞으로 읽게 될 본문은 전부 "라임"에 관한 것임을 짐작할 수 있다.
차이가 나는 것은 이 주요 소재 "라임"에 대한 "필자의 생각"으로,
여기서는 "**필자의 생각**"을 주로 읽어 내야 한다.

> ①의 경우는 "라임의 도매가격이 돌이킬 수 없다"(부정)라고 말하고 있고,
> ②는 "라임 카르텔"(부정)을 언급한다.
> ③의 경우는 "미국 내 라임 소비가 증가했다"(긍정)로 언급하고,
> ④는 "라임 공급 부족으로 가격이 상승했다는 내용이다."(부정)

따라서, 이를 분류해 보면, "**라임**"의 "**가격 상승**"에 관한 내용은 ①/④이고
②는 「**라임과 범죄 단체**」/ ③은 「**소비 증가**」로 분석해 볼 수 있다.
선지를 통해서, 부정적인 내용이 세 번 나오므로,
이는 '부정적인 내용일 것'임을 짐작할 수 있고,
라임 가격에 관한 내용이 두 번 언급되므로,
'아마도 이 글은 라임 가격에 관한 것'이라고 추론해 볼 수 있다.
주어진 주제문에서 "**supply plummeting and prices skyrocketing**"
공급 폭락, 가격 상승을 언급하므로, 가격을 언급한 ①/④ 중에 답을 고른다.
한편, "**local restaurateurs**"/"**retail price**"(소매가격)를 언급하므로,
이는 "**도매가격**에 관한 내용이 **아님**"을 알 수 있다.
따라서, **정답을 ④로 고르게 되는 것**이다.
이렇게 선지를 통해서 출제자의 의도를 파악하면,
모든 문장을 굳이 정확하게 해석하지 않고도 정답을 골라낼 수 있는 것이다.

다음의 문제 역시 같은 방식으로 풀어보자.

다음 글의 요지로 가장 적절한 것은? 2017 지방직

> **Novelty-induced time expansion** is a well-characterized phenomenon which can be investigated under laboratory conditions. Simply asking people to estimate the length of time they are exposed to a train of stimuli shows that **novel stimuli** simply seem to last longer than repetitive or unremarkable ones. In fact, just being **the first stimulus** in a moderately repetitive series appears to be sufficient to induce subjective **time expansion**. Of course, it is easy to think of reasons why our brain has evolved to work like this—presumably **novel** and **exotic stimuli** require more thought and consideration than familiar ones, so it makes sense for the brain to allocate them more subjective time.

① Response to stimuli is an important by-product of brain training.
② The intensity of stimuli increases with their repetition.
③ Our physical response to stimuli influences our thoughts.
④ New stimuli give rise to subjective time expansion.

주어진 선지를 비교하면, 모두 "**자극**"(stimuli)이라는 명사가 "**소재**"로 등장하지만, 앞뒤의 명사를 같이 고려하면, 이는 소재가 다른 얘기임을 알 수 있다.

> ①은 "자극에 대한 반응이 **두뇌 훈련의 부산물**"(자극 / 두뇌 훈련)이라고 말하고,
> ②는 "자극의 강도가 **반복을 통해 증가**한다"(자극 / 반복)라고 하고 있으며,
> ③은 "자극에 대한 물리적 반응이 **사고에 영향**"(자극 / 사고력)을 준다고 하고 있다.
> ④의 경우는 "새로운 자극이 주관적 **시간 인식**"(새로운 자극 / 시간 인식)을 확장시킨다고 하고 있는 것이다.

글의 주제문 자리에서 "새로움에 의해 유발되는 시간 확장"
(**novelty-induced time expansion**)이라고 언급하고 있고,
뒤에 계속적으로 "**novel**"/ "**the first**"/ "**time expansion**"/
"**novel** and **exotic stimuli**"를 언급하고 있으므로,
이는 "새로운 자극과 시간"과 연관된 문제임을 바로 알 수 있다.
따라서, ④를 정답으로 고르면 되는 것이다.

선지는 매우 유용한 힌트이다

따라서, 문제를 풀 때는, 출제자의 의도를 파악하기 위해서, 또 정답을 빠른 속도로 풀어내기 위해서 항상
1) "**선지를 먼저 확인**"하고,
2) "**각 선지의 차이에 유의**"하여,
3) "**본문을 통해서 필요한 정보를 뽑아내는 연습**"을 하는 것이 중요하다.

MEMO

TJ Says
선지 – 차이 비교 – 본문

이론 설명 적용하기

[01~02] 다음 글을 읽고 물음에 답하시오.

> Bar code systems, which allow users to process detailed information at the moment the bar code is scanned, are used in everyday commercial transaction. For example, ski resorts can attach the codes to skiers and scan the bars, when skiers enter ski lifts, thereby allowing the resort to monitor patterns of slope use. Various bar code systems are now used to track a vast range of products as they are manufactured, distributed, stored, sold, and serviced. These products can range from processed foods and dry goods to drugs and medical supplies, automotive parts, computer parts, and even library books.

- □ detailed 상세한
- □ commercial 통상의
- □ transaction 거래
- □ attach 부착하다
- □ thereby 그것에 의하여
- □ vast 광대한
- □ manufacture 제조하다
- □ distribute 공급하다
- □ range from A to B
  (범위가) A에서 B까지 이르다
- □ processed 가공된
- □ supply 용품, 보급품; 공급하다
- □ automotive 자동차의

01

윗글의 핵심어(key-word)로 가장 적합한 것은?

① scanner system ② commercial transaction
③ bar code system ④ ski resort

02

윗글의 제목으로 가장 적절한 것은?

① Origin of Bar Code Systems
② Problems of Bar Code Systems
③ Wide Uses of Bar Code Systems
④ Bar Code Systems and Technology

어휘 Quiz

1	supply		6	attach
2	detailed		7	distribute
3	transaction		8	manufacture
4	commercial		9	vast
5	processed		10	range from A to B

정답 1. 용품, 보급품; 공급하다 2. 상세한 3. 거래 4. 통상의 5. 가공된 6. 부착하다 7. 공급하다 8. 제조하다 9. 광대한 10. A에서 B까지 이르다

정답 및 해설

> [본문의 소재] Bar code systems, which allow users to process detailed information at the moment the bar code is scanned, [이 글에서 말하고자 하는 것] are used in everyday commercial transaction. [말하고자 하는 것에 대한 예시] For example, ski resorts can attach the codes to skiers and scan the bars, when skiers enter ski lifts, thereby allowing the resort to monitor patterns of slope use. Various bar code systems are now used to track a vast range of products as they are manufactured, distributed, stored, sold, and serviced. These products can range from processed foods and dry goods to drugs and medical supplies, automotive parts, computer parts, and even library books.

01

선택지 해석
 스캐너 시스템
② 상업적 거래
③ 바코드 시스템
④ 스키 리조트

정답 해설 이 글은 '바코드 시스템'을 소재로 삼아 이야기하고 있으며, '1. 일상의 상거래에 사용, 2. 다양한 물품 추적에 사용' 등 구체적인 예시를 들어 좀 더 자세히 설명하고 있다. 따라서 이 글의 키워드로는 '③ bar code system'을 고르는 것이 적절하다.

정답 ③

02

선택지 해석
 바코드 시스템의 기원
② 바코드 시스템의 문제점들
③ 바코드 시스템의 폭넓은 사용
④ 바코드 시스템과 기술

정답 해설 이 글은 바코드 시스템을 소재로 삼아, 바코드가 어떻게 사용되고 있는지를 구체적인 예를 들어 설명하고 있다. 이 글에서 언급한 예시들은 '1. 스키장 리프트, 2. 다양한 물품들의 추적' 등 바코드 기술의 폭넓은 사용에 대해 이야기하고 있으므로, 글의 제목으로는 ③이 옳다.

 바코드가 스캔되는 순간에 사용자들이 자세한 정보를 처리할 수 있도록 하는 [본문의 소재] 바코드 시스템은 [이 글에서 말하고자 하는 것] 일상의 상거래에서 사용된다. [말하고자 하는 것에 대한 예시] 예를 들어, 스키 리조트는 스키를 타는 사람들에게 코드를 부착하고 그들이 리프트를 통과할 때 바를 스캔할 수 있는데, 그것에 의하여 리조트는 스키 슬로프 사용의 패턴을 관찰할 수 있다. 다양한 바코드 시스템은 현재 방대한 범위의 상품들이 제조되고, 공급되고, 저장되고, 팔리고, 서비스됨에 있어 그들을 추적하는 데 쓰인다. 이 상품들은 가공식품과 직물류에서부터 약과 의료용품, 자동차 부품, 컴퓨터 부품, 심지어 도서관 책에까지 그 범위를 이루고 있다.

 바코드 시스템은 / 사용자들이 자세한 정보를 처리할 수 있도록 하는 / 스캔되는 순간에 / 일상의 상거래에서 사용된다. 예를 들어, / 스키 리조트는 / 코드를 부착하고 바를 스캔할 수 있다 / 스키를 타는 사람들에게 / 그들이 리프트를 통과할 때 / 그것에 의하여 리조트는 스키 슬로프 사용의 패턴을 관찰할 수 있게 한다. 다양한 바코드 시스템은 / 현재 사용된다 / 방대한 범위의 상품들을 추적하는 데 / 그것들이 제조되고, / 공급되고, / 저장되고, / 팔리고, / 서비스됨에 있어. 이 상품은 / 가공식품과 직물류에서부터 / 약과 의료용품, 자동차 부품, 컴퓨터 부품, 심지어 도서관 책에까지 그 범위를 이루고 있다.

정답 ③

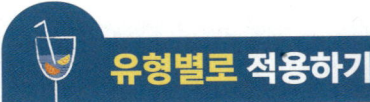

유형별로 적용하기

'정의'의 방식을 나타내는 유형

01

다음 글의 제목으로 가장 적절한 것은? 2017 지방직 상반기

> Fear and its companion pain are two of the most useful things that men and animals possess, if they are properly used. If fire did not hurt when it burnt, children would play with it until their hands were burnt away. Similarly, if pain existed but fear did not, a child would burn himself again and again, because fear would not warn him to keep away from the fire that had burnt him before. A really fearless soldier—and some do exist—is not a good soldier, because he is soon killed; and a dead soldier is of no use to his army. Fear and pain are therefore two guards without which human beings and animals might soon die out.

① Obscurity of Fear and Pain in Soldiers
② Indispensability of Fear and Pain
③ Disapproval of Fear and Pain
④ Children's Association with Fear and Pain

□ companion 동료
□ possess 소유하다
□ properly 적절히, 제대로
□ keep away from
  ~을 가까이 하지 않다
□ fearless 겁 없는, 무서워하지 않는
□ obscurity 모호, 무명
□ indispensability 불가결함, 필수
□ disapproval 반대, 비난
□ association 연관성, 협회
□ similarly 비슷하게

어휘 Quiz

1	association	6	indispensability
2	companion	7	keep away from
3	possess	8	obscurity
4	disapproval	9	fearless
5	properly	10	similarly

정답 1. 연관성, 협회 2. 동료 3. 소유하다 4. 반대, 비난 5. 적절히, 제대로 6. 불가결함, 필수 7. ~을 가까이 하지 않다. 8. 모호, 무명 9. 겁 없는 10. 비슷하게

정답 및 해설

> [글의 주제: 공포와 고통에 대한 정의] Fear and its companion pain are two of the most useful things that men and animals possess, if they are properly used. If fire did not hurt when it burnt, [주제에 대한 예시 1] children would play with it until their hands were burnt away. Similarly, if pain existed but fear did not, a child would burn himself again and again, because fear would not warn him to keep away from the fire that had burnt him before. [주제에 대한 예시 2] A really fearless soldier—and some do exist—is not a good soldier, because he is soon killed; and a dead soldier is of no use to his army. [결론] Fear and pain are therefore two guards without which human beings and animals might soon die out.

01

선택지 해석
① 병사들의 공포와 고통의 불명확함
② 공포와 고통의 불가결함
③ 공포와 고통에 대한 반감
④ 공포와 고통과 아이들의 연관성

정답 해설
글의 첫 문장에서 공포와 고통에 대해 필자가 정의를 내리고 있다. 이는 곧 필자의 생각과 일치하므로, 결국 이 글에서 필자가 말하고자 하는 바임을 알 수 있다. 공포와 고통이 없는 상황들에 대한 예(아이들, 군인)를 들면서, 그 두 가지가 우리에게 꼭 필요하다는 것을 이야기하고 있다. 그러므로 '불가결함, 없어서는 아니 됨(indispensability)'이 포함된 ②가 정답으로 적절하다.

해석 [주제] 두려움과 그것의 동반자인 고통이 적절하게 사용된다면, 그것들은 사람과 동물이 소유하고 있는 가장 유용한 것들 중 두 가지이다. [예시들을 통해 설명: 공포와 고통이 없다면 일어날 부정적 상황들] 불이 났을 때 불이 우리를 다치지 않게 한다면, [예시 1] 아이들은 손이 타 버릴 때까지 불을 가지고 놀 것이다. 마찬가지로, 고통은 존재하지만 두려움은 존재하지 않는다면, 두려움이 이전에 그를 화상 입게 했던 불에서 멀리 떨어지도록 경고해 주지 않을 것이기 때문에 아이는 자기 자신을 태우고 또 태울 것이다. [예시 2] 전혀 두려움이 없는 군인은 – 실제 존재한다 – 좋은 군인이 아니다, 왜냐하면 그는 곧 죽게 될 것이기 때문이다; 그리고 죽은 병사는 그의 군대에 쓸모가 없다. [결론] 따라서 두려움과 고통은 두 경호원이라 할 수 있는데, 이것들이 없다면 인간과 동물은 아마 곧 죽을 것이다.

끊어 읽기 두려움과 그것의 동반자인 고통은 / 가장 유용한 것들 중 두 가지이다 / 사람과 동물이 / 소유하고 있는, / 만약 그것들이 / 적절하게 사용된다면. 불이 / 다치게 하지 않는다면 / 불이 났을 때, / 아이들은 / 불을 가지고 놀 것이다 / 그들의 손이 / 화상을 입어 그들의 손을 뗄 때까지. 마찬가지로, / 만약 / 고통은 / 존재하지만 / 두려움은 / 존재하지 않는다면, / 아이는 / 화상을 입을 것이다 / 자기 자신이 / 화상을 입고 또 / 왜냐하면 / 두려움은 / 경고해 주지 않을 것이기 때문에 / 그에게 / 불에서 멀리 떨어지도록 / 그에게 화상을 입혔던 / 이전에. 전혀 두려움이 없는 군인은 / 실제로 존재한다 / 좋은 군인이 아닌데, / 왜냐하면 / 그는 / 곧 죽게 될 것이기에; / 그리고 죽은 병사는 / 쓸모가 없다 / 그의 군대에. 두려움과 고통은 / 따라서 / 두 경호원인데 / 이것들이 없다면 / 인간과 동물은 / 아마 곧 죽을 것이다.

정답 ②

'나열'의 방식을 나타내는 유형

02

다음 글의 제목으로 가장 적절한 것은? 2019 국가직

> Mapping technologies are being used in many new applications. Biological researchers are exploring the molecular structure of DNA ("mapping the genome"), geophysicists are mapping the structure of the Earth's core, and oceanographers are mapping the ocean floor. Computer games have various imaginary "lands" or levels where rules, hazards, and rewards change. Computerization now challenges reality with "virtual reality," artificial environments that stimulate special situations, which may be useful in training and entertainment. Mapping techniques are being used also in the realm of ideas. For example, relationships between ideas can be shown using what are called concept maps. Starting from a general or "central" idea, related ideas can be connected, building a web around the main concept. This is not a map by any traditional definition, but the tools and techniques of cartography are employed to produce it, and in some ways it resembles a map.

① Computerized Maps vs. Traditional Maps
② Where Does Cartography Begin?
③ Finding Ways to DNA Secrets
④ Mapping New Frontiers

- application 적용, 응용, 활용
- biological 생물학의
- explore 탐험하다
- molecular structure 분자 구조
- geophysicist 지구 물리학자
- mapping 지도 제작
- oceanographer 해양학자
- ocean floor 해저
- various 여러 가지의, 다양한
- imaginary 상상의
- hazard 위험
- reward 보상
- computerization 컴퓨터화
- challenge ~에 도전하다
- virtual reality 가상 현실
- artificial 인공의, 인위적인
- environment 환경
- stimulate 자극하다, 촉진시키다
- realm 영역, 범주
- relationship 관계
- concept map 개념도
- traditional 전통적인
- definition 정의
- cartography 지도 제작
- employ 고용하다
- resemble ~와 닮다

어휘 Quiz

1	application	6	hazard
2	biological	7	realm
3	definition	8	artificial
4	traditional	9	stimulate
5	various	10	reward

정답 1. 적용, 응용, 활용
2. 생물학의 3. 정의 4. 전통적인
5. 여러 가지의, 다양한 6. 위험
7. 영역, 범주 8. 인공의, 인위적인
9. 자극하다, 촉진시키다
10. 보상

정답 및 해설

> [글의 주제] Mapping technologies are being used in many new applications. [예시 1] Biological researchers are exploring the molecular structure of DNA ("mapping the genome"), [예시 2] geophysicists are mapping the structure of the Earth's core, and [예시 3] oceanographers are mapping the ocean floor. Computer games have various imaginary "lands" or levels where rules, hazards, and rewards change. Computerization now challenges reality with "virtual reality," artificial environments that stimulate special situations, which may be useful in training and entertainment. Mapping techniques are being used also in the [예시 4] realm of ideas. For example, relationships between ideas can be shown using what are called concept maps. Starting from a general or "central" idea, related ideas can be connected, building a web around the main concept. This is not a map by any traditional definition, but the tools and techniques of cartography are employed to produce it, and in some ways it resembles a map.

02

선택지 해석
① 컴퓨터화된 지도 vs. 전통적인 지도
② 지도 제작법은 어디서부터 시작되었는가?
③ DNA 비밀에 대한 방법 찾기
④ 새로운 미개척 분야를 지도로 만들기

정답 해설 이 글은 전체적으로 Mapping technologies가 많은 새로운 적용 분야에 쓰인다는 것을 이야기하고 있다. 그리고 이 분야를 '1. Biological(생물학), 2. geophysics(지구 물리학), 3. oceanographic(해양학), 4. ideas(사상)'로 나열하여 설명하고 있다. 즉 이 글의 소재인 Mapping 자체가 여러 새로운 분야에서 쓰이고 있다는 내용이므로, 글의 제목으로는 ④가 가장 적절하다.

해석 [주제] 지도 제작 기술은 많은 새로운 적용 분야에서 사용되고 있다. [예시 1] 생물학 연구자들은 DNA의 분자 구조를 탐구하고 있으며('게놈 지도'), [예시 2] 지구 물리학자들은 지구 핵의 구조를, [예시 3] 해양학자들은 해저 지도를 맵핑하고 있다. 컴퓨터 게임은 규칙, 위험, 보상이 변하는 다양한 상상 속의 "영토"나 레벨을 가지고 있다. 이제 컴퓨터화는 훈련과 오락에 유용할 수도 있는 특수한 상황을 자극하는 인위적인 환경인 "가상 현실"로 현실에 도전한다. 지도 제작 기술은 [예시 4] 사상의 영역에서도 사용되고 있다. 예를 들어, 사상 사이의 관계는 개념 지도라고 불리는 것을 사용하여 보여질 수 있다. "중심적"이고 일반적인 사상으로부터 출발하여, 주요 개념의 주위에 웹을 구축하면서, 관련 사상들이 연결될 수 있다. 이것은 어떤 전통적인 정의에 의한 지도는 아니지만, 그것을 생산하기 위해 지도 제작법의 도구와 기법이 사용되고 있으며, 어떤 면에서는 지도를 닮았다.

끊어 읽기 지도 제작 기술은 / 사용되고 있다 / 많은 새로운 적용 분야에서. 생물학 연구자들은 / 분자 구조를 탐구하고 있으며 / DNA의 ('게놈 지도') / 지구 물리학자들은 / 구조를 맵핑한다 / 지구 핵을, / 그리고 / 해양학자들은 / 해저를 맵핑한다. 컴퓨터 게임은 / 상상 속의 "영토"를 갖는다 / 그곳에서는 / 레벨들 / 규칙, 위험, 보상이 변하는. 이제 컴퓨터화는 / 현실에 도전한다 / "가상 현실"로, / 인위적인 환경 / 특수한 상황을 자극하는, / 유용할 수 있는 / 훈련과 오락에. 맵핑 기술은 / 또한 ~에도 사용될 수 있다 / 사상의 영역에서도. 예를 들어, / 사상 사이의 관계는 / 사용하여 보이게 할 수 있다 / 개념 지도라고 불리는 것을. 일반적이고 "중심적인" 아이디어에서부터 시작하여, / 관련된 사상들은 / 연결될 수 있다, / 웹을 구축하면서 / 주요 개념의 주위에. 이것은 지도가 아니다 / 그 어떤 전통적인 정의에 의한 / 그러나 도구와 기법들은 / 지도 제작법의 / 사용되고 있다 / 그것을 생산하기 위해, / 그리고 / 그것은 어떤 면에서는 / 지도를 닮았다.

정답 ④

'통념을 제시한 후 신정보를 제시'하는 방식의 유형

03

다음 글의 요지로 가장 적절한 것은? *2013 국가직*

It's long been part of folk wisdom that birth order strongly affects personality, intelligence and achievement. However, most of the research claiming that firstborns are radically different from other children has been discredited, and it now seems that any effects of birth order on intelligence or personality will likely be washed out by all the other influences in a person's life. In fact, the belief in the permanent impact of birth order, according to Toni Falbo, a social psychologist at the University of Texas at Austin, comes from the psychological theory that your personality is fixed by the time you're six. That assumption simply is incorrect. The better, later and larger studies are less likely to find birth order a useful predictor of anything. When two Swiss social scientists, Cecile Ernst and Jules Angst, reviewed 1,500 studies a few years ago they concluded that "birth order differences in personality are nonexistent in our sample. In particular, there is no evidence for a firstborn personality."

① A first child is kind to other people.
② Birth order influences a person's intelligence.
③ An elder brother's personality is different from that of his younger brother.
④ Birth order has nothing to do with personality.

- folk 민간의
- personality 성격, 인격
- intelligence 지능, 기밀, 정보
- achievement 업적, 성취
- radically 근본적으로
- discredit 신임을 떨어뜨리다
- permanent 영구적인
- psychologist 심리학자
- assumption 추정, 상정
- incorrect 부정확한
- nonexistent 존재하지 않는
- have nothing to do with ~와는 관계가 없다

어휘 Quiz

1	nonexistent		6	assumption	
2	folk		7	psychologist	
3	personality		8	permanent	
4	incorrect		9	intelligence	
5	discredit		10	have nothing to do with	

정답 1. 존재하지 않는 2. 민간의 3. 성격, 인격 4. 부정확한 5. 신임을 떨어뜨리다 6. 추정, 상정 7. 심리학자 8. 영구적인 9. 지능, 기밀, 정보 10. ~와는 관계가 없다

정답 및 해설

[통념] It's long been part of folk wisdom that birth order strongly affects personality, intelligence and achievement. [통념에 대한 반대 주장을 설명] However, most of the research claiming that firstborns are radically different from other children has been discredited, and [신정보이자 글의 주제] it now seems that any effects of birth order on intelligence or personality will likely be washed out by all the other influences in a person's life. In fact, the belief in the permanent impact of birth order, according to Toni Falbo, a social psychologist at the University of Texas at Austin, comes from the psychological theory that your personality is fixed by the time you're six. That assumption simply is incorrect. The better, later and larger studies are less likely to find birth order a useful predictor of anything. When two Swiss social scientists, Cecile Ernst and Jules Angst, reviewed 1,500 studies a few years ago they concluded that "birth order differences in personality are nonexistent in our sample. In particular, there is no evidence for a firstborn personality."

03

선택지 해석
① 첫째 아이는 다른 사람들에게 친절하다.
② 태어나는 순서는 사람의 지능에 영향을 미친다.
③ 형의 성격은 아우의 성격과는 다르다.
④ 태어나는 순서는 성격과 관련이 없다.

정답 해설 이 글의 전체적인 구성은 통념(태어난 순서가 성격 및 지능에 영향을 미친다)을 제시한 후에, 통념과 반대되는 신정보(태어난 순서가 지능이나 성격에 영향을 미치지 않는다)를 제시함으로써 필자의 주장을 나타내고 있다. 즉 글의 주제는 필자가 새로 제공하는 '신정보'에서 찾을 수 있으므로, 이 글의 요지로는 ④가 가장 적절하다.

해석 [통념] 태어난 순서가 성격, 지능 그리고 성취에 지대한 영향을 끼친다는 것은 오랫동안 민간의 지혜의 일부분이 되어 왔다. [통념에 대한 반대 주장을 설명] 하지만, 첫째가 다른 아이들과는 극단적으로 다르다는 것을 주장하는 대부분의 연구는 신용을 잃어 왔으며, [신정보이자 글의 주제] 이제는 지능이나 성격에 있어 태어난 순서에 따른 어떠한 영향이라도 사람의 인생의 다른 영향들에 의해 없어질 것으로 보인다. 사실, 태어난 순서의 영구적 영향에 대한 믿음은, Austin에 있는 Texas 대학의 사회 심리학자인 Toni Falbo에 따르면, 당신의 성격이 당신이 여섯 살 때까지 정해진다는 심리학적 이론에서 기인한다고 한다. 그러한 가정은 전혀 옳지 않다. 그보다 더 우월하고 그 이후에 이루어진 규모가 더 큰 연구들이 태어난 순서가 어떤 것에도 유용한 전조가 될 것을 밝혀낼 가능성은 적다. 스위스의 사회 과학자인, Cecile Ernst와 Jules Angst는, 몇 년 전 1,500개의 연구들을 검토했을 때 "성격에 있어 태어난 순서의 차이는 우리 표본에서는 존재하지 않는다. 특히, 첫째만의 성격이라는 것에 대한 어떠한 증거도 없다."라는 결론을 내렸다.

끊어 읽기 그것은 / 오랫동안 되어 왔다 / 민간의 지혜의 일부분이 / 태어난 순서가 / 지대한 영향을 미친다는 것은 / 성격, 지능 그리고 성취에. 하지만, / 주장하는 연구의 대부분은 / 첫째가 / 극단적으로 다르다는 것을 / 다른 아이들과 / 신용을 잃어 왔으며, / 이제는 / 보인다 / 태어난 순서의 어떠한 영향이라도 / 지능이나 성격에 있어서의 / 밀릴 것으로 / 사람의 인생의 다른 영향들로. 사실, / 믿음은 / 태어난 순서의 영구적 영향에 대한, / Toni Falbo에 따르면, / 사회 심리학자인 / Texas 대학의 / Austin에 있는, / 기인한다고 한다 / 심리학적 이론에서 / 당신의 성격이 / 정해진다는 / 당신이 / 여섯 살이 될 때까지. 그러한 가정은 / 전혀 옳지 않다. 그보다 더 낫고, / 그 이후에 이루어진 / 규모가 더 큰 연구들이 / 밝혀 낼 가능성이 적다 / 태어난 순서가 / 유용한 전조가 될 것을 / 어떤 것에도. 두 스위스의 사회 과학자인, / Cecile Ernst와 Jules Angst가 / 검토했을 때 / 1,500개의 연구들을 / 몇 년 전에 / 그들은 / 결론을 내렸다 / "태어난 순서의 차이는 / 성격에 있어 / 존재하지 않는다는 것을 / 우리 표본에서는. 특히, / 어떠한 증거도 / 없다는 것을 / 첫째만의 성격이라는 것에 대한."

정답 ④

✏️ '주장 및 명령'을 통해 글의 주제를 나타내는 방식의 유형

04

다음 글의 요지로 가장 적절한 것은? 2019 국가직

> When giving performance feedback, you should consider the recipient's past performance and your estimate of his or her future potential in designing its frequency, amount, and content. For high performers with potential for growth, feedback should be frequent enough to prod them into taking corrective action, but not so frequent that it is experienced as controlling and saps their initiative. For adequate performers who have settled into their jobs and have limited potential for advancement, very little feedback is needed because they have displayed reliable and steady behavior in the past, knowing their tasks and realizing what needs to be done. For poor performers — that is, people who will need to be removed from their jobs if their performance doesn't improve — feedback should be frequent and very specific, and the connection between acting on the feedback and negative sanctions such as being laid off or fired should be made explicit.

① Time your feedback well.
② Customize negative feedback.
③ Tailor feedback to the person.
④ Avoid goal-oriented feedback.

- performance feedback 수행(성과) 피드백
- consider 고려하다, 생각하다
- recipient 받는 사람, 수취인, 수령인
- estimate 평가, 추정치
- potential 잠재력, 가능성
- frequency 빈도
- amount 양, 총액, 요지
- content 콘텐츠, 내용
- prod into ~하게끔 자극하다
- corrective 교정하는
- controlling 통제하는
- sap 약화시키다, 차츰 무너뜨리다
- initiative 진취 정신, 독창력, 주도권
- adequate 어울리는, 적당한
- settle into 자리 잡다
- advancement 진보, 진전
- display 보이다, 나타나다
- reliable 신뢰할 만한, 믿을 만한
- steady 지속적인, 안정된
- improve 개선하다, 향상하다
- connection 연결, 관계
- act on ~에 따라 행동하다
- sanction 제재, 허가
- be laid off 실직을 당하다
- be fired 해고되다
- explicit 명백한, 솔직한

📖 어휘 Quiz

1	consider	6	advancement
2	explicit	7	improve
3	estimate	8	steady
4	sanction	9	potential
5	adequate	10	reliable

정답 1. 고려하다, 생각하다 2. 명백한, 솔직한 3. 평가, 추정치 4. 제재, 허가 5. 어울리는, 적당한 6. 진보, 진전 7. 개선하다, 향상하다 8. 지속적인, 안정된 9. 잠재력, 가능성 10. 신뢰할 만한, 믿을 만한

정답 및 해설

> When giving performance feedback, [필자의 주장] you should consider the recipient's past performance and your estimate of his or her future potential in designing its frequency, amount, and content. For high performers with potential for growth, feedback should be frequent enough to prod them into taking corrective action, but not so frequent that it is experienced as controlling and saps their initiative. For adequate performers who have settled into their jobs and have limited potential for advancement, very little feedback is needed because they have displayed reliable and steady behavior in the past, knowing their tasks and realizing what needs to be done. For poor performers—that is, people who will need to be removed from their jobs if their performance doesn't improve—feedback should be frequent and very specific, and the connection between acting on the feedback and negative sanctions such as being laid off or fired should be made explicit.

04

선택지 해석
① 피드백의 시간을 잘 맞추어라.
② 부정적인 피드백을 맞춤화하라.
③ 사람에 맞춰 피드백을 재단하라(맞춤화하라).
④ 목표 지향적 피드백을 회피하라.

정답 해설
글의 주요 소재는 feedback이며, 필자는 should라는 표현을 통해 본인의 주장을 이야기하고 있다. 그리고 곧 이것이 이 글의 주제가 된다. 필자의 주장은 feedback이 각각 high performer와 adequate performer, 그리고 poor performer에게 다르게 주어져야 한다는 것이다. high performer, adequate performer, poor performer는 말 그대로 서로 성향이 다르기 때문에, 피드백 또한 이 성향에 따라 다르게 주어져야 한다는 것이 이 글의 요지이다. 그러므로 이를 요약하고 있는 ③이 정답으로 적절하다.

해석
성과에 관한 피드백을 제공할 때, [필자의 주장] 당신은 그것의 빈도, 양 및 콘텐츠를 설계하는 데 있어 받는 사람의 과거 성과와 그 또는 그녀의 미래 잠재력에 대한 당신의 평가를 고려해야 한다. 성장 가능성이 있는 높은 성과자의 경우, 피드백이 자주 발생하여 그들로 하여금 시정 조치를 취할 수 있게 해야 한다, 하지만 너무 자주 해서 통제적으로 느껴지고 그들의 주도권을 약화시킬 정도로 이루어져서는 안 된다. 자신의 직업에 정착하여 승진 가능성이 제한되어 있는 적절한 수행자들에게는, 그들이 과거에 신뢰할 수 있고 안정된 행동을 보여 왔고, 그들의 일을 알고 무엇을 해야 할 필요가 있는지를 알고 있기 때문에, 피드백은 거의 필요하지 않다. 형편없는 수행자의 경우 — 즉, 성과가 개선되지 않으면 직장에서 퇴출되어야 할 사람들 — 피드백이 빈번하고 매우 구체적이어야 하며, 피드백에 따라 행동하는 것과 실직 또는 해고와 같은 부정적 제재 사이의 연관성이 명시되어야 한다.

끊어 읽기
성과에 관한 피드백을 제공할 때, / 당신은 고려해야 한다 / 받는 사람의 과거 성과를 / 그리고 / 당신의 평가를 / 그 또는 그녀의 미래 잠재력의 / 그것의 빈도, 양 및 콘텐츠를 설계할 때의. 높은 성과자의 경우 / 잠재력이 있는 / 성장을 위한, / 피드백은 / 자주 발생하여야 한다 / 그들을 자극하기 위해 / 시정 조치를 취하도록, / 그러나 자주 발생해서는 안 되며 / 그것이 경험되면 안 된다 / 통제하는 것처럼 / 그리고 / 그들의 주도권을 약화시키는 것처럼. 적절한 수행자들에게는 / 정착한 / 그들의 직업에 / 그리고 / 제한되어 있는 잠재력 / 승진을 위한, / 피드백이 아주 조금 / 필요하다 / 왜냐하면 그들은 보여 왔다 / 신뢰할 수 있고 안정적인 행동을 / 과거에, / 그들의 직무를 알고 / 그리고 / 무엇을 해야 할 필요가 있는지를 깨닫기 때문에. 형편없는 수행자의 경우 — / 즉, / 퇴출되어야 하는 사람들 / 직장에서 / 만약 그들의 성과가 / 개선되지 않으면 / — 피드백이 / 빈번해야 한다 / 그리고 / 아주 구체적이어야 한다, / 그리고 / 연관성이 / 피드백에 따라 행동하는 것과 / 부정적 제재 사이의 / 실직이나 / 해고와 같은 / 명시되어야 한다.

정답 ③

✎ '예시 및 특징의 나열'을 통해 글의 주제를 나타내는 방식의 유형

05
다음 글의 제목으로 가장 적절한 것은?   2021 국가직

> Warming temperatures and loss of oxygen in the sea will shrink hundreds of fish species—from tunas and groupers to salmon, thresher sharks, haddock and cod—even more than previously thought, a new study concludes. Because warmer seas speed up their metabolisms, fish, squid and other water-breathing creatures will need to draw more oxygen from the ocean. At the same time, warming seas are already reducing the availability of oxygen in many parts of the sea. A pair of University of British Columbia scientists argue that since the bodies of fish grow faster than their gills, these animals eventually will reach a point where they can't get enough oxygen to sustain normal growth. "What we found was that the body size of fish decreases by 20 to 30 percent for every 1 degree Celsius increase in water temperature," says author William Cheung.

① Fish Now Grow Faster than Ever
② Oxygen's Impact on Ocean Temperatures
③ Climate Change May Shrink the World's Fish
④ How Sea Creatures Survive with Low Metabolism

□ loss 손실
□ oxygen 산소
□ shrink 줄어들다
□ species 종
□ tuna 다랑어, 참치
□ grouper 그루퍼
□ salmon 연어
□ thresher shark 진환도상어
□ haddock 해덕
□ cod 대구
□ previously 이전에
□ metabolism 신진대사
□ squid 오징어
□ availability 유효성, 효용
□ gill 아가미
□ eventually 마침내, 결국
□ sustain 유지하다, 지탱하다

어휘 Quiz

1	sustain		6	metabolism
2	loss		7	previously
3	shrink		8	eventually
4	availability		9	oxygen
5	species		10	salmon

정답 1. 유지하다, 지탱하다 2. 손실 3. 줄어들다 4. 유효성, 효용 5. 종 6. 신진대사 7. 이전에 8. 마침내, 결국 9. 산소 10. 연어

[주제문] Warming temperatures and loss of oxygen in the sea will shrink hundreds of fish species—from tunas and groupers to salmon, thresher sharks, haddock and cod—even more than previously thought, a new study concludes. Because warmer seas speed up their metabolisms, fish, squid and other water-breathing creatures will need to draw more oxygen from the ocean. At the same time, warming seas are already reducing the availability of oxygen in many parts of the sea. A pair of University of British Columbia scientists argue that since the bodies of fish grow faster than their gills, these animals eventually will reach a point where they can't get enough oxygen to sustain normal growth. "What we found was that the body size of fish decreases by 20 to 30 percent for every 1 degree Celsius increase in water temperature," says author William Cheung.

05

선택지 해석
① 물고기는 이제 그 어느 때보다도 빨리 자란다
② 산소가 해양 온도에 미치는 영향
③ 기후 변화가 세계의 물고기를 위축시킬 수 있다
④ 낮은 신진대사로 바다 생물들이 살아남는 방법

정답 해설 이 글은 기후 변화로 인한 해수 온도의 상승이 해양 생물들에게 끼치는 악영향(구체적으로 해양 생물의 성장에 악영향을 끼친다)에 대해 설명하고 있으므로 글의 제목은 해당 내용을 담고 있는 ③이 적절하다.

해석 [주제문] 바다에서의 해수 온도 상승과 산소 부족은 참치와 그루퍼에서부터 연어, 진환도상어, 해덕, 대구에 이르기까지 수백 종의 물고기 종들을 이전에 생각했던 것보다 훨씬 더 줄어들게 할 것이라는 새로운 연구 결과가 발표되었다. 따뜻한 바다가 그들의 신진대사를 가속화하기 때문에, 물고기, 오징어 그리고 다른 수중 호흡 생물들은 바다에서 더 많은 산소를 끌어들여야 할 것이다. 동시에, 따뜻해지는 바다는 이미 바다의 많은 부분에서 산소의 이용 가능성을 줄이고 있다. 브리티시 컬럼비아 대학 과학자들은 물고기의 몸이 아가미보다 더 빨리 자라기 때문에, 이 동물들은 결국 정상적인 성장을 지속하기에 충분한 산소를 얻을 수 없는 지경에 이르게 될 것이라고 주장한다. "우리가 발견한 것은 수온이 섭씨 1도 증가할 때마다 물고기의 몸집이 20에서 30퍼센트씩 줄어든다는 것입니다,"라고 작가 William Cheung은 말한다.

끊어 읽기 바다에서의 해수 온도 상승과 산소 부족은 / 훨씬 더 줄어들게 할 것이다(라고) / 수백 종의 물고기 종들을 / 참치와 그루퍼에서부터 / 연어, 진환도상어, 해덕, 대구에 이르기까지 / 이전에 생각했던 것보다 훨씬 더 / 새로운 연구 결과가 발표하였다. 왜냐하면 / 따뜻한 바다가 / 가속화하기 때문이다. / 그들의 신진대사를 / 물고기, 오징어 그리고 다른 수중 호흡 생물들은 / 끌어들여야 할 것이다 / 더 많은 산소를 / 바다에서. 동시에, / 따뜻해지는 바다는 / 이미 줄이고 있다 / 산소의 이용 가능성을 / 바다의 많은 부분에서. 브리티시 컬럼비아 대학 과학자들은 / 주장한다 / 물고기의 몸이 / 더 빨리 자라기 때문에 / 아가미보다, / 이 동물들은 결국 / 지경에 이르게 될 것이라고 / 충분한 산소를 얻을 수 없는 / 정상적인 성장을 지속하기에. "우리가 발견한 것은 / 물고기의 몸집이 / 줄어든다는 것입니다 / 20에서 30퍼센트씩 / 수온이 섭씨 1도 증가할 때마다," / 라고 작가 William Cheung은 말한다.

정답 ③

기출로 연습하기

01

다음 글의 주제로 가장 적절한 것은? [2025 국가직]

> Young people are fast learners. They are energetic, active and have a 'can-do' mentality. Given the support and right opportunities, they can take the lead in their own development as well as the development of their communities. In many developing countries, agriculture is still the largest employer and young farmers play an important role in ensuring food security for future generations. They face many challenges, however. For example, it is very difficult to own land or get a loan if you do not have a house—which, if you are young and only just starting your career, is often not yet possible. Working in agriculture requires substantial and long-term investments. It is also quite risky and uncertain, because it relies heavily on the climate: flooding, drought and storms can damage and destroy farmers' crops and affect livestock.

① The economic advantages of working in the agricultural sector
② The importance of technology in modern farming practices
③ The roles of young farmers and the challenges they face
④ Young people's efforts for urban development

- ☐ **energetic** 에너지가 넘치는
- ☐ **active** 활동적인, 적극적인
- ☐ **can-do mentality** 할 수 있다는 마음가짐
- ☐ **support** 지원, 지지하다
- ☐ **take the lead** 주도권을 잡다, 앞장서다
- ☐ **development** 발전, 성장
- ☐ **agriculture** 농업
- ☐ **as well as** ~뿐만 아니라
- ☐ **developing country** 개발도상국
- ☐ **play an important role** 중요한 역할을 하다
- ☐ **food security** 식량 안보
- ☐ **own** 소유하다
- ☐ **loan** 대출
- ☐ **substantial** 상당한
- ☐ **long-term** 장기적인
- ☐ **investment** 투자
- ☐ **risky** 위험한
- ☐ **uncertain** 불확실한
- ☐ **rely on** ~에 의존하다
- ☐ **climate** 기후
- ☐ **flooding** 홍수
- ☐ **drought** 가뭄
- ☐ **livestock** 가축

어휘 Quiz

1	developing country	6	risky
2	food security	7	agriculture
3	substantial	8	take the lead
4	long-term	9	livestock
5	investment	10	uncertain

정답 1. 개발도상국 2. 식량안보 3. 상당한 4. 장기적인 5. 투자 6. 위험한 7. 농업 8. 주도권을 잡다, 앞장서다 9. 가축 10. 불확실한

정답 및 해설

> Young people are fast learners. They are energetic, active and have a 'can-do' mentality. Given the support and right opportunities, they can take the lead in their own development as well as the development of their communities. In many developing countries, [주요 소재] agriculture is still the largest employer and young farmers play an important role in ensuring food security for future generations. They face many challenges, however. [예시 나열] For example, it is very difficult to own land or get a loan if you do not have a house—which, if you are young and only just starting your career, is often not yet possible. Working in agriculture requires substantial and long-term investments. It is also quite risky and uncertain, because it relies heavily on the climate: flooding, drought and storms can damage and destroy farmers' crops and affect livestock.

정답해설 ③ 젊은 농부들의 역할과 그들이 직면한 어려움
→ 글에서는 젊은이들이 농업과 지역사회 발전에 중요한 역할을 한다고 말하면서도, 그들이 실제로 농업에 종사할 때 겪는 여러 가지 어려움을 구체적으로 설명하고 있다. "They can take the lead in their own development as well as the development of their communities." "It is very difficult to own land or get a loan…"에서 볼 수 있듯이 젊은 농부들의 잠재력과 현실적인 어려움이라는 두 측면을 모두 다루고 있기 때문에, 주제를 가장 잘 요약한 선택지는 ③번임을 알 수 있다.

오답해설 ① 농업 분야에서 일하는 것의 경제적 이점
→ 농업의 "경제적 이점"에 대한 내용은 확인할 수 없으며, 오히려 어려움(자금, 위험 등)을 강조하고 있다는 것을 알 수 있다.
② 현대 농업 방식에서 기술의 중요성
→ "기술"이나 "현대 농법"에 대한 언급은 전혀 확인할 수 없다.
④ 젊은이들의 도시 개발을 위한 노력
→ 도시 개발(urban development)이 아니라 "농업과 농촌 공동체"가 주제임을 알 수 있다. 따라서 도시 개발이 언급된 해당 보기는 글의 주제가 될 수 없다.

해석 젊은이들은 학습이 빠른 존재이다. 그들은 에너지가 넘치고 활동적이며, '할 수 있다'는 마음가짐을 가지고 있다. 적절한 지원과 기회가 주어지면, 그들은 자신의 성장뿐만 아니라 지역 사회의 발전에도 주도적인 역할을 할 수 있다. 많은 개발도상국에서 [주요 소재] 농업은 여전히 가장 큰 고용 분야이며, 젊은 농부들은 미래 세대를 위한 식량 안보를 책임지는 중요한 역할을 하고 있다. 그러나 이들은 여러 도전에 직면해 있다. [예시 나열] 예를 들어, 주택이 없는 경우 토지를 소유하거나 대출을 받는 것이 매우 어려운데, 경력을 막 시작한 젊은이들에게는 집을 갖는 것 자체가 쉽지 않다. 농업은 상당한 수준의 장기 투자가 필요하며, 기후에 크게 의존하기 때문에 위험성과 불확실성이 크다. 홍수, 가뭄, 폭풍과 같은 기후 재해는 농작물을 손상시키거나 파괴하고 가축에도 피해를 줄 수 있다.

끊어읽기 젊은이들은 / 빠르게 배우는 사람들이다. 그들은 / 에너지가 넘치고 / 활동적이며 / 가지고 있다. '할 수 있다'는 마음가짐을 (가지고 있다.) 주어진다면 / 지원과 적절한 기회가 (주어진다면), 그들은 / 앞장설 수 있다 / 자신의 성장에 / 그리고 / 지역사회의 발전에도. 많은 개발도상국에서는 / 농업이 / 여전히 / 가장 큰 고용 분야이다. 그리고 / 젊은 농부들은 / 중요한 역할을 한다 / 미래 세대를 위한 / 식량 안보를 / 보장하는 데 있어서. 하지만 / 그들은 / 많은 어려움에 / 직면해 있다. 예를 들어 / 매우 어렵다 / 토지를 소유하거나 / 대출을 받는 것이 / 집이 없다면. 그 집은 / 아직 불가능한 경우가 많다 / 젊고 / 이제 막 경력을 시작했다면. 농업에 종사하는 것은 / 요구한다 / 많은 장기적인 투자를. 그리고 / 그것은 / 꽤 / 위험하고 / 불확실하다, 왜냐하면 / 그것은 / 크게 의존하기 때문이다 / 기후에: 홍수, 가뭄, 폭풍은 / 손상시키거나 / 파괴할 수 있다, / 농작물을 / 그리고 / 가축에도 / 영향을 줄 수 있다.

정답 ③

02

다음 글의 주제로 가장 적절한 것은? [2025 예시 2차]

> The International Space Station, orbiting some 240 miles above the planet, is about to join the effort to monitor the world's wildlife—and to revolutionize the science of animal tracking. A large antenna and other equipment aboard the orbiting outpost, installed by spacewalking Russian astronauts in 2018, are being tested and will become fully operational this summer. The system will relay a much wider range of data than previous tracking technologies, logging not just an animal's location but also its physiology and environment. This will assist scientists, conservationists and others whose work requires close monitoring of wildlife on the move and provide much more detailed information on the health of the world's ecosystems.

① Evaluation of sustainability of global ecosystems
② Successful training projects of Russian astronauts
③ Animal experiments conducted in the orbiting outpost
④ Innovative wildlife monitoring from the space station

- international 국제적인
- space station 우주 정거장
- orbit 궤도를 돌다, 궤도
- planet 행성
- be about to ⓡ ~하려 하다
- join 참여하다
- effort 노력
- monitor 감시하다
- wildlife 야생동물
- revolutionize 혁신하다
- tracking 추적
- equipment 장비
- aboard ~에 탑승한
- outpost 전초기지
- install 설치하다
- spacewalking 우주 유영하는
- astronaut 우주비행사
- operational 작동하는
- fully 완전히
- relay 전달하다
- previous 이전의
- log 기록하다, 통나무
- location 위치
- physiology 생리학, 생리적 상태
- environment 환경
- assist 돕다
- conservationist (환경) 보호주의자
- require 요구하다
- on the move 이동 중인
- provide 제공하다
- detailed 자세한
- ecosystem 생태계

어휘 Quiz

1	international	6	orbit
2	be about to	7	equipment
3	install	8	operational
4	physiology	9	conservationist
5	previous	10	relay

정답 1. 국제적인 2. 막 ~하려 하다 3. 설치하다 4. 생리적 상태 5. 이전의 6. 궤도를 돌다 7. 장비 8. 작동하는 9. (환경) 보호주의자 10. 전달하다

정답 및 해설

[주제문] The International Space Station, orbiting some 240 miles above the planet, is about to join the effort to monitor the world's wildlife—and to revolutionize the science of animal tracking. A large antenna and other equipment aboard the orbiting outpost, installed by spacewalking Russian astronauts in 2018, are being tested and will become fully operational this summer. The system will relay a much wider range of data than previous tracking technologies, logging not just an animal's location but also its physiology and environment. This will assist scientists, conservationists and others whose work requires close monitoring of wildlife on the move and provide much more detailed information on the health of the world's ecosystems.

02

 글의 주요 소재는 "우주 정거장(Space Station)"이며, 주제문은 글의 맨 앞 문장이다. "The International Space Station is about to join the effort to monitor the world's wildlife"(,orbiting some 240 miles above the planet,는 삽입구로 우주 정거장을 설명하고 있음) 따라서, ④를 정답으로 고른다. 주요 소재인 "우주 정거장"이 포함되지 않은 ①/②를 정답으로 골라선 안 된다. ③은 "우주 정거장 내에서 동물실험"을 했다고 하지만, 주어진 본문에는 이에 관한 내용을 찾을 수 없다. 따라서, ④를 정답으로 고른다.

 ① evaluation of sustainability of global ecosystems
→ 전 세계 생태계의 지속 가능성 평가
② successful training projects of Russian astronauts
→ 러시아 우주비행사들의 성공적인 훈련 프로젝트
③ animal experiments conducted in the orbiting outpost
→ 궤도를 도는 우주 정거장에서 수행된 동물 실험
④ innovative wildlife monitoring from the space station
→ 우주 정거장을 활용한 혁신적인 야생동물 관찰

해석 [주제문] 국제우주정거장(ISS)은 지구 상공 약 240마일(약 386km)을 도는 중이며, 이제 전 세계의 야생동물을 모니터링하는 노력에 동참하려 하고 있다. 이는 동물 추적 과학을 획기적으로 변화시키는 계기가 될 것이다. 우주비행 중이던 러시아 우주비행사들에 의해 2018년에 설치된 대형 안테나 및 기타 장비는 현재 테스트 중이며, 올여름에 완전 가동될 예정이다. 이 시스템은 기존 추적 기술보다 훨씬 더 광범위한 데이터를 전달하게 되며, 동물의 위치뿐 아니라 생리적 정보와 환경까지 기록하게 된다. 이 정보는 과학자, 자연보호 활동가, 그리고 이동 중인 야생동물을 면밀히 관찰해야 하는 사람들에게 큰 도움이 될 것이다. 또한, 세계 생태계의 건강 상태에 대한 훨씬 더 구체적인 정보를 제공할 수 있게 될 것이다.

끊어 읽기 국제우주정거장은 / 지구 상공 약 240마일 위를 / 도는 중이며, 참여하려 한다 / 노력에 / 전 세계의 야생동물을 모니터링하는. 그리고 / 변화시키려 한다 / 동물 추적 과학을 / 획기적으로. 대형 안테나와 기타 장비는 / 우주정거장에 실려 있으며, 설치되었다 / 러시아 우주비행사들에 의해 / 우주 유영 중에 / 2018년에. (그 장비는) / 현재 테스트 중이고 / 완전 가동될 예정이다 / 이번 여름에. 이 시스템은 / 전달할 것이다 / 훨씬 더 광범위한 데이터를 / 기존 추적 기술보다. 기록하면서 / 단지 동물의 위치뿐만 아니라 / 생리적 정보와 환경까지도. 이것은 / 도움이 될 것이다 / 과학자들, 자연보호 활동가들, 그리고 / 야생동물을 / 이동 중에 / 면밀히 관찰해야 하는 사람들에게. 그리고 / 제공할 것이다 / 훨씬 더 구체적인 정보를 / 세계 생태계의 건강 상태에 대해.

정답 ④

03

다음 글의 주제로 가장 적절한 것은?   [2025 인혁처 예시 1차]

> The Ministry of Food and Drug Safety warned that cases of food poisoning have occurred as a result of cross-contamination, where people touch eggs and neglect to wash their hands before preparing food or using utensils. To mitigate such risks, the ministry advised refrigerating eggs and ensuring they are thoroughly cooked until both the yolk and white are firm. Over the past five years, a staggering 7,400 people experienced food poisoning caused by Salmonella bacteria. Salmonella thrives in warm temperatures, with approximately 37 degrees Celsius being the optimal growth condition. Consuming raw or undercooked eggs and failing to separate raw and cooked foods were identified as the most common causes of Salmonella infection. It is crucial to prioritize food safety measures and adhere to proper cooking practices to minimize the risk of Salmonella-related illnesses.

① Benefits of consuming eggs to the immune system
② Different types of treatments for Salmonella infection
③ Life span of Salmonella bacteria in warm temperatures
④ Safe handling of eggs for the prevention of Salmonella infection

어휘 Quiz

1	food poisoning	6	optimal
2	utensil	7	consume
3	mitigate	8	separate
4	thoroughly	9	prioritize
5	thrive	10	minimize

어휘
- Ministry of Food and Drug Safety 식품의약품안전처
- food poisoning 식중독
- cross-contamination 교차 오염
- neglect 등한시하다, 무시하다
- utensil 도구, 식기
- mitigate 줄이다, 완화시키다
- refrigerate 냉장하다
- ensure 보장하다
- thoroughly 완전히
- yolk 노른자
- firm 단단한
- staggering 충격적인, 믿기 어려운
- experience 경험하다
- thrive 성장하다, 번성하다
- temperature 온도
- approximately 대략
- Celsius 섭씨
- optimal 최적의
- consume 먹다, 마시다
- undercooked 덜 익은
- separate 구분하다, 구별된
- infection 감염
- crucial 중요한
- prioritize ~를 우선시하다
- safety measure 안전 대책
- adhere to ~을 고수하다
- proper 적절한
- minimize 최소화하다
- benefit 장점
- immune system 면역체계

정답 1. 식중독 2. 도구, 식기 3. 줄이다, 완화시키다 4. 완전히 5. 성장하다 6. 최적의 7. 먹다, 마시다 8. 구분하다 9. ~에 우선 순위를 매기다 10. 최소화하다

The Ministry of Food and Drug Safety warned that cases of food poisoning have occurred as a result of cross-contamination, where people touch eggs and neglect to wash their hands before preparing food or using utensils. [주제문] To mitigate such risks, the ministry advised refrigerating eggs and ensuring they are thoroughly cooked until both the yolk and white are firm. Over the past five years, a staggering 7,400 people experienced food poisoning caused by Salmonella bacteria. Salmonella thrives in warm temperatures, with approximately 37 degrees Celsius being the optimal growth condition. Consuming raw or undercooked eggs and failing to separate raw and cooked foods were identified as the most common causes of Salmonella infection. It is crucial to prioritize food safety measures and adhere to proper cooking practices to minimize the risk of Salmonella-related illnesses.

03

 선택지 해석
① 달걀 섭취가 면역계에 미치는 장점
② 살모넬라균 감염에 대한 다양한 치료법
③ 따뜻한 온도에서 살모넬라균의 생존 기간
④ 살모넬라균 감염 예방을 위한 달걀의 안전 취급 방법

 정답 해설
글에서는 살모넬라에 대해 이야기하고 있다는 것을 알 수 있다. 더불어 "To mitigate such risks, ~"를 통해 살모넬라균과 같은 위험을 줄이기 위한 방법을 제시하고 있다는 것 또한 알 수 있으므로 이 두 가지를 고려해 보면 글의 주제는 "살모넬라 감염을 예방하기 위한 달걀 취급 및 조리 시 식품 안전 수칙"임을 알 수 있다. 따라서 해당 내용을 담고 있는 보기 ④가 글의 주제로 가장 적절하다.

해석
식품의약품안전처는 사람들이 달걀을 만지고 나서 손을 씻지 않고 음식을 준비하거나 도구를 사용하는 경우, 교차 오염으로 인해 식중독 사례가 발생했다고 경고했다. [주제문] **이러한 위험을 줄이기 위해 식약처는 달걀을 냉장 보관하고 노른자와 흰자가 단단해질 때까지 완전히 익히라고 권장했다.** 지난 5년 동안 약 7,400명이 살모넬라균으로 인한 식중독을 경험했다. 살모넬라는 따뜻한 온도에서 번성하며 섭씨 약 37도가 최적의 성장 조건이다. 생달걀 또는 덜 익힌 달걀을 섭취하고 날음식과 조리된 음식을 구분하지 않는 것이 살모넬라 감염의 가장 흔한 원인으로 밝혀졌다. 살모넬라균과 관련된 질병의 위험을 최소화하기 위해 식품 안전 조치를 우선시하고 적절한 요리 방법을 준수하는 것이 중요하다.

 끊어 읽기
식품의약품안전청은 / 경고했다 / 식중독 사례가 발생했음을 / 교차 오염의 결과로 / (그 결과는) / 사람들이 달걀을 만지고 / 손을 씻지 않는다 / 음식을 준비하거나 식기를 사용하기 전에. 이러한 위험을 완화하기 위해, 해당 청은 / 권고했다 / 달걀을 냉장하고 / 철저히 익혀야 한다고 / 노른자와 흰자가 / 단단해 질 때까지. / 지난 5년 동안 / 약 7,400명이 / 경험했다 / 살모넬라균에 의한 식중독. 살모넬라균은 / 번식한다 / 따뜻한 온도에서. 그리고 약 37도 섭씨가 / 최적의 생장 조건이다. 날것이나 덜 익힌 달걀을 섭취하고 / 분리하지 않는 것은 / 날것과 익힌 음식을 / 밝혀졌다 / 원인으로 / 살모넬라 감염의 가장 일반적인 (원인으로). 중요하다 / 식품 안전 조치를 우선시하고 / 적절한 조리 방법을 준수하는 것이 / 최소화하는 데 / 살모넬라와 관련된 질병 발생 위험을(최소화하는 데 중요하다).

정답 ④

04

다음 글의 요지로 가장 적절한 것은?　　　　[2025 인혁처 예시 1차]

Despite ongoing efforts to address educational disparities, the persistent achievement gap among students continues to highlight significant inequities in the education system. Recent data reveal that marginalized students, including those from low-income back grounds and vulnerable groups, continue to lag behind their peers in academic performance. The gap poses a challenge to achieving educational equity and social mobility. Experts emphasize the need for targeted interventions, equitable resource allocation, and inclusive policies to bridge this gap and ensure equal opportunities for all students, irrespective of their socioeconomic status or background. The issue of continued educational divide should be addressed at all levels of education system in an effort to find a solution.

① We should deal with persistent educational inequities.
② Educational experts need to focus on new school policies.
③ New teaching methods are necessary to bridge the achievement gap.
④ Family income should not be considered in the discussion of education.

- ongoing 계속 진행 중인
- address 해결하다, 연설하다, 주소
- disparity 불평등
- persistent 지속하는
- achievement 성취
- highlight ~을 강조하다
- significant 상당한
- inequity 불공평
- reveal 보여주다, 말하다
- marginalize ~을 처지게 하다
- low-income 저소득의
- back ground 배경
- vulnerable 취약한
- lag 뒤에 처지다
- peer 또래
- academic 학문적인
- performance 성취
- pose 제기하다, 유발시키다
- challenge 도전, 난관
- achieve 달성하다
- equity 형평
- mobility 이동성
- emphasize 강조하다
- intervention 개입
- equitable 공정한
- resource 자원
- allocation 배분
- inclusive 포괄적인
- policy 정책
- ensure ~하기 위해
- opportunity 기회
- irrespective of 관련 없는
- status 지위
- divide 나누다
- solution 해결
- deal with ~을 다루다
- consider 고려하다

어휘 Quiz

1	address		6	lag	
2	disparity		7	intervention	
3	persistent		8	resource	
4	inequity		9	allocation	
5	vulnerable		10	irrespective	

정답 1. 해결하다 2. 불평등 3. 지속하는 4. 불공평 5. 취약한 6. 뒤에 처지다 7. 개입 8. 자원 9. 배분 10. 관련 없는, 고려하지 않고

정답 및 해설

> Despite ongoing efforts to address educational disparities, the persistent achievement gap among students continues to highlight [주요 소재 소개] significant inequities in the education system. Recent data reveal that marginalized students, including those from low-income back grounds and vulnerable groups, continue to lag behind their peers in academic performance. The gap poses a challenge to achieving educational equity and social mobility. Experts emphasize the need for targeted interventions, equitable resource allocation, and inclusive policies to bridge this gap and ensure equal opportunities for all students, irrespective of their socioeconomic status or background. [주제문] The issue of continued educational divide should be addressed at all levels of education system in an effort to find a solution.

04

선택지 해석
① 우리는 지속적인 교육 불평등을 해결해야 한다.
② 교육 전문가들은 새로운 학교 정책에 집중할 필요가 있다.
③ 성취 격차를 해소하기 위해 새로운 교수법이 필요하다.
④ 교육 논의에서 가정 소득은 고려되어서는 안 된다.

정답 해설
글의 전반부에 주요 소재인 "교육 불평등"을 제시하고 있으며, "목표 지향적 개입, 자원 배분의 공정성, 포괄적 정책의 필요를 구체적으로 제시하면서 교육 시스템 내에서 소외된 학생들과 다른 학생들 간의 지속적인 성취 격차를 해결해야 함을 주장하고 있다. 따라서 지속적인 성취 격차를 만들어내는 교육 불평등에 대해 계속해서 신경써야 한다는 보기 ①이 글의 요지로 가장 적절하다.

해석
교육 격차를 해소하기 위한 지속적인 노력에도 불구하고 학생들 간의 지속적인 성취 격차는 [주요 소재 소개] 교육 시스템 내의 상당한 불평등을 계속해서 두드러지게 하고 있다. 최근 데이터에 따르면, 저소득층 배경과 취약 계층을 포함한 소외된 학생들이 학업 성취도에서 또래들보다 계속 뒤처지고 있다는 것을 보여준다. 이 격차는 교육 형평성과 사회적 이동성을 달성하기 위한 도전을 제기하고 있다. 전문가들은 이 격차를 해소하고 모든 학생에게 균등한 기회를 제공하기 위해 목표 지향적 개입, 공정한 자원 배분, 포괄적인 정책의 필요성을 강조한다. [주제문] 계속되는 교육 격차 문제는 해결책을 찾기 위한 노력으로 모든 수준의 교육 시스템 내에서 해결되어야 한다.

끊어 읽기
노력에도 불구하고 / 교육 격차를 해소하기 위한 (지속적인 노력에도 불구하고) / 학생들 간의 / 지속적인 성취 격차는 / 교육 시스템 내의(지속적인 성취 격차는) / 계속해서 / 강조한다 / 심각한 불평등을. 최근 데이터는 / 밝혔다 / 소외된 학생들이 / 저소득층 및 취약 계층을 포함한(소외된 학생들이) / 또래들보다 / 계속해서 / 뒤쳐지고 있음을 / 학업 성취에서. 이 격차는 / 제기하고 있다 / 도전을 / 교육 평등과 사회적 이동성을 달성하는 데. 전문가들은 / 1개만 강조한다 / 필요성을 / 대상적 개입, 공정한 자원 배분 및 포괄적인 정책(에 대한 필요성) /이 격차를 좁히기 위해 / 그리고 / 동등한 기회를 보장하기 위해 / 모든 학생들에게. 계속되는 교육적 격차 문제에는 / 주의가 기울여져야 한다 / 모든 교육제도의 / 모든 수준에서의 / 해결책을 찾기 위해.

정답 ①

05

다음 글의 주제로 가장 적절한 것은?   2024 국가직

It seems incredible that one man could be responsible for opening our eyes to an entire culture, but until British archaeologist Arthur Evans successfully excavated the ruins of the palace of Knossos on the island of Crete, the great Minoan culture of the Mediterranean was more legend than fact. Indeed its most famed resident was a creature of mythology: the half-man, half-bull Minotaur, said to have lived under the palace of mythical King Minos. But as Evans proved, this realm was no myth. In a series of excavations in the early years of the 20th century, Evans found a trove of artifacts from the Minoan age, which reached its height from 1900 to 1450 B.C.: jewelry, carvings, pottery, altars shaped like bull's horns, and wall paintings showing Minoan life.

① King Minos' successful excavations
② Appreciating artifacts from the Minoan age
③ Magnificence of the palace on the island of Crete
④ Bringing the Minoan culture to the realm of reality

- incredible 믿을 수 없는
- be responsible for ~에 책임이 있다
- archaeologist 고고학자
- excavate 발굴하다, 굴을 파다
- mediterranean 지중해의
- famed 유명한
- resident 거주자
- mythology 신화
- realm 왕국
- artifact 인공물
- carving 조각품
- pottery 도기
- altar 제단

어휘 Quiz

1	incredible		6	realm	
2	excavate		7	artifact	
3	famed		8	carving	
4	resident		9	pottery	
5	mythology		10	altar	

정답 1. 믿을 수 없는 2. 발굴하다, 굴을 파다 3. 유명한 4. 거주자 5. 신화 6. 왕국 7. 인공물 8. 조각품 9. 도기 10. 제단

정답 및 해설

[통념 제시] It seems incredible that one man could be responsible for opening our eyes to an entire culture, but until [신정보/주제문] British archaeologist Arthur Evans successfully excavated the ruins of the palace of Knossos on the island of Crete, the great Minoan culture of the Mediterranean was more legend than fact. Indeed its most famed resident was a creature of mythology: the half-man, half-bull Minotaur, said to have lived under the palace of mythical King Minos. [주제문 확인] But as Evans proved, this realm was no myth. In a series of excavations in the early years of the 20th century, Evans found a trove of artifacts from the Minoan age, which reached its height from 1900 to 1450 B.C.: jewelry, carvings, pottery, altars shaped like bull's horns, and wall paintings showing Minoan life.

05

선택지 해석
① 미노스 왕의 성공적인 발굴
② 미노아 시대 유물 감상
③ 크레타 섬에 있는 궁전의 장엄함
④ 미노아 문화를 현실의 영역으로 가져오기

정답 해설 글에서는 고고학자인 Arthur Evans가 실제 발굴을 통해 미노아 문명의 유물들을 발견했다고 전한다. 이를 통해 Arthur Evans를 신화로 전해져 왔던 미노아 문명을 현실로 끌어들인 사람이라고 생각할 수 있으므로 해당 글의 주제는 ④가 옳다.

해석 [통념 제시] 한 사람이 문화 전체에 눈을 뜨게 하는 책임이 있다는 것은 믿을 수 없는 일인 것 같지만, [신정보/주제문] 영국 고고학자 Arthur Evans가 크레타 섬의 크노소스 궁전 유적을 성공적으로 발굴하기 전까지, 지중해의 위대한 미노아 문명은 사실이기보다는 전설에 가까웠다. (Evans가 발굴에 성공해서 전설이 된 것이 아니라 사실임이 증명되었다.) 실제로 그곳의 가장 유명한 거주자는 신화의 한 캐릭터였는데, 반은 사람이고 반은 소인 미노타우르스로 신화 속에 나오는 왕 미노스의 궁전 아래에서 살았다고 전해진다. [주제문 확인] 그러나 Evans가 입증한 바에 따르면, 이 왕국은 신화가 아니었다. 20세기 초 일련의 발굴 작업을 통해, Evans는 기원전 1900년부터 1450년까지 절정에 달했던 미노아 시대의 유물 발굴품을 발견했다: 보석, 조각품, 도자기, 황소의 뿔 모양을 한 제단, 미노아의 삶을 보여주는 벽화들을 말이다.

끊어 읽기 믿을 수 없을 것 같다 / 한 사람이 / 책임이 있다는 것은 / 문화 전체에 눈을 뜨게 하는. 전 까지 / 영국 고고학자 Arthur Evans가 / 성공적으로 / 발굴(하기 전까지) / 크노소스 궁전 유적을 / 크레타 섬의. 지중해의 위대한 미노아 문명은 / 전설에 가까웠다 / 사실이기보다는. 실제로 / 그곳의 가장 유명한 거주자는 / 신화의 한 캐릭터였는데 / 반은 사람이고 / 반은 소인 미노타우르스로 / 전해진다 / 궁전 아래에서 살았다고 / 신화 속에 나오는 왕 미노스의. 그러나 / Evans가 입증한 바에 따르면 / 이 왕국은 / 신화가 아니었다. 일련의 발굴 작업을 통해 / 20세기의 / Evans는 / 발견했다 / 유물 발굴품을 / 미노아 시대의 / 기원전 1900년부터 1450년까지 절정에 달했던 / 보석, 조각품, 도자기, 황소의 뿔 모양을 한 제단, 미노아의 삶(을 보여주는 벽화들을 말이다)

정답 ④

06

다음 글의 주제로 가장 적절한 것은?

2019 국가직

Imagine that two people are starting work at a law firm on the same day. One person has a very simple name. The other person has a very complex name. We've got pretty good evidence that over the course of their next 16 plus years of their career, the person with the simpler name will rise up the legal hierarchy more quickly. They will attain partnership more quickly in the middle parts of their career. And by about the eighth or ninth year after graduating from law school the people with simpler names are about seven to ten percent more likely to be partners—which is a striking effect. We try to eliminate all sorts of other alternative explanations. For example, we try to show that it's not about foreignness because foreign names tend to be harder to pronounce. But even if you look at just white males with Anglo-American names—so really the true in-group, you find that among those white males with Anglo names they are more likely to rise up if their names happen to be simpler. So simplicity is one key feature in names that determines various outcomes.

① the development of legal names
② the concept of attractive names
③ the benefit of simple names
④ the roots of foreign names

- law firm 법률 사무소
- simple 간단한, 단순한
- complex 복잡한
- pretty 꽤
- legal 법적인, 법률상의
- hierarchy 계급 제도, 계층제
- attain 달성하다, 이루다
- graduate from ~을 졸업하다
- striking 현저한, 두드러진
- eliminate 제거하다
- alternative 대체 가능한
- explanation 설명, 이유
- foreignness 외래성, 이질적임
- pronounce 발음하다
- simplicity 단순, 간단
- feature 특징
- determine 결정하다, 밝히다
- outcome 결과

어휘 Quiz

1	outcome		6	pronounce
2	complex		7	attain
3	legal		8	eliminate
4	determine		9	alternative
5	feature		10	hierarchy

정답 1. 결과 2. 복잡한 3. 법적인, 법률상의 4. 결정하다, 밝히다 5. 특징 6. 발음하다 7. 달성하다, 이루다 8. 제거하다 9. 대체 가능한 10. 계급 제도, 계층제

정답 및 해설

Imagine that two people are starting work at a law firm on the same day. One person has a very simple name. The other person has a very complex name. We've got pretty good evidence that over the course of their next 16 plus years of their career, [주제] the person with the simpler name will rise up the legal hierarchy more quickly. [예시] They will attain partnership more quickly in the middle parts of their career. And by about the eighth or ninth year after graduating from law school the people with simpler names are about seven to ten percent more likely to be partners—which is a striking effect. We try to eliminate all sorts of other alternative explanations. For example, we try to show that it's not about foreignness because foreign names tend to be harder to pronounce. But even if you look at just white males with Anglo-American names—so really the true in-group, you find that among those white males with Anglo names they are more likely to rise up if their names happen to be simpler. So simplicity is one key feature in names that determines various outcomes.

06

선택지 해석
① 법률 명칭의 발달
② 매력적인 이름의 개념
③ 간단한(심플한) 이름의 이점
④ 외국 이름의 뿌리

정답 해설 글의 서두에서 simple name을 가진 사람과 complex name을 가진 사람을 비교하면서, simple name을 가진 사람이 '1. 신분 상승을 더 빨리한다, 2. 파트너를 좀 더 일찍 얻게 된다'라는 장점이 있음을 언급하고 있다. 더불어 글의 맨 마지막 문장 'So simplicity is one key feature in names that determines various outcomes.'에서 간단함이 다양한 성과를 결정 짓는 데 중요하다고 말함으로써 간단함에 대한 긍정적인 입장을 더 확고히 하고 있다. 따라서 이 글의 주제로는 simple name 에 대해 긍정적인 입장을 나타내는 ③이 옳다.

해석 두 사람이 같은 날 로펌에서 일을 시작한다고 상상해 보라. 한 사람은 아주 간단한(심플한) 이름을 가지고 있다. 상대방은 아주 복잡한 이름을 가지고 있다. 우리는 그들의 다음 16년 이상의 경력 동안 [주제] 더 단순한 이름을 가진 사람이 더 빨리 법적 위계 위에 오를 것이라는 꽤 좋은 증거를 가지고 있다. 그들은 경력 중간에 [예시] 더 빨리 파트너십을 맺을 것이다. 그리고 로스쿨을 졸업한 지 8년 내지 9년쯤 되었을 때, 더 단순한 이름을 가진 사람들은 파트너가 될 가능성이 약 7에서 10퍼센트 더 높은데, ─ 이것은 놀라운 효과이다. 우리는 모든 종류의 다른 대체 가능한 설명들을 없애려고 노력한다. 예를 들어, 우리는 외국 이름이 발음하기 더 어려운 경향이 있기 때문에 이질성에 관한 것이 아니라는 것을 보여주려고 노력한다. 하지만 영미인의 이름을 가진 백인 남성만을 보더라도 ─ 정말 진정한 집단 내에서는, 앵글로 이름을 가진 백인 남성들 중에서 이름이 더 단순해지면 출세하는 경향이 있다는 것을 발견하게 된다. 따라서 단순성은 이름에 있어 다양한 결과를 결정하는 하나의 주요 특징이다.

끊어 읽기 상상해 보라 / 두 사람이 / 일을 시작한다 / 로펌에서 / 같은 날. 한 사람은 / 가지고 있다 / 아주 간단한 이름을. 상대방은 / 가지고 있다 / 아주 복잡한 이름을. 우리는 / 가지고 있다 / 꽤 타당한 증거를 / 동안 / 16년 이상의 경력, / 더 단순한 이름을 가진 사람이 / 오를 것 / 법적 위계 / 더 빨리. 그들은 / 맺을 것이다 / 파트너십을 / 더 빨리 / 중간 부분에 / 그들의 경력. 그리고 / 졸업한 지 8년 내지 9년쯤 / 로스쿨을 졸업한 지 / 더 단순한 이름을 가진 사람들은 / 약 7에서 10퍼센트 더 가능성이 있다 / 파트너가 될 / ─ 이것은 놀라운 효과이다. 우리는 / 없애려고 노력한다 / 모든 종류의 / 다른 대체적 설명들을. 예를 들어, / 우리는 보여주려고 노력한다 / 외래성 때문이 아니라고 / 왜냐하면 / 외국 이름이 / 경향이 있다 / 발음하기 어려운. 하지만 / 당신이 보더라도 / 그냥 백인 남성만을 / 영미인의 이름을 가진 / ─ 정말 진정한 / 집단 내에서는, / 당신은 찾는다 / 백인 남성들 중 / 영미인 이름을 가진 / 그들은 ~한 경향이 있다 / 출세하는 / 그들의 이름이 / 더 단순해지면. 따라서 / 단순성은 / 하나의 주요 특징이다 / 이름에 있어 / 결정하는 / 다양한 결과를.

정답 ③

07

다음 글의 요지로 가장 적절한 것은? 2018 지방직

My students often believe that if they simply meet more important people, their work will improve. But it's remarkably hard to engage with those people unless you've already put something valuable out into the world. That's what piques the curiosity of advisers and sponsors. Achievements show you have something to give, not just something to take. In life, it certainly helps to know the right people. But how hard they go to bat for you, how far they stick their necks out for you, depends on what you have to offer. Building a powerful network doesn't require you to be an expert at networking. It just requires you to be an expert at something. If you make great connections, they might advance your career. If you do great work, those connections will be easier to make. Let your insights and your outputs—not your business cards—do the talking.

① Sponsorship is necessary for a successful career.
② Building a good network starts from your accomplishments.
③ A powerful network is a prerequisite for your achievement.
④ Your insights and outputs grow as you become an expert at networking.

- remarkably 놀랍게도, 매우
- engage with ~와 관계 맺다, ~와 연관 짓다
- unless ~하지 않는다면
- put something out 내놓다
- valuable 가치 있는, 귀중한
- pique (호기심) 불러일으키다, 화나게 하다
- curiosity 호기심
- adviser 보좌관, 고문, 자문가
- sponsor 후원자; 후원하다
- stick one's neck out 위험을 무릅쓰다
- insight 통찰력, 이해
- output 출력, 생산

어휘 Quiz

1	output	6	curiosity
2	insight	7	adviser
3	engage with	8	put something out
4	sponsor	9	stick one's neck out
5	valuable	10	pique

정답 1. 출력, 생산 2. 통찰력, 이해 3. ~와 관계 맺다, ~와 연관 짓다 4. 후원자; 후원하다 5. 가치 있는, 귀중한 6. 호기심 7. 보좌관, 고문, 자문가 8. 내놓다 9. 위험을 무릅쓰다 10. 호기심을 자극하는; ~의 감정을 상하게 하다

정답 및 해설

[통념] My students often believe that if they simply meet more important people, their work will improve. But [신정보] it's remarkably hard to engage with those people unless you've already put something valuable out into the world. That's what piques the curiosity of advisers and sponsors. Achievements show you have something to give, not just something to take. In life, it certainly helps to know the right people. But [신정보에 대한 보충 설명 1] how hard they go to bat for you, how far they stick their necks out for you, depends on what you have to offer. Building a powerful network doesn't require you to be an expert at networking. It just requires you to be an expert at something. If you make great connections, they might advance your career. If you do great work, those connections will be easier to make. [신정보에 대한 보충 설명 2] Let your insights and your outputs—not your business cards—do the talking.

07

선택지 해석
① 후원은 성공적인 경력을 위해 필수적이다.
② 좋은 네트워크를 만드는 것은 당신의 성취로부터 시작된다.
③ 강력한 네트워크는 당신의 성취를 위한 전제 조건이다.
④ 당신이 네트워크 형성에 있어 전문가가 되면 당신의 통찰력과 결과가 성장한다.

정답 해설
이 글은 통념(단순히 중요한 사람과의 만남이 일의 향상을 불러 온다는 것)을 제시한 후 신정보를 제시하는 구성으로, 결국 필자의 주장은 신정보를 통해 확인할 수 있다. 이 글에서 언급한 신정보는, 중요한 사람을 만났을 때 본인이 먼저 성취로 인한 결과물들을 제시해야 도움을 받아 일이 개선될 것임을 이야기한다. 그러므로 이와 같은 맥락을 의미하는 ②가 글의 요지로 적절하다.

해석
[통념] 내 학생들은 종종 단순히 그들이 더 중요한 사람들을 만난다면 그들의 일이 개선될 것이라고 믿는다. 그러나 [신정보] 당신이 이미 세계에 가치 있는 무언가를 내놓지 않고서는 그러한 사람들과 관계를 맺는 것은 몹시 어려운 일이다. 그것이 조언자들과 후원자들의 호기심을 자극하는 것이다. 성취는 단지 받을 것들이 아니라, 줄 수 있는 것을 당신이 가지고 있다는 사실을 보여준다. 삶에서, 옳은 사람들을 아는 것은 분명히 도움이 된다. 하지만 [신정보에 대한 보충 설명 1] 얼마나 열심히 그들이 당신을 도와줄 것인지, 어디까지 그들이 당신을 위해 위험을 무릅쓸지는, 당신이 무엇을 제안해야 하는가에 달려 있다. 강력한 네트워크를 만드는 것은 당신에게 네트워크 형성에 있어 전문가가 될 것을 요구하지 않는다. 그것은 단지 당신에게 무언가에 있어서 전문가가 될 것을 요구한다. 만약 당신이 좋은 연줄을 가지고 있다면, 그것들이 당신의 출세를 도울지도 모른다. 만약 당신이 훌륭한 일을 해낸다면, 이러한 연줄은 만들기 쉬워질 것이다. [신정보에 대한 보충 설명 2] 당신의 명함이 아니라, 당신의 통찰과 결과가 말하게 하라.

끊어 읽기
나의 학생들은 / 종종 믿는다 / 그들이 / 단순히 만난다면 / 더 중요한 사람들을, / 그들의 일이 / 개선될 것이라고. 그러나 / 몹시 어려운 일이다 / 관계를 맺는 것은 / 그러한 사람들과 / 당신이 / 이미 내놓지 않고서는 / 가치 있는 무언가를 / 세계에. 그것이 / 자극하는 것이다 / 조언자들과 후원자들의 호기심을. 성취는 / 보여준다 / 당신이 / 가지고 있다고 / 줄 만한 것을, / 단지 받을 것이 아니라. 삶에서, / 그것은 / 분명히 도움이 된다. / 아는 것은 / 옳은 사람들을. 하지만 / 얼마나 열심히 / 그들이 / 도와줄 것인지 / 당신을 위해, / 어디까지 / 그들이 / 위험을 무릅쓸지는 / 당신을 위해, / 달려 있다 / 무엇을 당신이 / 제안해야 하는가에. 만드는 것은 / 강력한 네트워크를 / 요구하지 않는다 / 당신에게 / 전문가가 될 것을 / 네트워크 형성에 있어. 그것은 / 단지 요구한다 / 당신에게 / 전문가가 될 것을 / 무언가에 있어서. 만약 / 당신이 / 만든다면 / 좋은 연줄을, / 그것들이 / 도울지도 모른다 / 당신의 출세를. 만약 / 당신이 / 한다면 / 훌륭한 일을, / 이러한 연줄은 / 쉬워질 것이다 / 만들기. 당신의 통찰과 결과가 / 당신의 명함이 아니라 / 말하게 하라.

정답 ②

08
다음 글의 제목으로 가장 적절한 것은?

2020 국가직

The future may be uncertain, but some things are undeniable: climate change, shifting demographics, geopolitics. The only guarantee is that there will be changes, both wonderful and terrible. It's worth considering how artists will respond to these changes, as well as what purpose art serves, now and in the future. Reports suggest that by 2040 the impacts of human-caused climate change will be inescapable, making it the big issue at the centre of art and life in 20 years' time. Artists in the future will wrestle with the possibilities of the post-human and post-Anthropocene—artificial intelligence, human colonies in outer space and potential doom. The identity politics seen in art around the #MeToo and Black Lives Matter movements will grow as environmentalism, border politics and migration come even more sharply into focus. Art will become increasingly diverse and might not 'look like art' as we expect. In the future, once we've become weary of our lives being visible online for all to see and our privacy has been all but lost, anonymity may be more desirable than fame. Instead of thousands, or millions, of likes and followers, we will be starved for authenticity and connection. Art could, in turn, become more collective and experiential, rather than individual.

① What will art look like in the future?
② How will global warming affect our lives?
③ How will artificial intelligence influence the environment?
④ What changes will be made because of political movements?

- □ uncertain 불확실한
- □ undeniable 명백한, 부정할 수 없는
- □ demographics 인구 통계
- □ geopolitic 지정학의
- □ guarantee 보장하다
- □ inescapable 피할 수 없는
- □ wrestle with ~을 해결하려고 애쓰다
- □ artificial intelligence 인공 지능
- □ doom 파멸, 최후의 운명
- □ environmentalism 환경 결정론
- □ migration 이주
- □ diverse 다양한
- □ weary 지친
- □ anonymity 익명
- □ be starved ~에 굶주리다
- □ authenticity 진짜임
- □ collective 집단의, 단체의
- □ experiential 경험에 의한

어휘 Quiz

1	uncertain		6	anonymity	
2	experiential		7	inescapable	
3	undeniable		8	diverse	
4	guarantee		9	artificial intelligence	
5	authenticity		10	migration	

정답 1. 확신이 없는, 불확실한 2. 경험에 의한 3. 명백한 4. 보장하다 5. 진짜임 6. 익명 7. 피할 수 없는 8. 다양한 9. 인공지능 10. 이주

The future may be uncertain, but some things are undeniable: climate change, shifting demographics, geopolitics. The only guarantee is that there will be changes, both wonderful and terrible. [주제] It's worth considering how artists will respond to these changes, as well as what purpose art serves, now and in the future. Reports suggest that by 2040 the impacts of human-caused climate change will be inescapable, making it the big issue at the centre of art and life in 20 years' time. [미래 예술의 특징 나열] ① Artists in the future will wrestle with the possibilities of the post-human and post-Anthropocene—artificial intelligence, human colonies in outer space and potential doom. ② The identity politics seen in art around the #MeToo and Black Lives Matter movements will grow as environmentalism, border politics and migration come even more sharply into focus. ③ Art will become increasingly diverse and might not 'look like art' as we expect. ④ In the future, once we've become weary of our lives being visible online for all to see and our privacy has been all but lost, anonymity may be more desirable than fame. Instead of thousands, or millions, of likes and followers, we will be starved for authenticity and connection. Art could, in turn, become more collective and experiential, rather than individual.

08 선택지 해설
① 미래에는 예술이 어떠한 모습일까?
② 지구 온난화는 우리의 삶에 어떠한 영향을 미칠까?
③ 인공 지능이 환경에 어떠한 영향을 미칠 것인가?
④ 정치 운동으로 인해 어떠한 변화가 일어날 것인가?

정답 해설
서두에서 '미래'에 관한 이야기를 던지며, 미래와 관련하여 how artists will respond to there changes에 대해 생각해 보는 것이 가치가 있다고 설명하고 있다. 즉 필자는 미래의 예술가가 하는 일들을 나열하여 설명하고 있으므로 글의 제목은 ①이 적절하다.

해석
미래는 불확실할지 모르지만 기후 변화, 인구 이동, 지정학 등 부정할 수 없는(명백한) 것도 있다. 유일하게도 확실히 보장할 수 있는 것은 변화가 있을 것이고, 이는 경이로운 면으로도, 그리고 끔찍한 면으로도 둘 다 발생할 것이라는 점이다. [주제] 이런 변화에 대하여 예술가들이 어떻게 대처해 나갈 것인지, 또 예술이 현재뿐 아니라, 미래에 어떤 목적에 부합할 것인지를 생각해 보는 것은 가치 있는 일이다. 각종 보고서들은 2040년까지 인간이 초래한 기후의 변화로 인한 영향이 피할 수 없는 지경에 이를 것이며, 이것이 예술계와 향후 20년 후의 삶의 중심에 주요 이슈로 자리 잡을 것이라는 점을 시사하고 있다. [미래 예술의 특징 나열] ① 미래의 예술가들은 Post-human에 대한 가능성과 Post-Anthropocene, 인공 지능, 외계에의 식민지 건설, 그리고 인류 멸망에 관한 가능성을 해결하려 애쓰게 될 것이다. ② #MeToo 운동이나, Black Lives Matter 운동 등에서 보여지는 '정체성 정치운동(Identity Politics)'은 환경 결정론, 국경 정치, 이주 등이 보다 또렷해지면서 계속해서 성장해 나갈 것이다. ③ 예술은 점차로 다양해질 것이고, 그리고 우리가 예술을 예측한 대로 그대로 뻔하게 보이지 않게 될 수도 있다. ④ 미래에는 일단 우리가 우리 삶이 온라인상에서 누구나 볼 수 있게 된다는 사실에 지치게 되면 그리고 우리의 프라이버시가 거의 사라지게 되면, 익명성이 유명세보다도 더 바라는 바가 될 수도 있다. 수천의, 수백만의 '좋아요'나 '팔로워'보다도 우리는 진정성과 유대감에 굶주릴 수도 있다. 그 반대급부로 예술은 개인적이기보다는 더욱더 집단적이고, 경험적이 될 수도 있다.

끊어 읽기
미래는 불확실할지 모르지만 / 부정할 수 없는(명백한) 것도 있다 / 기후 변화 / 인구 이동 / 지정학. 유일하게도 보장할 수 있는 것은 / 변화가 있을 것이다 / 경이로운 면으로도 끔찍한 면으로도. 생각해 보는 것은 가치 있는 일이다 / 이런 변화에 대하여 예술가들이 어떻게 대처해 나갈 것인지 / 또 어떤 목적에 부합할 것인지 / 현재뿐 아니라, 미래에. 각종 보고서들은 시사하고 있다 / 2040년까지 / 인간이 초래한 기후의 변화로 인한 영향이 / 피할 수 없는 지경에 이를 것이며 / 주요 이슈로 자리 잡을 것이다 / 예술계와 삶의 중심에 / 향후 20년 후의. 미래의 예술가들은 / 가능성을 해결하려고 애쓰게 될 것이다 / Post-human / Post-Anthropocene / 인공 지능 / 식민지 건설 / 외계에의 / 그리고 인류 멸망에 관한. '정체성 정치운동'이 보여지는 / #MeToo 운동이나 / Black Lives Matter 운동 등에서 / 환경 결정론, 국경 정치, 이주 등이 성장해 나갈 것이다 / 보다 또렷해지면서. 예술은 점차로 다양해질 것이고 / 예술을 뻔하게 보이지 않게 될 수도 있다 / 우리가 예측한 대로. 미래에는 / 우리가 우리 삶이 지치게 되면 / 온라인상에서 누구나 볼 수 있게 된다는 / 그리고 우리의 프라이버시가 거의 사라지게 되면, / 익명성이 더 바라는 바가 될 수도 있다 / 유명세보다. 수천의, 수백만의 '좋아요'나 '팔로워'보다는 / 우리는 진정성과 유대감에 굶주릴 수도 있다. 예술은 될 수도 있다 / 반대급부로 / 더욱더 집단적이고, 경험적이 될 수 있다 / 개인적이기보다는.

정답 ①

09

다음 글의 제목으로 적절한 것은?　　2022 국가직

Do people from different cultures view the world differently? A psychologist presented realistic animated scenes of fish and other underwater objects to Japanese and American students and asked them to report what they had seen. Americans and Japanese made about an equal number of references to the focal fish, but the Japanese made more than 60 percent more references to background elements, including the water, rocks, bubbles, and inert plants and animals. In addition, whereas Japanese and American participants made about equal numbers of references to movement involving active animals, the Japanese participants made almost twice as many references to relationships involving inert, background objects. Perhaps most tellingly, the very first sentence from the Japanese participants was likely to be one referring to the environment, whereas the first sentence from Americans was three times as likely to be one referring to the focal fish.

① Language Barrier Between Japanese and Americans
② Associations of Objects and Backgrounds in the Brain
③ Cultural Difference in Perception
④ Superiority of Detail-oriented People

- present 제시하다, 현재의, 선물
- realistic 사실적인
- underwater 수중의
- reference 언급
- focal 중심의
- inert 움직임이 없는, 불활성의
- refer to 지칭하다, 언급하다, 참고하다
- association 관련, 연관
- superiority 우월성
- environment 환경

어휘 Quiz

1	environment	6	focal
2	superiority	7	reference
3	association	8	underwater
4	refer to	9	realistic
5	inert	10	present

정답 1. 환경 2. 우월성 3. 관련, 연관 4. 언급하다, 나타내다 5. 움직임이 없는, 불활성의 6. 중심의 7. 언급 8. 수중의 9. 사실적인 10. 제시하다

정답 및 해설

> [주제문] Do people from different cultures view the world differently? A psychologist presented realistic animated scenes of fish and other underwater objects to Japanese and American students and asked them to report what they had seen. Americans and Japanese made about an equal number of references to the focal fish, but the Japanese made more than 60 percent more references to background elements, including the water, rocks, bubbles, and inert plants and animals. In addition, whereas(대조를 나타내는 표현) Japanese and American participants made about equal numbers of references to movement involving active animals, the Japanese participants made almost twice as many references to relationships involving inert, background objects. Perhaps most tellingly, the very first sentence from the Japanese participants was likely to be one referring to the environment, whereas(대조를 나타내는 표현) the first sentence from Americans was three times as likely to be one referring to the focal fish.

09

선택지 해석
① 일본인과 미국인 사이의 언어 장벽
② 뇌에서의 사물과 배경의 연관성
③ 인식의 문화적 차이
④ 디테일한 사람의 우월성

정답 해설
첫 문장에서 글의 중심적인 소재를 제시한다. 이를 통해 '세상을 인식하는 방식이 문화별로 다르다'와 관련된 내용일 것임을 유추할 수 있다. 이어 미국인과 일본인을 대상으로 한 연구를 제시하는데, 그들이 애니메이션 장면을 보고 같은 수의 언급을 했지만, 일본인의 경우 배경에 있는 물체를 묘사하는 데 집중하는 경향이 있었고, 미국인은 중심에 있는 물고기를 언급하는 경향이 있었다고 설명한다. 이를 통해 무언가를 인식하는 방식이 문화적으로 다르다는 것이 이 글의 중심 내용임을 알 수 있다. 따라서 글의 제목으로 가장 적절한 것은 '③ 인식의 문화적 차이'이다.

해석
[주제문] 다른 문화권의 사람들은 세상을 다르게 보는가? 한 심리학자는 일본과 미국 학생들에게 물고기와 다른 수중 물체의 사실적인 애니메이션 장면을 보여주며 그들이 본 것을 이야기해달라고 요구했다. 미국인들과 일본인들은 중심에 있는 물고기에 대해 거의 같은 수의 언급을 했지만(대조를 나타내는 표현), 일본인들은 물, 바위, 거품, 그리고 불활성 식물과 동물들을 포함한 배경 요소들에 대해 60% 더 많은 언급을 했다. 게다가 일본 참가자와 미국 참가자는 활동적인 동물과 관련된 움직임에 대해 거의 같은 수의 언급을 했지만 일본인 참가자는 움직임이 없는 배경 물체와 관련된 관계에 대해 거의 두 배 가까이 더 많이 언급했다. 아마도 가장 확실하게 말할 수 있는 것은 일본인 참가자의 첫 번째 문장은 주변 환경을 언급하는 문장일 가능성이 높은 반면(대조를 나타내는 표현) 미국인의 첫 번째 문장은 중심에 있는 물고기를 언급하는 문장일 가능성이 3배 더 높다는 것이었다.

끊어 읽기
사람들은 / 다른 문화권의(사람들) / 보는가? / 세상을 다르게. 한 심리학자는 / 보여주었다 / 사실적인 애니메이션 장면을 / 물고기와 다른 수중 물체의 / 일본과 미국 학생들에게 / 그리고 요구했다 / 그들이 본 것을 이야기해달라고. 미국인들과 일본인들은 / 거의 같은 수의 언급을 했다 / 중심에 있는 물고기에 대해 / 그러나 / 일본인들은 / 60% 더 많은 언급을 했다 / 배경 요소들에 대해 / 물, 바위, 거품, 그리고 불활성 식물과 동물들을 포함한 (배경 요소들). 게다가 / 일본 참가자와 미국 참가자는 / 거의 같은 수의 언급을 했지만 / 움직임에 대해 / 활동적인 동물과 관련된 / 일본인 참가자는 / 거의 두 배 가까이 더 많이 언급했다 / 관계에 대해 / 움직임이 없는 배경 물체와 관련된. 아마도 가장 확실하게 말할 수 있는 것은, / 첫 번째 문장은 / 일본인 참가자의 / 가능성이 높은 반면 / 주변 환경을 언급하는 (가능성) / 첫 번째 문장은 / 미국인 참가자의 / 가능성이 3배 더 높다는 것이었다 / 언급하는 문장일 / 중심에 있는 물고기를.

정답 ③

10

다음 글의 요지로 알맞은 것은?   2023 국가직

Many parents have been misguided by the "self-esteem movement," which has told them that the way to build their children's self-esteem is to tell them how good they are at things. Unfortunately, trying to convince your children of their competence will likely fail because life has a way of telling them unequivocally how capable or incapable they really are through success and failure. Research has shown that how you praise your children has a powerful influence on their development. Some researchers found that children who were praised for their intelligence, as compared to their effort, became overly focused on results. Following a failure, these same children persisted less, showed less enjoyment, attributed their failure to a lack of ability, and performed poorly in future achievement efforts. Praising children for intelligence made them fear difficulty because they began to equate failure with stupidity.

① Frequent praises increase self-esteem of children.
② Compliments on intelligence bring about negative effect.
③ A child should overcome fear of failure through success.
④ Parents should focus on the outcome rather than the process.

어휘 Quiz

1	misguide	6	convince
2	competence	7	capable
3	unequivocally	8	equate
4	achievement	9	persist
5	be compared to	10	self-esteem

어휘
- misguide 잘못 이끌다
- self-esteem 자존감
- unfortunately 불행하게도
- convince 설득하다, 확신시키다
- competence 능력
- likely ~할 것 같은, 가능성이 높은
- unequivocally 분명하게, 명백하게
- capable 능력이 있는
- incapable 능력이 없는
- praise 칭찬하다
- influence 영향
- intelligence 지능
- be compared to ~과 비교되다, ~에 비유되다
- effort 노력
- overly 지나치게
- persist 지속하다
- achievement 성취
- equate 동일시하다
- stupidity 어리석음

정답 1. 잘못 이끌다 2. 능력 3. 분명하게, 명백하게 4. 성취 5. ~과 비교되다 6. 설득하다, 확신시키다 7. 능력이 있는 8. 동일시하다 9. 지속하다 10. 자존감

정답 및 해설

Many parents have been misguided by the "self-esteem movement," which has told them that the way to build their children's self-esteem is to tell them how good they are at things. [주제문] Unfortunately, trying to convince your children of their competence will likely fail because life has a way of telling them unequivocally how capable or incapable they really are through success and failure. Research has shown that how you praise your children has a powerful influence on their development. Some researchers found that children who were praised for their intelligence, as compared to their effort, became overly focused on results. Following a failure, these same children persisted less, showed less enjoyment, attributed their failure to a lack of ability, and performed poorly in future achievement efforts. Praising children for intelligence made them fear difficulty because they began to equate failure with stupidity.

10

 선택지 해설
① 칭찬을 자주하는 것은 아이들의 자존감이 높인다.
② 지능에 대한 칭찬은 부정적인 영향을 초래한다.
③ 아이는 성공을 통해 실패에 대한 두려움을 극복해야 한다.
④ 부모들은 과정보다는 결과에 집중해야 한다.

 정답 해설
이 글은 첫 문장을 통해 소재가 아이의 자존감과 관련 있다는 것을 알 수 있으며, 주제문은 'Unfortunately, trying to convince your children of their competence will likely fail because life has a way of telling them unequivocally how capable or incapable they really are through success and failure.'이다, '아이들의 능력에 관해 칭찬하거나 그들의 능력이 좋다고 설득하는 것은 실패할 가능성이 높다'는 내용이다. 주제문 뒤로는 연구 결과를 제시하며 노력이 아닌 지능에 대해 칭찬을 받은 아이들이 미래 성취 능력에서 나쁜(좋지 않은) 성과를 보였다고 말하고 있다. 따라서 정답은 ②가 적절하다.

해석
많은 부모들이 '자존감 운동'에 의해 오도되었는데, 이('자존감 운동')는 아이들의 자존감을 키우는 방법은 아이들이 일을 얼마나 잘하는지 알려주는 것이라고 그들에게 말해왔다. [주제문] 불행하게도, 인생은 성공과 실패를 통해 그들이 얼마나 능력이 있고 능력이 없는지를 분명하게 말해주는 방법을 갖고 있기 때문에, 당신의 아이들에게 그들의 능력을 설득하는 것은 실패할 가능성이 높다. 연구는 자녀를 어떻게 칭찬하느냐가 자녀의 발달에 엄청난 영향을 미친다는 것을 보여준다. 일부 연구원들은 그들의 노력에 비해 지능으로 칭찬을 받은 아이들이 결과에 지나치게 집중하게 되었다는 것을 발견했다. 실패 후, 이 같은 아이들은 지속성이 떨어지고, 즐거움을 덜 보여주며, 그들의 실패를 능력 부족 탓으로 돌렸고, 이후의 성취 노력에서 나쁜(좋지 않은) 성과를 거두었다. 아이들의 지능을 칭찬하는 것은 그들이 실패를 어리석음과 동일시하기 시작했기 때문에 그들이 어려움을 두려워하게 만들었다.

끊어 읽기
많은 부모들이 / 오도되었다 / '자존감 운동'에 의해 / (근데 그 자존감 운동은) 그들에게 말해왔다 / 아이들의 자존감을 키우는 방법은 / 알려주는 것이라고 / 아이들이 일을 얼마나 잘하는지를. 불행하게도, / 당신의 아이들에게 설득하는 것은 / 그들의 능력을 / 실패할 가능성이 높다 / 인생은 방법을 갖고 있기 때문에 / 그들이 얼마나 능력이 있고 능력이 없는지를 분명하게 말해주는 (방법을) / 성공과 실패를 통해. 연구 결과가 / 보여준다 / 자녀를 어떻게 칭찬하느냐가 / 엄청난 영향을 미친다는 것을 / 자녀의 발달에. 일부 연구원들은 / 발견했다 / 지능으로 칭찬을 받은 아이들이 / 그들의 노력에 비해 / 결과에 지나치게 집중하게 되었다는 것을. 실패 후, / 이 같은 아이들은 / 지속성이 떨어지고, / 즐거움을 덜 보여주며, / 그들의 실패를 돌렸고 / 능력 부족 탓으로 / 나쁜 성과를 거두었다 / 이후의 성취 노력에서. 칭찬하는 것은 / 아이들의 지능을 / 그들이 어려움을 두려워하게 만들었다 / 그들이 실패를 어리석음과 동일시하기 시작했기 때문에.

 정답 ②

PART 2

글의 흐름

PART 2 글의 흐름

흐름이 아니야! 주제가 핵심!

■ 글의 흐름

① 주제문 문제와 유사하다

글의 흐름은 바꿔 말해서 **"불필요한 문장 삭제"**로 출제되며 대부분 이 유형에 대해 오해를 하고 있는 경우가 많다. 즉, 문제를 언뜻 보았을 때, 이 유형은 문장의 삽입 유형과 비슷하다고 생각하기 쉬운데, 글의 흐름 유형은 삽입 유형과 아무런 관련이 없으며 오히려 "주제/제목/요지" 유형의 응용 형태로서 상위 버전으로 봐야 한다. 따라서, 이 유형을 풀기 위해서는 반드시 글의 **주제문을 찾는 것이 핵심**이다.

② '흐름'이 아니라 '주제'가 핵심이다

출제 위원들은 대개 (너무 쉽게 정답이 도출되므로)
글의 흐름을 망쳐서 문제를 출제하지 않는다.
즉, 모든 흐름이 자연스럽게 보일 수 있다. 따라서 글의 흐름, 진행 등에만 집중해서는 정답을 고르기 쉽지 않고, 주제문을 파악하고
<u>"이 주제문에서 벗어난 문장"</u>을 찾아야 한다.

MEMO

TJ Says
문장삭제 ≠ 문장삽입

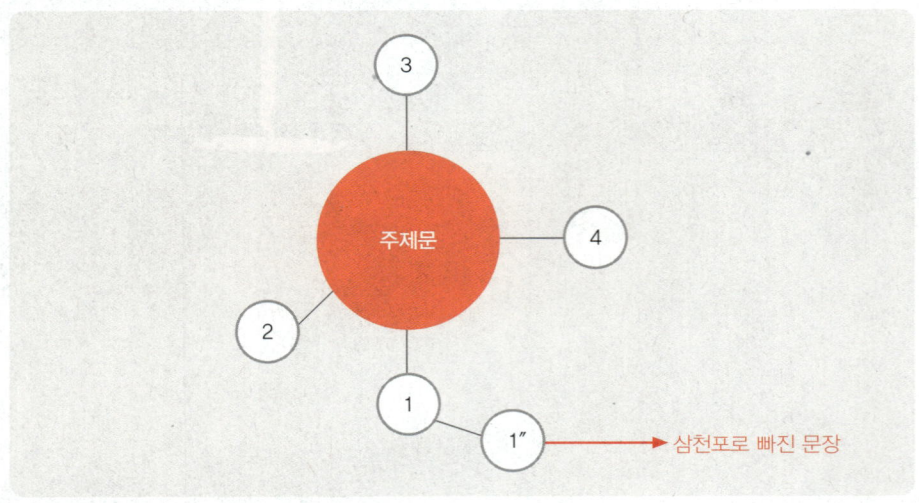

■ 글의 흐름 문제 출제 원리

「글의 흐름」 문제의 출제 원리는 아래의 3가지이다. 즉, 주제문과는 다소 동떨어진
① "**삼천포로 빠진 문장**"이 쓰인 경우,
② "**주제와 정반대**"되는 입장의 문장이 쓰인 경우,
③ 중간에 주제와 직접 상관이 없는 소재에 대해 "**막연하게 정의**"를 내리고 있는 문장이 쓰인 경우이다.

① 삼천포로 빠진 문장

> 돈은 잘 쓰면 요리가 되고, 잘못 쓰면 흉기가 된다는 말이 있다. 즉, **돈은 긍정과 부정이라는 양면적 가치를 가지는 것**이다. 돈을 올바른 방향으로 쓰는 경우, 이 돈은 우리에게 무한한 풍요로움을 가져다줄 수 있다. 우리를 배부르게 해줄 수 있는 것이다. **요리 평가는 전 세계적으로 미슐랭 가이드가 선호되고 있다**. 반면, 돈을 잘못된 방향으로 쓰게 되는 경우, 우리는 이 돈을 통해서 오히려 해를 입을 수도 있다. 따라서, 돈이란 그 자체로서보다는 사용 방법이나 목적에 그 가치가 있다고 할 것이다.

(글의 **주요 소재**는 "**돈**"이다. 이 글은 "돈"이 갖는 양면적 가치를 "**요리**"와 "**흉기**"로
비유하고 있다. 따라서, 이 글의 모든 문장은 "돈"에 관한 내용이어야 하나,
"요리"라는 비유적 요소에 관해 미슐랭 가이드를 제시하고 있으므로,
글이 잘 가다가 **삼천포로 빠진 것**이다.)

② 주제와 정반대되는 문장

> 대한민국에서 가장 인기 있는 스포츠를 꼽으라면 단연코 야구를 들 수 있다. **그렇다면 야구가 인기 있는 비결**은 어디에 있을까? 우선 선수들의 뛰어난 경기력을 꼽을 수 있다. 한국 프로야구는 미국 메이저리그 (MLB)와 일본 프로야구 (NPB)와 더불어 세계 최고의 리그 중 하나로 꼽힌다. 또한 야구는 단순한 스포츠를 넘어서 가족 단위의 여가 활동으로 자리 잡았다. 가족들이 함께 야구장을 찾아 경기를 관람하며 다양한 먹거리와 즐길 거리를 체험하는 것이다. 마지막으로 야구는 지상파와 케이블 TV, 그리고 인터넷 서비스 등을 통해 매일 전국적으로 중계되고 있어, 팬들의 관심을 매일매일 고조시키고 있다. **그러나, 최근 미디어에 노출된 야구선수들이 저지른 음주운전, 마약 등의 잇따른 일탈 행동에 대해 눈살을 찌푸리는 이들도 많이 있다**. 이런 요소들이 결합하여 야구는 대한민국 최고의 인기 스포츠로 자리 잡을 수 있었다.

(글은 주요 소재인 "야구"에 대하여 '**인기가 있다**'고 하며 **긍정적**으로 설명하고 있다.
그런데 '**야구선수의 일탈**'은 **부정적인 요소**로서
글의 주제에 **정반대된 입장**의 진술이 된다.

만일 야구에 대한 객관적 태도를 유지하고자
부정적 진술을 함께 하고자 한다면 **단락을 나눠 다음 단락에서** 설명해야 한다.)

TJ Says

출제원리는 세가지
1. 삼천포
2. 정반대
3. 막연한 정의

③ 막연한 정의/정리 문장

> 대한민국에서 가장 인기 있는 스포츠는 농구, 축구, 그리고 야구이다(나열식 주제). 농구는 그 스포츠가 갖는 속도감으로 인해 대한민국에서 가장 인기 있는 스포츠로 자리 잡았다. 경기 특성상 구기 종목 가운데서도 특히 득점이 많고, 득점 이후엔 곧바로 공수가 전환되기 때문에 경기가 바로 속전속결로 진행되는 것이다. **축구**는 그 편의성을 바탕으로 저변을 확대한 경우이다. 즉, 일단 공 하나만 있으면 라켓 등 그 어떤 장비도 필요하지 않으며, 골대가 없더라도 그냥 적당한 간격으로 선을 그은 것만으로도 경기를 할 수 있는 것이 장점이다. 여기에 더해 단순한 규칙은 모든 이들로 하여금 축구를 즐길 수 있도록 해주고 있다. **야구**는 정과 동이 함께하는 스포츠로 인기가 높다. 즉, 많은 한국인들이 야구를 사랑하는 이유에 대해 역동성과 함께 다양한 작전을 생각할 수 있는 여지가 있다는 점을 꼽는다. <u>**스포츠는 일정한 규칙에 따라 개인이나 단체가 팀을 나눠 속력, 지구력, 지능 등을 겨루는 활동이다**</u>. 이런 매력은 한국인들의 구미에 딱 맞아 떨어져서 농구, 축구, 야구를 대한민국에서 가장 인기 있는 스포츠로 만들었다.

(본 글의 주제는 "**농구, 축구, 야구의 인기**"로 각 소재에 대한 근거가 순차적으로 "**나열, 제시**"되고 있다. 그런데 해당 밑줄의 문장은 "**스포츠 자체에 관한 정의**"로 글의 주제에 부합되지 않는다. 이 문장을 꼭 삽입하고자 한다면, **글의 맨 앞에서 "스포츠의 정의를 소개/제시"하고** 뒤에서 한국의 인기 스포츠 3종으로 이야기를 이끌어야 한다.)

글의 흐름 = 주제문 찾기 = ┬ 삼천포 문장
　　　　　　　　　　　　　├ 정반대 문장
　　　　　　　　　　　　　└ 막연한 정의

■ 문제 풀이 원리

글의 흐름 파악 유형은 쉽게 검산을 해 볼 수 있으며,
어떤 면에서는 이것이 이 유형의 풀이에서 가장 중요하다고 할 수 있다.
즉, 불필요한 문장은 "**원문에 추가적으로 삽입된 것**"이므로,
이 문장을 제외한 나머지 문장들이 연결이 잘 되는지를 확인해 본다.
예를 들어, ③을 정답으로 선택했다면, ③을 제외하고
「②와 ④의 문장이 자연스럽게 연결되는지를 꼭 확인」하는 습관을 들이도록 한다.

반드시 검산하는 습관을 들이자!

 TJ Says

글의 흐름 유형은
검산을 통해야
답이 도출되는 경우도 있다!

이론 설명 적용하기

① 삼천포로 빠진 문장

01

다음 글의 흐름상 어색한 문장은?   2025 예시 문항 2차

A very common type of writing task—one that appears in every academic discipline—is a reaction or response. ① In a reaction essay, the writer is usually given a "prompt"—a visual or written stimulus—to think about and then respond to. ② It is very important to gather reliable facts so that you can defend your argument effectively. ③ Common prompts or stimuli for this type of writing include quotes, pieces of literature, photos, paintings, multimedia presentations, and news events. ④ A reaction focuses on the writer's feelings, opinions, and personal observations about the particular prompt. Your task in writing a reaction essay is twofold: to briefly summarize the prompt and to give your personal reaction to it.

- common 흔한
- type 유형
- task 과제
- appear 나타나다, ~처럼 보이다
- academic 학문적인
- discipline 분야
- reaction 반응
- response 응답
- prompt 제시문
- visual 시각적인
- stimulus 자극
- respond to ~에 반응하다, ~에 답하다
- gather 모으다
- reliable 신뢰할 수 있는
- fact 사실
- defend 옹호하다
- argument 주장
- include 포함하다
- quote 인용문
- literature 문학
- focus on ~에 초점을 맞추다, ~에 집중하다
- opinion 의견
- observation 관찰
- particular 특정한
- twofold 2중의, 두 가지로 이루어진
- briefly 간단히
- summarize 요약하다

정답 및 해설

> [주요 소재 소개] A very common type of writing task — one that appears in every academic discipline — is a reaction or response. ① In a reaction essay, the writer is usually given a "prompt"—a visual or written stimulus—to think about and then respond to. [삼천포로 빠지는 문장] ② It is very important to gather reliable facts so that you can defend your argument effectively. ③ Common prompts or stimuli for this type of writing include quotes, pieces of literature, photos, paintings, multimedia presentations, and news events. ④ A reaction focuses on the writer's feelings, opinions, and personal observations about the particular prompt. Your task in writing a reaction essay is twofold: to briefly summarize the prompt and to give your personal reaction to it.

01

정답해설 주어진 글은 '반응문(reading essay)'에 관한 것으로 반응문을 쓰는 방식을 설명하고 있다. 그런데 ②의 경우는 반응문의 내용과는 상관없이 "주장을 옹호하기 위해 사실을 모으라"라고 진술하고 있다. 이는 논설문 등 필자의 주장이 필요한 글쓰기에 해당하는 것으로 반응문과는 큰 상관이 없다. (삼천포로 빠진 문장) 따라서, ②를 정답으로 고른다.

해석 [주요 소재 소개] 모든 학문 분야에서 흔히 나타나는 글쓰기 과제의 한 유형은 '반응문'(reaction essay) 또는 '응답 글쓰기'(response)이다. ① 반응문에서는, 글쓴이에게 일반적으로 "제시문(prompt)"—시각적 또는 문자로 된 자극—이 주어지며, 이를 생각하고 그에 반응하는 글을 쓴다. [삼천포로 빠지는 문장] (② 주장을 효과적으로 옹호할 수 있도록 신뢰할 수 있는 사실을 수집하는 것이 매우 중요하다.) ③ 이러한 유형의 글쓰기에 사용되는 일반적인 제시문(또는 자극물)에는 인용문, 문학 작품, 사진, 그림, 멀티미디어 발표물, 뉴스 사건 등이 포함된다. ④ 반응문은 제시문에 대한 글쓴이의 감정, 의견, 개인적인 관찰에 중점을 둔다. 반응문을 쓸 때의 과제는 두 가지이다: 제시문을 간략히 요약하고, 그에 대한 자신의 반응을 제시하는 것이다.

끊어읽기 매우 흔한 / 글쓰기 과제의 유형은 / — 모든 학문 분야에 나타나는 — / 반응문 또는 응답 글쓰기이다. 반응문에서는 / 글쓴이에게 / 일반적으로 제시문이 주어진다 / — 시각적 또는 문자로 된 자극 — / 생각하고 / 그에 반응하도록. (② 매우 중요하다 / 신뢰할 수 있는 사실을 / 수집하는 것이 / 주장을 / 효과적으로 / 옹호할 수 있도록.) 흔한 제시문 또는 자극물이 / 이 글쓰기 유형에서는 / 포함된다 / 인용문, 문학 작품, 사진, 그림, 멀티미디어 발표물, 뉴스 사건 등이. 반응문은 / 중점을 둔다 / 글쓴이의 감정, 의견, 개인적인 관찰에 / 특정 제시문에 대한. 반응문을 쓸 때의 과제는 / 두 가지이다: / 제시문을 간략히 요약하는 것 / 그리고 / 그에 대한 자신의 반응을 제시하는 것.

정답 ②

② 주제와 정반대되는 문장

02

다음 글의 흐름상 어색한 문장은? 2025 인혁처 예시

Every parent or guardian of small children will have experienced the desperate urge to get out of the house and the magical restorative effect of even a short trip to the local park. ① There is probably more going on here than just letting off steam. ② The benefits for kids of getting into nature are huge, ranging from better academic performance to improved mood and focus. ③ Outdoor activities make it difficult for them to spend quality time with their family. ④ Childhood experiences of nature can also boost environmentalism in adulthood. Having access to urban green spaces can play a role in children's social networks and friendships.

□ guardian 보호자
□ experience 경험하다
□ desperate 절실한
□ urge 충동, 촉구하다
□ restorative 회복시키는
□ effect 효과
□ probably 아마도
□ let off steam
  울분[열기 등]을 발산하다
□ benefit 이점
□ ranging from A to B
  A에서 B에 이르는
□ academic performance
  학업 성취도
□ improve 향상시키다
□ quality 양질
□ boost 증진시키다, 북돋우다
□ environmentalism
  환경 보호주의
□ adulthood 성인
□ access ~에 접근하다
□ urban 도시의
□ green space 녹지 공간
□ friendship 우정

정답 및 해설

> [주제] Every parent or guardian of small children will have experienced the desperate urge to get out of the house and the magical restorative effect of even a short trip to the local park. ① There is probably more going on here than just letting off steam. ② The benefits for kids of getting into nature are huge, ranging from better academic performance to improved mood and focus. [주제와 정반대 문장] ③ Outdoor activities make it difficult for them to spend quality time with their family. ④ Childhood experiences of nature can also boost environmentalism in adulthood. Having access to urban green spaces can play a role in children's social networks and friendships.

정답해설 글의 주제는 "아이들이 자연 속에서 얻는 다양한 이점"으로 보기 ①에서는 스트레스의 감소 ② 학업 성취도 향상, 집중력 개선 ④ 환경 보호 의식 증진이라는 구체적인 예시를 설명하고 있다. 하지만 보기③은 "자연 속에서는 질 좋은 시간을 보내기 힘들다" 라는 글의 주제와는 반대되는 이야기를 하고 있으므로 글의 흐름과 어색하다.

해석 [주제] 모든 어린 아이들의 부모나 보호자는 집 밖으로 나가고 싶은 절박한 충동과 동네 공원으로의 짧은 여행조차도 마법 같은 회복 효과를 경험해본 적이 있을 것이다. 여기에는 단순히 스트레스를 푸는 것 이상의 무언가가 있을 가능성이 크다. 자연 속으로 들어가는 것이 아이들에게 주는 이점은 학업 성취 향상에서부터 기분과 집중력 개선에 이르기까지 매우 크다. [주제와 정반대 문장] (③ 야외 활동은 그들이 가족과 함께 질 좋은 시간을 보내는 것을 어렵게 만든다.) 어린 시절의 자연 경험은 성인기에 환경 보호 의식을 증진시킬 수도 있다. 도시의 녹지 공간에 접근할 수 있는 것은 아이들의 사회적 네트워크와 우정에도 역할을 할 수 있다.

끊어읽기 모든 어린 아이들의 부모나 보호자는 / 경험했을 것이다 / 절박한 충동을 (경험했을 것이다) / 집 밖으로 나가고 싶은(절박한 충동을) / 마법 같은 회복 효과를 (경험했을 것이다) / 짧은 여행 조차도 / 동네 공원으로의. 있을 것이다 / 이상의 무언가가 (있을 것이다) / 단순히 스트레스를 푸는 것 (이상의). 이점은 / 아이들에게 주는 (이점은) / 자연 속으로 들어가는 것(이 아이들에게 주는 이점은) / 크다 / 학업 성취도 향상에서부터 / 기분과 집중력 개선에 이르기까지. (③ 야외 활동은 / 어렵게 만든다 / 그들이 / 질 좋은 시간을 보내는 것을 / 사족과 함께.) 어린 시절의 자연 경험은 / 증진시킬 수도 있다 / 환경 보호 의식을 / 성인기에. 도시의 녹지 공간에 접근할 수 있는 것은 / 역할을 할 수 있다 / 사회적 네트워크 / 우정에.

정답 ③

③ 막연한 정의/정리 문장

03
글의 흐름상 가장 어색한 문장은?

Bob Marley was one of the leading Jamaican musicians, who helped make reggae internationally famous. ① His lyrics were thoughtful, ranging from praise of God to political comment. ② After his death, the Bob Marley Foundation, which is a non-profit charitable organization, was founded by Mrs. Rita Marley and the Marley Family to fulfill his comprehensive vision of social development through advocacy for social change. ③ The foundation supports non-profit organizations and NGOs that meet criteria established by the Board of Directors and seeks support by way of partnerships to benefit many projects. ④ NGO is a term that has become widely accepted for referring to an organization created by legal persons with no participation of any government. And the foundation gives much-needed support to people living in poverty.

- leading 가장 중요한, 선두적인
- internationally 국제적으로
- famous 유명한
- lyrics 가사
- thoughtful 생각에 잠긴, 사려 깊은
- praise 찬사, 찬양
- non-profit charitable organization 비영리 자선 단체
- fulfill 다하다, 이행하다
- comprehensive 포괄적인, 종합적인
- vision 비전, 환상
- advocacy 지지
- criteria 규준, 표준, 기준
- benefit 혜택을 주다
- refer to ~을 지칭하다
- legal 법의
- participation 참가, 참여
- poverty 가난, 빈곤

[주제 및 소재] Bob Marley was one of the leading Jamaican musicians, who helped make reggae internationally famous. ① His lyrics were thoughtful, ranging from praise of God to political comment. ② After his death, the Bob Marley Foundation, which is a non-profit charitable organization, was founded by Mrs. Rita Marley and the Marley Family to fulfill his comprehensive vision of social development through advocacy for social change. ③ The foundation supports non-profit organizations and NGOs that meet criteria established by the Board of Directors and seeks support by way of partnerships to benefit many projects. [막연한 정의] ④ NGO is a term that has become widely accepted for referring to an organization created by legal persons with no participation of any government. And the foundation gives much-needed support to people living in poverty.

03

정답 해설 글에서는 Bob Marley라는 인물을 소개한 후, Bob Marley 재단에 대해 설명하고 있다. 그런데 ④는 갑자기 NGO의 막연한 정의를 서술하고 있으므로 글의 흐름에 벗어난다.

해석 [주제 및 소재] Bob Marley는 레게를 국제적으로 유명하게 만드는 데 도움을 준 자메이카의 대표적인 음악가 중 한 명이었다. 그의 가사는 신에 대한 찬양부터 정치적인 논평까지 사려 깊었다. 그가 죽은 후, 비영리 자선 단체인 Bob Marley 재단은 사회 변화를 위한 옹호를 통해 사회 발전에 대한 그의 포괄적인 비전을 달성하기 위해 Rita Marley와 Marley 가족에 의해 설립되었다. 이 재단은 이사회에 의해 정해진 기준을 충족하는 비영리 단체와 NGO를 지원하고 많은 프로젝트에 도움을 주기 위해 파트너십을 통해 지원을 찾는다. [막연한 정의] (④ NGO는 정부가 참여하지 않고 법인이 만든 조직을 가리키는 용어로 널리 받아들여지고 있다.) 그리고 이 재단은 가난하게 살고 있는 사람들에게 절실히 필요한 지원을 제공한다.

끊어 읽기 Bob Marley는 / 자메이카의 대표적인 음악가 중 한 명이었다 / 도움을 준 / 레게를 국제적으로 유명하게 만드는 데 (도움을 준). 그의 가사는 / 사려 깊었다 / 신에 대한 찬양부터 정치적인 논평까지. 그가 죽은 후, / Bob Marley 재단은 / 비영리 자선 단체인 (Bob Marley 재단은) / 설립되었다 / Rita Marley와 Marley 가족에 의해 / 그의 포괄적인 비전을 달성하기 위해 / 사회 변화를 위한 옹호를 통한. 이 재단은 / 지원하고 / 비영리 단체와 NGO를 / 정해진 기준을 충족하는 / 이사회에 의해. (④ NGO는 / 용어이다 / 널리 받아들여지고 있는 (용어이다) / 법인이 만든 조직을 가리키는 / 정부가 참여하지 않고.) 그리고 / 이 재단은 / 제공한다 / 절실히 필요한 지원을 / 가난하게 살고 있는 사람들에게.

정답 ④

 기출로 연습하기

01

다음 글의 흐름상 어색한 문장은? 2025 국가직

As OECD countries prepare for an AI revolution, underscored by rapid advancements in generative AI and an increased availability of AI-skilled workers, the landscape of employment is poised for significant change. ① To navigate this shift, it's critical to prioritise training and education to equip both current and future workers with the necessary skills, and to support displaced workers with adequate social protection. ② Additionally, safeguarding workers' rights in the face of AI integration and ensuring inclusive labour markets become paramount. ③ Social dialogue will also be key to success in this new era. ④ Many experts believe that AI will completely replace all human jobs within the next decade. Together, these actions will ensure that the AI revolution benefits all, transforming potential risks into opportunities for growth and innovation.

- prepare 준비하다
- revolution 혁명
- underscore 강조하다
- advancement 발전, 진전
- generative 생산적인, 생성의
- increase 증가하다
- availability 가용성, 이용 가능성
- skilled 숙련된
- landscape 환경, 상황
- employment 고용
- poise 침착함, 균형, 균형을 잡다
- navigate 헤쳐 나가다
- shift 변화, 전환
- critical 중요한, 결정적인
- prioritise 우선시하다
- equip ⓐ with ⓑ ⓐ에게 ⓑ를 장착시키다
- displaced 실직한, 이동된
- right(s) 권리, 공민권
- integration 통합
- inclusive 포용적인
- labour market 노동 시장
- paramount 가장 중요한, 최우선의
- social dialogue 사회적 대화
- era 시대
- replace 대체하다
- benefit 이익을 주다; 혜택
- transform 변화시키다
- potential 잠재적인
- risk 위험
- opportunity 기회
- growth 성장
- innovation 혁신

어휘 Quiz

1	underscore		6	advancement
2	generative		7	skilled
3	critical		8	prioritise
4	integration		9	inclusive
5	paramount		10	transform

정답 1. 강조하다 2. 생산적인, 생성의 3. 중요한, 결정적인 4. 통합 5. 가장 중요한, 최우선의 6. 발전, 진전 7. 숙련된 8. 우선시하다 9. 포용적인 10. 변화시키다

정답 및 해설

> [주제문] As OECD countries prepare for an AI revolution, underscored by rapid advancements in generative AI and an increased availability of AI-skilled workers, the landscape of employment is poised for significant change. [대처방법 1] ① To navigate this shift, it's critical to prioritise training and education to equip both current and future workers with the necessary skills, and to support displaced workers with adequate social protection. [대처방법 2] ② Additionally, safeguarding workers' rights in the face of AI integration and ensuring inclusive labour markets become paramount. [대처방법 3] ③ Social dialogue will also be key to success in this new era. [정반대 진술] ④ Many experts believe that AI will completely replace all human jobs within the next decade. Together, these actions will ensure that the AI revolution benefits all, transforming potential risks into opportunities for growth and innovation.

01

정답해설 주어진 글의 소재는 "AI / AI 혁명"이며, 이 글은 주제인 "AI 혁명에 대비하기 위한 적절한 대처 방법"을 나열식으로 제시하고 있다. 즉, ①의 문장에서 "노동자 교육 및 훈련을 강조하고", ②의 문장에서는 "노동자의 권리 보호 및 포용적 노동 시장에 대한 보장"을 주문하고 있다. 마찬가지로 ③에서는 "사회 전반의 대화의 필요성" 역시 강조하고 있어 모든 문장들은 주제에 적합하게 제시되고 있다. ④의 경우는 "AI로 인해 인간 일자리가 상실될 것"이라는 부정적인 내용을 담고 있어 주어진 글의 주제와 정반대의 내용을 담고 있다. (정반대 진술) 이는 ④의 뒷문장을 통해서 다시 확인할 수 있는데, "AI 혁명이 모든 사람에게 혜택을 주도록 (the AI revolution benefits all)"이라고 하고 있는 것이다. 따라서, 정답을 ④로 고른다.

해석 [주제문] OECD 국가들이 생성형 AI의 빠른 발전과 AI 기술을 가진 노동자의 증가로 뒷받침되는 AI 혁명에 대비하면서, 고용 환경은 큰 변화를 맞이할 준비를 하고 있다. [대처방법 1] ① 이러한 변화에 대응하기 위해서는 현재와 미래의 노동자들이 필요한 기술을 갖추도록 교육과 훈련을 우선시하고, 실직한 노동자들에게 적절한 사회적 보호를 제공하는 것이 중요하다. [대처방법 2] ② 또한, AI 통합에 따라 노동자의 권리를 보호하고 포용적인 노동 시장을 보장하는 것이 매우 중요해진다. [대처방법 3] ③ 사회적 대화도 이 새로운 시대에서 성공을 거두기 위한 핵심 요소가 될 것이다. [정반대 진술] (④ 많은 전문가들은 AI가 향후 10년 내에 모든 인간의 일을 완전히 대체할 것이라고 믿고 있다.) 이러한 조치들은 AI 혁명이 모든 사람에게 혜택을 주도록 보장하며, 잠재적인 위험을 성장과 혁신의 기회로 바꾸는 데 기여할 것이다.

끊어읽기 OECD 국가들이 / 준비하면서 / AI 혁명을 / (그 혁명은) 강조되고 있다 / 생성형 AI의 빠른 발전과 / AI 기술을 가진 노동자의 증가에 의해, 고용의 환경은 / 준비되어 있다 / 큰 변화를 맞이할 / 가능성이. 이러한 변화를 / 헤쳐 나가기 위해, 매우 중요하다 / 우선시하는 것이 / 교육과 훈련을 (우선시 하는 것이) / 현재와 미래의 노동자들이 / 필요한 기술을 / 갖추도록, 그리고 / 실직한 노동자들을 / 지원하는 것이 / 적절한 사회적 보호로. 또한, / 매우 중요해진다 / 노동자의 권리를 보호하는 것이 / AI 통합에 직면하여, 그리고 / 포용적인 노동 시장을 / 보장하는 것이. 사회적 대화는 / 또한 / 핵심이 될 것이다 / 성공을 위한 / 이 새로운 시대에서. (④ 많은 전문가들은 / 믿고 있다 / AI가 / 완전히 대체할 것이라고 / 모든 인간의 일을 / 향후 10년 내에.) 이러한 조치들은 / 보장할 것이다 / AI 혁명이 / 모든 사람에게 / 혜택을 주도록, 그리고 / 바꿔줄 것이다 / 잠재적인 위험을 / 성장과 혁신의 기회로.

정답 ④

02

다음 글의 흐름상 어색한 문장은? 2024 국가직

In spite of all evidence to the contrary, there are people who seriously believe that NASA's Apollo space program never really landed men on the moon. These people claim that the moon landings were nothing more than a huge conspiracy, perpetuated by a government desperately in competition with the Russians and fearful of losing face. ① These conspiracy theorists claim that the United States knew it couldn't compete with the Russians in the space race and was therefore forced to fake a series of successful moon landings. ② Advocates of a conspiracy cite several pieces of what they consider evidence. ③ Crucial to their case is the claim that astronauts never could have safely passed through the Van Allen belt, a region of radiation trapped in Earth's magnetic field. ④ They also point to the fact that the metal coverings of the spaceship were designed to block radiation. If the astronauts had truly gone through the belt, say conspiracy theorists, they would have died.

- in spite of ~에도 불구하고
- evidence 증거
- contrary 반대의
- seriously 진지하게
- land 착륙하다, 땅, 토양
- claim 주장하다, 요구하다, 앗아가다
- nothing more than ~에 불과한
- conspiracy 음모
- perpetuate 영구화하다
- desperately 필사적으로
- lose face 체면을 잃다
- conspiracy theorist 음모론자
- space race 우주 경쟁
- fake 가짜의
- a series of 일련의
- landing 착륙
- advocate 지지자, 옹호하다
- cite 인용하다
- consider ~을 ~로 생각하다
- crucial 결정적인, 중대한
- astronaut 우주 비행사
- region 지역
- radiation 방사선
- magnetic field 자기장
- covering 덮개
- spaceship 우주선

어휘 Quiz

1	contrary	6	fake
2	claim	7	advocate
3	conspiracy	8	astronaut
4	perpetuate	9	region
5	lose face	10	radiation

정답 1. 반대의 2. 주장하다 3. 음모 4. 영구화하다 5. 체면을 잃다 6. 가짜의 7. 지지자 8. 우주 비행사 9. 지역 10. 방사선

정답 및 해설

> In spite of all evidence to the contrary, there are people who seriously believe that NASA's Apollo space program never really landed men on the moon. [주제문 제시] These people claim that the moon landings were nothing more than a huge conspiracy, perpetuated by a government desperately in competition with the Russians and fearful of losing face. ① These conspiracy theorists claim that the United States knew it couldn't compete with the Russians in the space race and was therefore forced to fake a series of successful moon landings. ② Advocates of a conspiracy cite several pieces of what they consider evidence. ③ Crucial to their case is the claim that astronauts never could have safely passed through the Van Allen belt, a region of radiation trapped in Earth's magnetic field. [정반대 진술] ④ They also point to the fact that the metal coverings of the spaceship were designed to block radiation. If the astronauts had truly gone through the belt, say conspiracy theorists, they would have died.

02

정답해설 흐름 삭제 문제의 핵심은 주제문이고, 이 문제 유형에서 주제문은 거의 항상 두괄식으로 제시된다. 따라서 전반부에서 주제문을 확보하고, 뒤에 1) 삼천포로 빠진 문장이나, 2) 정반대 진술하는 문장, 혹은 3) 막연하게 정의를 내리는 문장을 잡아내면 된다. 주어진 글의 주제문은 맨 앞 문장으로 "아폴로 11호의 달착륙이 허구"라는 음모론을 소개하는 글이다. 뒤에 음모론자들이 달착륙을 허구로 보고 있는 역사적 배경이 되는 문장이 ②까지 제시된다. ③의 문장에서는 허구라고 주장하는 주요 근거인 "우주인은 방사능대인 반 앨런 벨트를 안전히 통과할 수 없다"는 주장을 담고 있다. 그런데, ④에서는 이와 정반대로 "우주선의 금속덮개가 방사능을 막을 수 있다"고 하고 있으므로, 2) 정반대 진술로서 흐름(주제)에 어긋난다. 따라서, 정답을 ④로 고를 수 있고, ④의 뒷 마지막 문장에서 다시 한번 the belt (= 반 앨런 벨트)를 다루고 있으므로, ④를 정답으로 고른다.

해석 반대되는 모든 증거가 있음에도 불구하고, NASA의 아폴로 우주 프로그램이 실제로 사람을 달에 착륙시킨 적이 없다고 진지하게 믿는 사람들이 있다. [주제문 제시] 이 사람들은 달 착륙이 음모에 불과하고, 이는 러시아와 필사적으로 경쟁하고 체면을 구길 것을 두려워한 정부에 의해 영구화되었다고 주장한다. 이 음모론자들은 미국이 우주 경쟁에서 러시아와 경쟁할 수 없다는 것을 알았기 때문에 일련의 성공적인 달 착륙을 가짜로 만들 수밖에 없었다는 주장을 한다. 음모론자들은 그들이 증거라고 생각하는 것 중 몇 가지를 인용한다. 주장 중에 핵심적인 것이 우주인들이 절대 반 앨런 벨트를 안전히 통과할 수 없었을 것인데, 이곳은 지구의 자기장에 갇힌 방사선의 지역이다. [정반대 진술] (④ 그들은 또한 우주선의 금속 덮개가 방사선을 차단하도록 설계되었다는 사실을 지적한다.) 만약 우주 비행사들이 진정으로 벨트를 통과했다면, 그들은 죽었을 것이라고 음모론자들은 말한다.

끊어읽기 불구하고 / 모든 증거가 있음에도 / 반대되는. 사람들이 있다 / 진지하게 믿는 / NASA의 아폴로 우주 프로그램이 / 실제로 / 사람을 달에 착륙시킨 적이 없다고 (진지하게 믿는 사람들이 있다). 이 사람들은 / 주장한다 / 달 착륙이 / 음모에 불과하고, / 영구화되었다고 / 정부에 의해 / 러시아와 필사적으로 경쟁하고 / 체면을 구길 것을 두려워한 (전부에 의해 영구화되었다고). 이 음모론자들은 / 주장한다 / 미국이 / 알고 있었다고 / 미국이 / 경쟁할 수 없다는 것을 / 러시아와 / 우주 경쟁에서. 그래서 / 가짜로 만들 수밖에 없었다고 / 일련의 성공적인 달 착륙을. 음모론자들은 / 인용한다 / 몇 가지를 / 그들이 증거라고 생각하는 것 중 (몇 가지를). 주장 중에 핵심적인 것은 / 우주인들이 / 절대로 안전히 통과할 수 없었을 것인데 / 반 앨런 벨트를 (안전히 통과할 수 없었을 것인데) / (반 앨런 벨트는) 지역이다 / 지구의 자기장에 갇힌 방사선의 (지역이다). ④ 그들은 / 또한 / 지적한다 / 사실을 / 우주선의 금속 덮개가 / 설계되었다는 / 방사선을 차단하도록 (설계되었다는 사실을). 만약 / 우주 비행사들이 / 진정으로 통과했다면 / 벨트를 / 음모론자들은 말한다 / 그들이 죽었을 것이라고.

정답 ④

03

다음 글의 흐름상 가장 어색한 문장은?

2020 국가직

When the brain perceives a threat in the immediate surroundings, it initiates a complex string of events in the body. It sends electrical messages to various glands, organs that release chemical hormones into the bloodstream. Blood quickly carries these hormones to other organs that are then prompted to do various things. ① The adrenal glands above the kidneys, for example, pump out adrenaline, the body's stress hormone. ② Adrenaline travels all over the body doing things such as widening the eyes to be on the lookout for signs of danger, pumping the heart faster to keep blood and extra hormones flowing, and tensing the skeletal muscles so they are ready to lash out at or run from the threat. ③ The whole process is called the fight-or-flight response, because it prepares the body to either battle or run for its life. ④ Humans consciously control their glands to regulate the release of various hormones. Once the response is initiated, ignoring it is impossible, because hormones cannot be reasoned with.

- perceive 감지하다
- threat 협박, 위협
- immediate 즉각적인
- surrounding 환경; 인근의, 주위의
- complex 복잡한
- bloodstream 혈류
- prompt 자극하다, 신속한
- adrenal 부신의
- adrenaline 아드레날린
- widen 넓히다
- be on the lookout for ~을 경계하다
- pump 주입하다, 펌프질하다
- tense 긴장시키다; 긴장한
- skeletal 뼈대의
- consciously 의식하여, 의식적으로
- ignore 무시하다
- reason with ~을 설득하다

어휘 Quiz

1	perceive	6	tense
2	ignore	7	prompt
3	immediate	8	widen
4	surrounding	9	threat
5	complex	10	consciously

정답 1. 감지하다 2. 무시하다 3. 즉각적인 4. 환경; 인근의, 주위의 5. 복잡한 6. 긴장시키다; 긴장한 7. 자극하다 8. 넓히다 9. 협박, 위협 10. 의식하여

정답 및 해설

> [주제] When the brain perceives a threat in the immediate surroundings, it initiates a complex string of events in the body. It sends electrical messages to various glands, organs that release chemical hormones into the bloodstream. Blood quickly carries these hormones to other organs that are then prompted to do various things. [신체의 변화 1] ① The adrenal glands above the kidneys, for example, pump out adrenaline, the body's stress hormone. [신체의 변화 2] ② Adrenaline travels all over the body doing things such as widening the eyes to be on the lookout for signs of danger, pumping the heart faster to keep blood and extra hormones flowing, and tensing the skeletal muscles so they are ready to lash out at or run from the threat. [언급된 변화 재언급] ③ The whole process is called the fight-or-flight response, because it prepares the body to either battle or run for its life. [삼천포로 빠지는 부분 →] ④ Humans consciously control their glands to regulate the release of various hormones. Once the response is initiated, ignoring it is impossible, because hormones cannot be reasoned with.

03

정답해설 이 글은 이야기가 삼천포로 빠진 경우에 해당한다. 글에서는 우리가 위협을 받고 있는 경우에 몸에서 일어나는 변화 과정에 대해 설명하고 있다. ①에서는 adrenal gland(부신)로 인한 아드레날린의 분출, ②에서는 분출된 아드레날린이 일으키는 신체 변화, ③에서는 ①과 ②에서 설명한 과정을 통틀어서 지칭하는 것에 대해 설명하고 있다. 그러나 ④는 인간의 호르몬 조절에 관한 이야기를 하고 있으므로 글의 흐름에서 벗어남을 알 수 있다.

해석 [주제] 뇌가 목전의 환경에서 위협을 감지할 때, 그것은 신체의 복잡한 일련의 사건들을 일으킨다. 그것은 여러 가지 분비선, 즉, 화학 호르몬을 혈류로 방출하는 기관에 전기 메시지를 보낸다. 혈액은 이러한 호르몬을 빠르게 다른 장기로 운반하고, 그 다음에 여러 가지 일을 하도록 자극한다. [신체의 변화 1] ① 예를 들어 신장 위의 부신은 신체의 스트레스 호르몬인 아드레날린을 뿜어낸다. [신체의 변화 2] ② 아드레날린은 위험의 징후를 경계하기 위해 눈을 크게 뜨고, 혈액과 호르몬이 더 많이 흐르게 하기 위해 심장을 더 빠르게 펌프질하고, 골격 근육을 긴장시켜서 그들이 위협으로부터 뛰쳐나올 준비가 되도록 하는 것과 같은 것들을 하면서 온몸을 돌아다닌다. [언급된 변화 재언급] ③ 이 모든 과정은 fight-or-flight 반응이라고 불리는데, 왜냐하면 이것은 신체가 목숨을 걸고 싸우거나 목숨을 위해 도망치도록 준비시키기 때문이다. [삼천포로 빠지는 부분 →] (④ 인간은 다양한 호르몬의 분비를 조절하기 위해 의식적으로 분비선을 조종한다.) 일단 반응이 시작되고 나면 이것을 무시하는 것은 불가능한데, 왜냐하면 호르몬을 설득한다는 것은 불가능하기 때문이다.

끊어읽기 뇌가 위협을 감지할 때 / 목전의 환경에서 / 그것은 복잡한 일련의 사건들을 일으킨다 / 신체의. 그것은 여러 가지 전기 메시지를 보낸다 / 여러 가지 분비선 / 즉, 화학 호르몬을 방출하는 기관에 / 혈류로. 혈액은 이러한 호르몬을 다른 장기로 빠르게 운반하고, / 그 다음에 여러 가지 일을 하도록 자극한다. ① 신장 위의 부신은 / 예를 들어 / 아드레날린을 뿜어낸다 / 신체의 스트레스 호르몬인. ② 아드레날린은 온몸을 돌아다닌다 / ~와 같은 것들을 하면서 / 눈을 크게 뜨고 / 위험한 징후를 경계하기 위해 / 심장을 더 빠르게 펌프질하고 / 혈액과 호르몬이 더 많이 흐르게 하기 위해 / 골격 근육을 긴장시켜서 / 그들이 위협으로부터 뛰쳐나올 준비가 되도록. ③ 이 모든 과정은 fight-or flight 반응이라고 불리는데 / 왜냐하면 이것은 신체가 준비시키기 때문이다 / 목숨을 걸고 싸우거나 / 목숨을 위해 도망치도록. (④ 인간은 의식적으로 분비선을 조종한다 / 다양한 호르몬의 분비를 조절하기 위해.) 일단 반응이 시작되고 나면 / 이것을 무시하는 것은 불가능하다 / 왜냐하면 호르몬을 설득한다는 것은 불가능하기 때문이다.

정답 ④

04

밑줄 친 부분 중 글의 흐름상 가장 어색한 것은? 2019 국가직

In 2007, our biggest concern was "too big to fail." Wall Street banks had grown to such staggering sizes, and had become so central to the health of the financial system, that no rational government could ever let them fail. ① Aware of their protected status, banks made excessively risky bets on housing markets and invented ever more complicated derivatives. ② New virtual currencies such as bitcoin and ethereum have radically changed our understanding of how money can and should work. ③ The result was the worst financial crisis since the breakdown of our economy in 1929. ④ In the years since 2007, we have made great progress in addressing the too-big-to-fail dilemma. Our banks are better capitalized than ever. Our regulators conduct regular stress tests of large institutions.

☐ concern 우려, 걱정
☐ staggering 비틀거리는, 압도적인
☐ financial system 금융 시스템
☐ rational 이성적인
☐ fail 실패하다
☐ status 지위, 상태, 신분
☐ excessively 과도하게, 지나치게
☐ complicated 복잡한
☐ derivative 파생물, 파생상품
☐ virtual 가상의
☐ currency 통화, 화폐
☐ radically 근본적으로
☐ understanding 이해
☐ financial crisis 금융 위기, 외환 위기
☐ breakdown 고장, 붕괴
☐ economy 경제
☐ progress 진행, 진전
☐ dilemma 딜레마
☐ capitalize 이용하다, 자본화하다
☐ regulator 규제자, 단속자
☐ institution 기관, 협회

어휘 Quiz

1	institution	6	virtual
2	rational	7	radically
3	fail	8	progress
4	status	9	breakdown
5	complicated	10	concern

정답 1. 기관, 협회 2. 이성적인 3. 실패하다 4. 지위, 상태, 신분 5. 복잡한 6. 가상의 7. 근본적으로 8. 진행, 진전 9. 고장, 붕괴 10. 우려, 걱정

정답 및 해설

> In 2007, our biggest concern was [주제] "too big to fail." Wall Street banks had grown to such staggering sizes, and had become so central to the health of the financial system, that no rational government could ever let them fail. [대마불사 관련 내용] ① Aware of their protected status, banks made excessively risky bets on housing markets and invented ever more complicated derivatives. [삼천포로 빠지는 부분 →] ② New virtual currencies such as bitcoin and ethereum have radically changed our understanding of how money can and should work. [대마불사 관련 내용: ①에 대한 결과] ③ The result was the worst financial crisis since the breakdown of our economy in 1929. [대마불사 관련 내용: 결과 이후의 상황 제시] ④ In the years since 2007, we have made great progress in addressing the too-big-to-fail dilemma. Our banks are better capitalized than ever. Our regulators conduct regular stress tests of large institutions.

04

정답 해설 이 글은 이야기가 삼천포로 빠진 경우에 해당한다. 즉, 글의 흐름과 무관한 bitcoin과 ethereum에 대해 설명을 하고 있다. 이 글의 소재는 'too big to fail' 즉 대마불사(규모가 큰 회사가 망하면 경제에 큰 영향을 미치기 때문에, 정부가 공적 자금을 이용하여 도산을 막아 주는 것)이며, 이와 관련한 딜레마와 현 상황에 대해 설명하고 있다. 그런데 ②는 대마불사와는 전혀 관련이 없는 bitcoin과 ethereum에 대해 이야기하고 있으므로, 글의 전체적인 흐름상 어색하다.

해석 2007년에 우리의 가장 큰 관심사는 [주제] "대마불사(실패하기에는 너무 크다)"라는 것이었다. 월가의 은행들은 엄청난 규모로 성장했고, 금융 시스템의 건전성에 매우 중심적이 되어, 어떤 합리적인 정부도 그들을 실패하게 내버려 둘 수 없었다. [대마불사 관련 내용] ① 은행들은 보호받는 지위를 의식해 지나치게 위험을 무릅쓴 채 주택 시장에 더욱 복잡한 파생 상품을 개발했다. [삼천포로 빠지는 부분 →] (② bitcoin과 ethereum 같은 새로운 가상 화폐는 어떻게 돈이 작용할 수 있는지와 작용해야 하는지에 대한 우리의 이해를 급진적으로 변화시켰다.) [대마불사 관련 내용: ①에 대한 결과] ③ 그 결과는 1929년 우리 경제가 붕괴된 이후 최악의 금융 위기였다. [대마불사 관련 내용: 결과 이후의 상황 제시] ④ 2007년 이후 몇 년 동안 우리는 대마불사 딜레마를 해결하는 데 큰 진전을 이루었다. 우리 은행들은 그 어느 때보다도 자본화가 잘되어 있다. 우리의 규제 당국은 대규모 기관에 대한 정기적인 스트레스 테스트를 시행한다.

끊어 읽기 2007년에 / 우리의 가장 큰 관심사는 / "대마불사(실패하기에는 너무 크다)"라는 것이었다. 월가의 은행들은 / 성장했다 / 엄청난 규모로, / 그리고 매우 중심적이 되어 / 금융 시스템의 건전성에, / 어떤 합리적인 정부도 / 내버려 둘 수 없었다 / 실패하게. ① 보호받는 지위를 의식해 / 은행들은 / 지나치게 위험한 내기를 했다 / 주택 시장에 / 그리고 개발했다 / 더욱 복잡한 파생 상품을. (② 새로운 가상 화폐는 / bitcoin과 ethereum과 같은 / 급진적으로 변화시켰다 / 우리의 이해를 / 돈이 어떻게 작용할 수 있는지와 작용해야 하는지에 대한.) ③ 그 결과는 / 최악의 금융 위기였다 / 우리 경제가 붕괴된 이후 / 1929년에. ④ 2007년 이후 몇 년 동안, / 우리는 이루었다 / 큰 진전을 / 해결하는 데 / 대마불사 딜레마를. 우리 은행들은 / 자본화가 잘되어 있다 / 그 어느 때보다도. 우리의 규제 당국은 / 시행한다 / 정기적인 스트레스 테스트를 / 대규모 기관에 대한.

정답 ②

05

다음 글의 흐름상 가장 어색한 문장은? 2018 국가직

Biologists have identified a gene that will allow rice plants to survive being submerged in water for up to two weeks—over a week longer than at present. Plants under water for longer than a week are deprived of oxygen and wither and perish. ① The scientists hope their discovery will prolong the harvests of crops in regions that are susceptible to flooding. ② Rice growers in these flood-prone areas of Asia lose an estimated one billion dollars annually to excessively waterlogged rice paddies. ③ They hope the new gene will lead to a hardier rice strain that will reduce the financial damage incurred in typhoon and monsoon seasons and lead to bumper harvests. ④ This is dreadful news for people in these vulnerable regions, who are victims of urbanization and have a shortage of crops. Rice yields must increase by 30 percent over the next 20 years to ensure a billion people can receive their staple diet.

- biologist 생물학자
- submerge 잠기다
- be deprived of ~을 빼앗기다
- wither 시들다, 쇠퇴하다
- perish 사라지다, 죽다
- prolong 장기화하다
- susceptible 영향을 받기 쉬운, 취약한
- annually 매년, 연간
- waterlogged 물에 잠긴
- rice paddy 논
- incur 입다; 발생, 초래
- monsoon season 장마철, 우기
- bumper harvest 풍년, 풍작
- dreadful 무서운, 가혹한
- vulnerable 취약한, 영향받기 쉬운
- urbanization 도시화
- shortage 부족
- yield 수확량, 생산량, 양보하다
- staple 주된, 주요한

어휘 Quiz

1	biologist	6	shortage
2	staple	7	wither
3	susceptible	8	prolong
4	perish	9	incur
5	vulnerable	10	submerge

정답 1. 생물학자 2. 주된, 주요한 3. 영향을 받기 쉬운 4. 사라지다, 죽다 5. 취약한, 영향받기 쉬운 6. 부족 7. 시들다, 쇠퇴하다 8. 장기화하다 9. 입다; 발생, 초래 10. 잠기다

> [주제] Biologists have identified a gene that will allow rice plants to survive being submerged in water for up to two weeks—over a week longer than at present. Plants under water for longer than a week are deprived of oxygen and wither and perish. [과학자들의 연구에 대한 긍정적 시각 1] ① The scientists hope their discovery will prolong the harvests of crops in regions that are susceptible to flooding. ② Rice growers in these flood-prone areas of Asia lose an estimated one billion dollars annually to excessively waterlogged rice paddies. [과학자들의 연구에 대한 긍정적 시각 2] ③ They hope the new gene will lead to a hardier rice strain that will reduce the financial damage incurred in typhoon and monsoon seasons and lead to bumper harvests. [과학자들의 연구에 대한 부정적 시각] ④ This is dreadful news for people in these vulnerable regions, who are victims of urbanization and have a shortage of crops. Rice yields must increase by 30 percent over the next 20 years to ensure a billion people can receive their staple diet.

05

정답해설 이 글은 주제와 정반대의 진술을 하는 유형에 해당한다. 과학자들이 홍수에 취약한 지역의 피해를 줄이기 위해 물속에서 좀 더 오래 버틸 수 있는 곡물을 위한 유전자를 발견하였음을 이야기하며, 이로 인한 향후의 긍정적인 모습을 예측한 글이다. 따라서 글의 전체적인 내용은 과학자들의 발견에 대해 긍정적인 입장을 취하는데, ④는 오히려 이것이 끔찍하다는 부정적인 내용이므로 글의 흐름과 맞지 않다.

해석 [주제] 생물학자들은 벼가 현재보다 1주일 정도 더 긴 2주까지 물에 잠긴 채로 생존할 수 있도록 하는 유전자를 밝혀 냈다. 1주일 이상 물에 잠겨 있는 식물들은 산소가 부족해서 시들어 죽는다. ① 과학자들은 그들의 발견이 [과학자들의 연구에 대한 긍정적 시각 1] 홍수에 취약한 지역의 곡식의 추수를 연장하기를 희망한다. ② 아시아의 홍수에 취약한 지역의 쌀 재배자들은 과도하게 침수된 논 때문에 추정건대 매년 10억 달러의 손해를 입는다. [과학자들의 연구에 대한 긍정적 시각 2] ③ 그들은 새로운 유전자가 더 단단한 쌀 품종으로 이어져서 태풍과 장마철에 발생하는 금전적인 피해를 줄이고, 풍년으로 이어지기를 희망하고 있다. [과학자들의 연구에 대한 부정적 시각] (④ 이는 도시화의 희생자이고 식량 부족을 겪는 취약 지역의 사람들에게는 끔찍한 뉴스이다.) 쌀 수확량은 10억 명의 사람들이 그들의 주된 식량을 받을 수 있도록 보장하기 위해 향후 20년 동안 30퍼센트까지 증가해야 한다.

끊어읽기 생물학자들은 / 밝혀 냈다 / 유전자를 / 벼를 가능하게 하는 / 생존할 수 있도록 / 물에 잠긴 채로 / 2주까지 동안 / 1주일 이상 / 현재보다. 식물들은 / 물에 잠겨 있는 / 1주일 이상 / 산소가 부족해서 / 시들어 죽는다. ① 과학자들은 / 희망한다 / 그들의 발견이 / 연장하기를 / 곡식의 추수를 / 홍수에 취약한 지역의. ② 쌀 재배자들은 / 홍수에 시달리는 지역의 / 아시아의 / 손해를 본다 / 추정건대 / 10억 달러를 / 매년 / 과도하게 침수된 논 때문에. ③ 그들은 / 희망한다 / 새로운 유전자가 / 이어져서 / 더 단단한 쌀 품종으로 / 줄이고 / 금전적인 피해를 / 발생하는 / 태풍과 장마철에 / 이어지기를 / 풍년으로. (④ 이는 끔찍한 뉴스이다 / 사람들에게 / 취약 지역의, / 도시화의 희생자이고 / 식량 부족을 겪는.) 쌀 수확량은 / 증가해야 한다 / 30퍼센트까지 / 향후 20년 동안 / 보장하기 위해 / 10억 명의 사람들이 / 받을 수 있도록 / 그들의 주된 식량을.

정답 ④

06

내용의 흐름상 적절하지 못한 문장은? 2015 국가직

Of equal importance in wars of conquest were the germs that evolved in human societies with domestic animals. ① Infectious diseases like smallpox, measles, and flu arose as specialized germs of humans, derived by mutations of very similar ancestral germs that had infected animals. ② The most direct contribution of plant and animal domestication to wars of conquest was from Eurasia's horses, whose military role made them the jeeps and Sherman tanks of ancient warfare on that continent. ③ The humans who domesticated animals were the first to fall victim to the newly evolved germs, but those humans then evolved substantial resistance to the new disease. ④ When such partly immune people came into contact with others who had had no previous exposure to the germs, epidemics resulted in which up to 99 percent of the previously unexposed population was killed. Germs thus acquired ultimately from domestic animals played decisive roles in the European conquests of Native Americans, Australians, South Africans, and Pacific islanders.

- □ conquest 정복
- □ evolve 발달하다
- □ domestic 국내의, 길들여진
- □ infectious 전염되는
- □ smallpox 천연두
- □ measles 홍역
- □ germ 세균
- □ mutation 돌연변이
- □ ancestral 조상의, 원형의
- □ infect 감염시키다
- □ contribution 기부, 기여
- □ continent 대륙
- □ victim 피해자
- □ substantial 상당한
- □ resistance 저항(력)
- □ immune 면역성이 있는
- □ epidemic 유행병
- □ decisive 결정적인

어휘 Quiz

1	decisive	6	conquest
2	victim	7	ancestral
3	evolve	8	continent
4	substantial	9	infect
5	contribution	10	domestic

정답 1. 결정적인 2. 피해자 3. 발달하다 4. 상당한 5. 기부, 기여 6. 정복 7. 조상의, 원형의 8. 대륙 9. 감염시키다 10. 국내의, 길들여진

> [주제] Of equal importance in wars of conquest were the germs that evolved in human societies with domestic animals. ① Infectious diseases like smallpox, measles, and flu arose as specialized germs of humans, derived by mutations of very similar ancestral germs that had infected animals. [삼천포로 빠지는 부분 →] ② The most direct contribution of plant and animal domestication to wars of conquest was from Eurasia's horses, whose military role made them the jeeps and Sherman tanks of ancient warfare on that continent. [단서 1] ③ The humans who domesticated animals were the first to fall victim to the newly evolved germs, but those humans then evolved substantial resistance to the new disease. [단서 2] ④ When such partly immune people came into contact with others who had had no previous exposure to the germs, epidemics resulted in which up to 99 percent of the previously unexposed population was killed. [결과] Germs thus acquired ultimately from domestic animals played decisive roles in the European conquests of Native Americans, Australians, South Africans, and Pacific islanders.

06 이 글은 이야기가 삼천포로 빠지는 경우에 해당한다. 글은 Jared Diamond의 《총, 균, 쇠》의 일부로, 가축으로부터 나온 변이된 병원균이 정복 전쟁에서 가치를 갖게 된 과정에 대해 이야기하고 있다. ①, ③, ④는 '병원균의 전파'라는 소재로 자연스럽게 연결되는데, ②는 가축화된 말이 정복 전쟁에서 행했던 역할에 관한 내용이므로 글의 흐름과 맞지 않다.

해석 [주제] 정복 전쟁에서 동등하게 중요한 것이 바로 가축과 함께하는 인간 사회에서 진화해 온 병원균들이었다. ① 천연두, 홍역, 그리고 독감 등과 같은 전염병은 동물들을 감염시켰던 매우 비슷한 원형 병원균의 변이로부터 나온 특수화된 인간 균으로서 발생했다. [삼천포로 빠지는 부분 →] (② 가장 직접적인 정복 전쟁에 대한 동식물의 가축화의 영향은 유라시아의 말들로부터 왔는데, 이것의 군사적 역할은 그들이 그 대륙에 고대 전쟁의 지프차이자, Sherman 탱크가 되게 만들었다.) [단서 1] ③ 동물들을 가축으로 만들었던 인간들은 처음으로 새로이 진화된 병원균의 희생자가 되어 버렸다. 그러나 그 사람들은 이후에 그 새로운 질병에 대한 뚜렷한 저항력을 갖게 되었다. [단서 2] ④ 이렇게 부분적으로 면역력이 있는 사람들이 그 병원균에 전에는 노출된 적이 없던 다른 사람들과 접촉했을 때, 전염병들은 전에 노출된 적이 없는 인구의 99퍼센트까지를 죽게 하는 결과를 낳았다. [결과] 그러므로 궁극적으로 가축들로부터 나온 병원균들은 북미 원주민, 호주, 남아프리카, 그리고 태평양 군도에 대한 유럽인들의 정복에 있어서 결정적 역할을 했다.

끊어 읽기 동등하게 중요한 것이 / 정복 전쟁에서 / 바로 병원균들이었다 / 진화해 온 / 인간 사회에서 / 가축과 함께. ① 전염병은 / 천연두, 홍역, / 그리고 독감 등과 같은 / 발생했다 / 특화된 병원균으로부터, / 인간에 / 나온 / 변이에 의해 / 매우 비슷한 원형 병원균의 / 동물들을 감염시켰던. (② 가장 직접적인 영향은 / 동식물 가축화의 / 정복 전쟁에 대한 / 유라시아의 말들로부터 왔는데, / 이것의 군사적 역할은 / 만들었다 / 그들을 / 지프차이자 Sherman 탱크가 되게 / 고대 전쟁의 / 그 대륙에서.) ③ 인간들은 / 동물들을 가축으로 만들었던 / 처음으로 되어 버렸다 / 희생자가 / 새로이 진화된 병원균의, / 그러나 그 사람들은 / 이후에 갖게 되었다 / 뚜렷한 저항력을 / 그 새로운 질병에 대한. ④ 이렇게 부분적으로 면역력이 있는 사람들이 / 접촉했을 때 / 다른 사람들과 / 전에는 노출된 적이 없던 / 그 병원균에, / 전염병들은 / 결과를 낳았다 / 99퍼센트까지가 / 전에 노출된 적이 없는 인구의 / 죽게 되는. 병원균들은 / 그러므로 / 궁극적으로 얻게 된 / 가축들로부터 / 결정적 역할을 했다 / 유럽인들의 정복에 있어서 / 북미 원주민, 호주, 남아프리카, 그리고 태평양 군도에 대한.

정답 ②

07

다음 글의 흐름상 적절하지 않은 문장은?

2021 지방직

There was no divide between science, philosophy, and magic in the 15th century. All three came under the general heading of 'natural philosophy'. ① Central to the development of natural philosophy was the recovery of classical authors, most importantly the work of Aristotle. ② Humanists quickly realized the power of the printing press for spreading their knowledge. ③ At the beginning of the 15th century Aristotle remained the basis for all scholastic speculation on philosophy and science. ④ Kept alive in the Arabic translations and commentaries of Averroes and Avicenna, Aristotle provided a systematic perspective on mankind's relationship with the natural world. Surviving texts like his Physics, *Metaphysics*, and Meteorology provided scholars with the logical tools to understand the forces that created the natural world.

- divide 구분, 나누다
- philosophy 철학
- general 일반적인, 전반적인
- central to ~의 중심의
- recovery 회복
- classical 고전적인
- printing press 인쇄기
- spread 펼치다, 전개하다
- scholastic 학자의, 학문의
- speculation 고찰, 추측
- translation 해설, 번역
- commentary 논평
- systematic 체계적인
- physics 물리학
- metaphysics 형이상학
- meteorology 기상학

어휘 Quiz

1	divide	6	speculation
2	scholastic	7	general
3	translation	8	systematic
4	recovery	9	physics
5	classical	10	spread

정답 1. 구분, 나눔 2. 학자의, 학문의 3. 해설, 번역 4. 회복 5. 고전적인 6. 고찰, 추측 7. 일반적인, 전반적인 8. 체계적인 9. 물리학 10. 펼치다, 전개하다

정답 및 해설

> There was no divide between science, philosophy, and magic in the 15th century. All three came under the general heading of 'natural philosophy'. [주제] ① Central to the development of natural philosophy was the recovery of classical authors, most importantly the work of Aristotle. [삼천포로 빠지는 부분 →] ② Humanists quickly realized the power of the printing press for spreading their knowledge. ③ At the beginning of the 15th century Aristotle remained the basis for all scholastic speculation on philosophy and science. ④ Kept alive in the Arabic translations and commentaries of Averroes and Avicenna, Aristotle provided a systematic perspective on mankind's relationship with the natural world. Surviving texts like his *Physics*, *Metaphysics*, and *Meteorology* provided scholars with the logical tools to understand the forces that created the natural world.

07

정답해설 이 글은 이야기가 삼천포로 빠진 경우에 해당한다. 이 글은 아리스토텔레스의 고전 회복이 자연 철학의 발전에 큰 역할을 했다는 내용을 다루고 있다. 15세기 초에 이르러 아리스토텔레스는 철학, 과학 등의 학문적 기초에 큰 틀을 제공하였다. 특히 ≪물리학≫, ≪형이상학≫, ≪기상학≫ 등의 저서들은 학자들에게 논리적인 도구로써 이바지하였다. 그러나 ②는 휴머니스트들이 인쇄기의 힘을 빨리 깨달았다는 내용이므로, 전체적인 흐름상 어울리지 않는 부분이다. 이 글은 휴머니스트들과 인쇄기의 발명에 대해서는 다루고 있지 않다.

해석 15세기에는 과학과 철학 그리고 마술 사이에는 아무런 구분이 없었다. 이 세 가지 모두 '자연 철학'이라는 총칭 아래에 있었다. [주제] ① 고전 작가들의 회복은 자연 철학 발전의 중심이 되었는데, 이 중 가장 중요한 것은 아리스토텔레스의 작품이었다. [삼천포로 빠지는 부분 →] (② 휴머니스트들은 자신들의 지식을 전파하는 인쇄기의 힘을 재빨리 깨달았다.) ③ 15세기 초, 아리스토텔레스는 철학과 과학에 대한 모든 학문적 추론의 토대로 남아 있었다. ④ 아리스토텔레스는 아랍어 번역과 Averroes와 Avicenna의 논평에서 살아남으며 인류와 자연계의 관계에 대한 체계적인 관점을 제공했다. 그의 ≪물리학≫, ≪형이상학≫, ≪기상학≫ 같은 살아남은 문헌들은 학자들에게 자연계를 창조한 힘을 이해할 수 있는 논리적인 도구들을 제공했다.

끊어읽기 아무런 구분이 없었다 / 과학과 철학 그리고 마술 사이에 / 15세기에는. 이 세 가지 모두 / 총칭 아래에 있었다 / '자연 철학'이라는. ① 자연 철학 발전의 중심 중에서도 / 회복이었다 / 고전 작가들의 / 그중 가장 중요한 것은 아리스토텔레스 작품이었다. (② 휴머니스트들은 / 재빨리 깨달았다 / 인쇄기의 힘을 / 자신들의 지식을 전파하는.) ③ 15세기 초 / 아리스토텔레스는 남아 있었다 / 모든 학문적 추론의 토대로 / 철학과 과학에 대한. ④ 살아남으며 / 아랍어 번역과 Averroes와 Avicenna의 논평에서 / 아리스토텔레스는 / 체계적인 관점을 제공했다 / 인류와 자연계의 관계에 대한. 그의 살아남은 문헌들은 / ≪물리학≫, ≪형이상학≫, ≪기상학≫ 같은, / 제공했다 / 학자들에게 / 논리적인 도구들을 / 힘을 이해할 수 있는 / 자연계를 창조한.

정답 ②

08

다음 글의 흐름상 가장 어색한 문장은?

2021 국가직

The term burnout refers to a "wearing out" from the pressures of work. Burnout is a chronic condition that results as daily work stressors take their toll on employees. ① The most widely adopted conceptualization of burnout has been developed by Maslach and her colleagues in their studies of human service workers. Maslach sees burnout as consisting of three interrelated dimensions. The first dimension—emotional exhaustion—is really the core of the burnout phenomenon. ② Workers suffer from emotional exhaustion when they feel fatigued, frustrated, used up, or unable to face another day on the job. The second dimension of burnout is a lack of personal accomplishment. ③ This aspect of the burnout phenomenon refers to workers who see themselves as failures, incapable of effectively accomplishing job requirements. ④ Emotional labor workers enter their occupation highly motivated although they are physically exhausted. The third dimension of burnout is depersonalization. This dimension is relevant only to workers who must communicate interpersonally with others (e.g. clients, patients, students) as part of the job.

어휘 Quiz

1	refer to	6	phenomenon
2	consist of	7	term
3	chronic	8	interrelated
4	dimension	9	occupation
5	suffer from	10	adopt

정답 및 해설

> The term burnout refers to a "wearing out" from the pressures of work. Burnout is a chronic condition that results as daily work stressors take their toll on employees. ① <u>The most widely adopted conceptualization of burnout has been developed by Maslach and her colleagues in their studies of human service workers.</u> [주제] Maslach sees burnout as consisting of three interrelated dimensions. The first dimension—emotional exhaustion—is really the core of the burnout phenomenon. ② <u>Workers suffer from emotional exhaustion when they feel fatigued, frustrated, used up, or unable to face another day on the job.</u> The second dimension of burnout is a lack of personal accomplishment. ③ <u>This aspect of the burnout phenomenon refers to workers who see themselves as failures, incapable of effectively accomplishing job requirements.</u> [삼천포로 빠진 부분 →] ④ <u>Emotional labor workers enter their occupation highly motivated although they are physically exhausted.</u> The third dimension of burnout is depersonalization. This dimension is relevant only to workers who must communicate interpersonally with others (e.g. clients, patients, students) as part of the job.

08

정답해설 이 글은 이야기가 삼천포로 빠진 경우에 해당한다. 이 글의 주제는 번아웃(burnout)으로, 번아웃이라고 말할 수 있는 현상들에 대해 소개 및 나열하고 있다. ①, ②, ③은 모두 번아웃의 개념과 이를 겪을 때의 부정적인 현상을 설명하고 있으나, ④는 글의 주제와 상관없이 감정 노동자들의 의욕이 왕성하다는 이야기를 하고 있으므로 글의 흐름에 어긋난다.

해석 번아웃(burnout)이라는 용어는 노동의 압박으로부터 "wearing out"되는 것을 말한다. 번아웃은 일상의 업무 스트레스 요인이 직원들에게 타격을 주면서 생기는 만성 질환이다. ① 가장 널리 채택된 번아웃 개념화는 Maslach와 그녀의 동료들이 사회복지 실무자들에 대해 진행한 연구에서 개발되었다. [주제] Maslach는 번아웃을 세 가지 상호 관련 차원으로 구성된 것으로 본다. 첫 번째 차원의 감정적인 소진은 정말로 번아웃 현상의 핵심이다. ② 근로자들은 직장에서 피곤하거나 좌절하거나 지치거나 다른 날과 마주할 수 없을 때 감정적인 피로를 겪는다. 번아웃의 두 번째 측면은 개인적인 성취의 부족이다. ③ 이러한 번아웃 현상의 측면은 자신을 사실상 직무 요건을 달성할 수 없는 실패자로 보는 근로자들을 지칭한다. [삼천포로 빠진 부분 →] (④ 감정 노동자들은 육체적으로 지쳤지만 의욕이 왕성하다.) 번아웃의 세 번째 차원은 탈개인화이다. 이 차원은 직무의 일부로서 다른 사람(예: 고객, 환자, 학생)과 개인적으로 많이 소통하는 작업자에게만 관련이 있다.

끊어읽기 번아웃(burnout)이라는 용어는 / 말한다 / "wearing out"되는 것을 / 노동의 압박으로부터. 번아웃은 만성 질환이다 / 타격을 주면서 생기는 / 일상의 업무 스트레스 요인이 / 그들의 직원들에게. ① 가장 널리 채택된 / 번아웃 개념화는 / 개발되었다 / Maslach와 그녀의 동료들이 / 사회복지 실무자들에 대한 연구에서. Maslach는 번아웃을 본다 / 구성된 것으로 / 세 가지 상호 관련 차원으로. 첫 번째 차원 / — 감정적인 소진은 — / 정말로 핵심이다 / 번아웃 현상의. ② 근로자들은 고통받는다 / 감정적인 피로로부터 / 피곤하거나 좌절하거나 지치거나 / 다른 날과 마주할 수 없을 때 / 직장에서. 번아웃의 두 번째 측면은 / 부족이다 / 개인적인 성취. ③ 이러한 번아웃 현상의 측면은 / 지칭한다 / 근로자들을 / 자신을 실패자로 보는 / 사실상 직무 요건을 달성할 수 없는. (④ 감정 노동자들은 / 의욕이 왕성하다 / 육체적으로 지쳤지만.) 번아웃의 세 번째 차원은 / 탈개인화이다. 이 차원은 관련이 있다 / 작업자에게만 / 많이 소통하는 / 다른 사람(예: 고객, 환자, 학생)과 개인적으로 / 직무의 일부로서.

정답 ④

09

글의 흐름상 가장 어색한 문장은? 2022 지방직

The skill to have a good argument is critical in life. But it's one that few parents teach to their children. ① We want to give kids a stable home, so we stop siblings from quarreling and we have our own arguments behind closed doors. ② Yet if kids never get exposed to disagreement, we may eventually limit their creativity. ③ Children are most creative when they are free to brainstorm with lots of praise and encouragement in a peaceful environment. ④ It turns out that highly creative people often grow up in families full of tension. They are not surrounded by fistfights or personal insults, but real disagreements. When adults in their early 30s were asked to write imaginative stories, the most creative ones came from those whose parents had the most conflict a quarter-century earlier.

- argument 논쟁, 언쟁
- personal 사적인, 개인적인
- critical 치명적인, 중요한
- stable 안정적인
- sibling 형제자매
- quarrel 싸움을 벌이다
- behind closed doors 비공개로
- expose 노출시키다
- disagreement 불화, 의견 불일치
- end up ~ing 결국 ~하게 되다
- creativity 창의성
- encouragement 격려
- peaceful 평화로운
- tension 긴장
- surround 둘러싸다
- fistfight 주먹다짐
- insult 모욕
- imaginative 상상력이 있는

어휘 Quiz

1	imaginative	6	disagreement
2	insult	7	quarrel
3	tension	8	argument
4	encouragement	9	critical
5	end up ~ing	10	creativity

정답 1. 상상력이 있는 2. 모욕 3. 긴장 4. 격려 5. 결국 ~하게 되다 6. 불화, 의견 불일치 7. 싸움을 벌이다 8. 논쟁, 언쟁 9. 치명적인, 중요한 10. 창의성

정답 및 해설

> [글의 주제=] The skill to have a good argument is critical in life. But it's one that few parents teach to their children. ① We want to give kids a stable home, so we stop siblings from quarreling and we have our own arguments behind closed doors. ② Yet if kids never get exposed to disagreement, we may eventually limit their creativity. ③ Children are most creative when they are free to brainstorm with lots of praise and encouragement in a peaceful environment. [= 주제와 정반대 내용] ④ It turns out that highly creative people often grow up in families full of tension. They are not surrounded by fistfights or personal insults, but real disagreements. When adults in their early 30s were asked to write imaginative stories, the most creative ones came from those whose parents had the most conflict a quarter-century earlier.

정답해설 주제와 정반대의 진술을 하는 경우에 해당한다. 이 글의 주제는 첫 번째 문장으로, 훌륭한 토론(논쟁)을 할 수 있는 능력이 인생에서(특히나 창의력에) 중요하므로 그것에 어릴 때부터 노출되어야 한다는 것이다. ③을 제외한 다른 선지들은 각각 'quarreling', 'get exposed to disagreement', 'families full of tension' 등의 표현을 사용해서 의견 불일치에 노출되는 것이 창의력 발달에 중요하다고 설명한다. 이 흐름과는 반대되게, ③에서는 칭찬과 격려가 가득한 평화로운 환경이 창의력 발달에 좋다고 설명하므로 글의 전체적인 내용과 반대된다.

해석 [글의 주제=] 훌륭한 토론 기술을 갖는 것은 인생에서 매우 중요하다. 하지만 이것은 부모들이 아이들에게 거의 가르치지 않는 것이다. 우리는 아이들에게 안정적인 가정을 제공하고 싶어서 형제자매들이 싸우는 것을 막고 으레도 숨어서 비밀리에 논쟁을 한다. 하지만 만약 아이들이 의견 불일치에 노출되지 않는다면, 우리는 그들의 창의성을 제한하게 될 것이다. (③ 아이들은 평화로운 환경에서 많은 칭찬과 격려를 받으면서 브레인스토밍을 할 수 있을 때 가장 창의적이다.) [=주제와 정반대 내용] 창의력이 뛰어난 사람들은 긴장감이 넘치는 가정에서 자라는 경우가 많은 것으로 나타났다. 그들은 주먹다짐이나 개인적인 모욕에 둘러싸여 있는 것이 아니라, 진정한 의견 차이에 둘러싸여 있다. 30대 초반의 어른들에게 상상력이 풍부한 이야기를 쓰라고 했을 때, 가장 창의적인 이야기는 25년 전에 가장 많은 갈등을 겪었던 부모를 가진 사람들에게서 나왔다.

끊어읽기 훌륭한 토론 기술을 갖는 것은 / 매우 중요하다 / 인생에서. 하지만 / 이것은 / 거의 부모들이 가르치는 것이 아니다 / 그들의 아이들에게. 우리는 / 주기를 원한다 / 아이들에게 안정적인 가정을 / 그래서 우리는 / 형제자매들이 싸우는 것을 막는다 / 그리고 / 우리는 / 우리의 논쟁을 한다 / (문 뒤에서) 비밀리에. 하지만 / 만약 아이들이 / 노출되지 않는다면 / 의견 불일치에, / 우리는 / 제한하게 될 것이다 / 그들의 창의성을. (③ 아이들은 / 가장 창의적이다 / 자유롭게 브레인스토밍을 할 때 / 많은 칭찬과 격려를 받으면서 / 평화로운 환경에서.) 나타났다 / 창의력이 뛰어난 사람들은 / 자라는 경우가 많은 것으로 / 긴장감이 넘치는 가정에서. 그들은 / 둘러싸여 있는 것이 아닌 / 주먹다짐이나 개인적인 모욕에, / 진정한 의견 차이에 둘러싸여 있다. 30대 초반의 어른들에게 / 쓰라고 했을 때 / 상상력이 풍부한 이야기를, / 가장 창의적인 이야기는 / 나왔다 / 부모들을 가진 사람들로부터 / 가장 많은 갈등을 겪었던 (부모들을 가진 사람들로부터) / 25년 전에.

정답 ③

10

다음 글의 흐름상 어색한 문장은? 2023 국가직

In our monthly surveys of 5,000 American workers and 500 U.S. employers, a huge shift to hybrid work is abundantly clear for office and knowledge workers. ① An emerging norm is three days a week in the office and two at home, cutting days on site by 30% or more. You might think this cutback would bring a huge drop in the demand for office space. ② But our survey data suggests cuts in office space of 1% to 2% on average, implying big reductions in density not space. We can understand why. High density at the office is uncomfortable and many workers dislike crowds around their desks. ③ Most employees want to work from home on Mondays and Fridays. Discomfort with density extends to lobbies, kitchens, and especially elevators. ④ The only sure-fire way to reduce density is to cut days on site without cutting square footage as much. Discomfort with density is here to stay according to our survey evidence.

- monthly 월간의
- survey 설문조사
- employer 고용주
- shift 전환
- hybrid work 하이브리드 근무 (사내출근과 원격작업을 결합한 근무형태)
- abundantly 매우, 풍부하게
- emerging 최근에 생겨난
- norm 규범, 기준
- on site 현장에 있는
- cutback 삭감
- drop 감소, 떨어지다
- demand 수요
- reduction 감소
- density 밀도
- space 공간
- uncomfortable 불편한
- dislike 싫어하다
- crowd 군중
- discomfort 불편함
- extend 연장하다
- especially 특히
- sure-fire 확실한
- square footage 평방 피트
- according to ~에 따르면
- evidence 증거

어휘 Quiz

1	survey	6	cutback
2	employer	7	density
3	abundantly	8	discomfort
4	emerging	9	uncomfortable
5	norm	10	crowd

정답 1. 설문조사 2. 고용주 3. 매우, 풍부하게 4. 최근에 생겨난 5. 규범, 기준 6. 삭감 7. 밀도 8. 불편함 9. 불편한 10. 군중

정답 및 해설

[글의 주제 = 고밀도에 대한 불편함으로 하이브리드 근무로의 전환이 필요함을 설명] In our monthly surveys of 5,000 American workers and 500 U.S. employers, a huge shift to hybrid work is abundantly clear for office and knowledge workers. ① An emerging norm is three days a week in the office and two at home, cutting days on site by 30% or more. You might think this cutback would bring a huge drop in the demand for office space. ② But our survey data suggests cuts in office space of 1% to 2% on average, implying big reductions in density not space. [하이브리드 근무로의 전환이 필요한 이유=] We can understand why. High density at the office is uncomfortable and many workers dislike crowds around their desks. ③ Most employees want to work from home on Mondays and Fridays.[=삼천포로 빠지는 문장] Discomfort with density extends to lobbies, kitchens, and especially elevators. ④ The only sure-fire way to reduce density is to cut days on site without cutting square footage as much. Discomfort with density is here to stay according to our survey evidence.

10

정답 해설 이 글에서는 하이브리드 근무로 인해 사무실 공간 수요가 줄어들 것이라고 생각하는데 공간의 감소는 거의 없고 밀도의 감소가 있다고 설명한다. 또한, 우리는 사람들이 한 공간에 많이 있는 고밀도 공간을 불편해하기에 현장에서 일하는 날을 줄여야 한다고 설명한다. 하지만 ③번 문장은 직원들이 월요일과 금요일마다 집에서 일하기를 원한다고 서술하고 있으므로 이는 글과 동떨어진(삼천포로 빠진) 내용이다. 따라서 ③번 문장이 글의 흐름상 어색하다.

해석 [글의 주제 = 고밀도에 대한 불편함으로 하이브리드 근무로의 전환이 필요함을 설명] 5,000명의 미국인 근로자와 500명의 미국 고용주를 대상으로 실시한 월간 설문조사에서 하이브리드 근무로의 전환은 사무실 및 지식 근로자에게 매우 분명하다. 새롭게 등장하는 규범은 주 3일은 회사에서 일하고 주 2일은 집에서 일하면서 현장 근무 일수를 30% 이상 단축하는 것이다. 당신은 이 삭감이 사무실 공간에 대한 수요를 크게 감소시킬 것이라고 생각할지도 모른다. 그러나 설문 조사 데이터는 공간이 아닌 밀도가 크게 감소했음을 보여주면서 평균적으로 사무실 공간의 1%에서 2%가 감소하는 것을 보여준다. [하이브리드 근무로의 전환이 필요한 이유=] 우리는 그 이유를 이해할 수 있다. 사무실의 고밀도는 불편할 뿐만 아니라 많은 직원들은 책상 주위에 사람들이 모여 있는 것을 싫어한다. (③ 대부분의 직원들은 월요일과 금요일마다 집에서 일하기를 원한다.) [=삼천포로 빠지는 문장] 밀도에 대한 불편함은 로비, 주방, 특히 엘리베이터까지 확대된다. 밀도를 줄일 수 있는 유일하고 확실한 방법은 평방 피트를 많이 잘라내지 않고 현장에서 일하는 날을 줄이는 것이다. 우리 조사의 증거에 따르면 밀도에 대한 불편함은 계속 남아 있다.

끊어 읽기 월간 설문조사에서 / 5,000명의 미국인 근로자와 500명의 미국 고용주를 대상으로 실시한 / 큰 전환은 / 하이브리드 근무로의 / 매우 분명하다 / 사무실 및 지식 근로자에게. 새롭게 등장하는 규범은 / 주 3일은 회사에서 일하고 / 주 2일은 집에서 일하는 것인데, / 30% 이상 단축하는 것이다 / 현장 근무 일수를. 당신은 / 생각할지도 모른다 / 이 삭감이 / 크게 감소시킬 것이라고 / 사무실 공간에 대한 수요를. 그러나 / 설문 조사 데이터는 / 보여준다 / 감소하는 것을 / 평균적으로 사무실 공간의 1%에서 2%가 / 보여주면서 / 크게 감소했음을 / 공간이 아닌 밀도가. 우리는 / 이해할 수 있다 / 그 이유를. 사무실의 고밀도는 / 불편하다 / 그리고 / 많은 직원들은 / 싫어한다 / 책상 주위에 사람들이 모여있는 것을. (③대부분의 직원들은 / 원한다 / 집에서 일하기를 / 월요일과 금요일마다.) 밀도에 대한 불편함은 / 확대된다 / 로비, 주방, 특히 엘리베이터까지. 유일하고 확실한 방법은 / 밀도를 줄일 수 있는 / 날을 줄이는 것이다 / 현장에서 일하는 (날을) / 평방 피트를 많이 잘라내지 않고. 밀도에 대한 불편함은 / 계속 남아 있다 / 우리 조사의 증거에 따르면.

정답 ③

PART 3

순서 배열

PART 3 순서 배열

기심론 독해 진도 ■■■■■■ 50%
전체 커리큘럼 진도 ■■■■■ 20%

시작하는 알파벳 찾기! 이미 80%는 해결한 셈!

■ 순서 배열

① 순서 배열 문제는 ㈜-㈎-㈏

순서 배열 문제는 "배열 → 이해"의 순서로 풀어야 한다.

올바른 "배열 → 이해"를 위해서는 정보 습득/주제문 파악의 목적을 위해
「주어진 문장을 무조건 정확히 해석」해야 한다.

> ① **주어진** 문장을 해석한 후에는
> ② **보기**로 가서
> ③ **시작하는 알파벳**을 따져봐야 한다.

시작하는 알파벳을 파악했다면 선-후 관계를 따진 후 정답을 고르면 된다.

제시된 (A), (B), (C)를 알파벳 순서대로 해석하여 스스로 자의적으로 배열하지 않도록 한다.
부정확한 근거를 가지고 배열을 하게 되면 계속 틀릴 수밖에 없고,
자신이 생각한 글의 순서가 선택지에 없는 경우마저 나타날 수 있다.
공무원 시험은 모두 4지선다밖에 안되므로, **선지를 최대한 활용하여** 문제를 풀어야 한다.
즉, 제시된 선택지들을 참고하여 (A), (B), (C) 중 글의 **시작 부분을 찾도록 한다.**

시작하는 알파벳만 찾아도 이미 정답에 근접했다.

MEMO

 TJ Says

*주관식 문제 풀이
 해석 → 이해 → 배열
*객관식 문제 풀이
 주어진 문장 → 보기(선지) →
 시작 알파벳

선택지를 구성하는 방식은 다음과 같이 크게 두 가지로 나뉠 수 있다.

(1) 동일한 알파벳으로 시작하는 선택지가 1개인 경우

① (A) – (C) – (B)
② (B) – (A) – (C)
③ (B) – (C) – (A)
④ (C) – (A) – (B)

→ 4가지 선택지 중 (B)로 시작하는 선택지가 제일 많으므로 답이 될 확률이 높다.
  따라서 (B)부터 해석을 시작한다.

① (A) – (C) – (B)
② (B) – (A) – (C)
③ (C) – (A) – (B)
④ (C) – (B) – (A)

→ 4가지 선택지 중 (C)로 시작하는 선택지가 제일 많으므로 답이 될 확률이 높다.
  따라서 (C)부터 해석을 시작한다.

(2) 동일한 알파벳으로 시작하는 선택지가 2개인 경우

① (B) – (A) – (C)
② (B) – (C) – (A)
③ (C) – (A) – (B)
④ (C) – (B) – (A)

→ 4가지 선택지 중 (B)와 (C)로 시작하는 선택지가 **각각 두 개씩** 있다.
  그러므로 일단 (B)부터 해석을 시작한다. ((A)부터 시작하지 않는다.)

■ 순서 배열 구성 방식

"선-후 관계"를 따지기 위해서는 영어로 글을 쓰는 방식에 대해 알고 있어야 하는데, 선-후 관계에 대한 글쓰기 방식은 6가지로 구분할 수 있다.

① 명사 → 대명사

영어에서는 항상 명사가 먼저 나오고, 이후에 이를 짧게 바꿔 쓰는 대명사가 나온다. 따라서 대명사가 포함된 문단은 이 대명사가 가리키는 명사 뒤에 위치해야 한다.

ex John → he / beer → it

② a/an → the/this/that/such 명

부정 관사 **a/an**은 '하나의, 어떤'을 의미하여, 'a/an 명'은 처음에 제시될 수 있다. 하지만 '**the/this/that/such** 명'은 처음으로 등장할 수가 없다. 이 표현이 포함되어 있는 문단은 'a/an 명' 이후에 위치해야 한다.

③ full name 우선 원칙(full name → partial name)

영어에서는 항상 full name을 먼저 제시하고, 뒤에서는 이 이름을 짧게 바꾼 이름(명칭)을 쓴다. 따라서 사람이나 사물의 이름이 제시되었다면, 항상 full name을 쓴 문단이 먼저 나오고, 그 뒤에 부분 이름(명칭)을 쓴 문단이 위치해야 한다.

ex Soren Hermansen → Hermansen / Mr. Hermansen
ex Michael Chang → Michael

④ 끼리끼리의 원칙

영어에서는 **항상 비슷한 내용이나 태도를 이어 나간다**. 즉, 어떤 사안에 대해서 「긍정」적인 진술이 나오면, 계속해서 「긍정」적인 내용이 이어지는 방식으로 서술한다. 이것이 한 번 전환될 수는 있는데, 이때에는 역접의 접속사나 역접의 접속 부사(however, nonetheless, but 등)를 맨 앞에 쓴다.

ex ⊕ ⊕ ⊕ ⊕ (긍정 제시) + 역접 + ⊖ ⊖ ⊖ (부정 제시)

⑤ 막-구의 원칙(막연한 진술 → 구체적 예시 제시)

두괄식을 선호하는 영어에서는 **항상 막연한 설명 이후에 구체적인 예시를 든다**. 따라서 구체적인 예시나 환언의 문장은 막연한 설명을 담고 있는 문장 뒤에 위치해야 한다.

⑥ 시간 순서 배열

영어에서 문장의 배열은 항상 **한쪽 방향으로의 시간의 흐름**을 따라야 한다.
즉, '과거 – 현재 – 미래'의 방향으로 배열되거나, '미래 – 현재 – 과거'의 역시간 방향으로 배열되어야 한다.

ex 1802 - 1804 - 1807 - 1812
ex 1812 - 1807 - 1804 – 1802

주어진 글 다음에 이어질 글의 순서로 가장 적절한 것은?

2025 예시

Before anyone could witness what had happened, I shoved the loaves of bread up under my shirt, wrapped the hunting jacket tightly about me, and walked swiftly away.

(A) When I dropped them on the table, my sister's hands reached to tear off a chunk, but I made her sit, forced my mother to join us at the table, and poured warm tea.

(B) The heat of the bread burned into my skin, but I clutched it tighter, clinging to life. By the time I reached home, the loaves had cooled somewhat, but the insides were still warm.

(C) I sliced the bread. We ate an entire loaf, slice by slice. It was good hearty bread, filled with raisins and nuts.

① (A) ― (B) ― (C) ② (B) ― (A) ― (C) ③ (B) ― (C) ― (A) ④ (C) ― (A) ― (B)

MEMO
- shove 아무렇게나 넣다
- loaf 빵 한 덩이
- tightly 단단히
- swiftly 재빠른
- tear off 떼어[찢어]내다
- chunk 덩어리
- clutch 꽉 움켜잡다
- cling to ~을 고수하다
- raisin 건포도

Answer

Before anyone could witness what had happened, I shoved the loaves of bread up under my shirt, wrapped the hunting jacket tightly about me, and walked swiftly away. [→ 도망치는 상황 제시]

[도망과 집으로 가는 길이 같음 →]

(B) The heat of the bread burned into my skin, but I clutched it tighter, clinging to life. By the time I reached home, the loaves had cooled somewhat, but the insides were still warm.

(A) When I dropped them on the table, my sister's hands reached to tear off a chunk, but I made her sit, forced my mother to join us at the table, and poured warm tea.

(C) I sliced the bread. We ate an entire loaf, slice by slice. It was good hearty bread, filled with raisins and nuts.

정답해설 이 글은 사건의 시간적 흐름에 따라 풀어야 한다. 그리고 선택지에서는 (B)로 시작하는 경우가 많으므로 주어진 문장 이후 (B)를 보는 것이 빠른 문제 풀이에 유리하다.
주어진 문장에서는 주인공이 빵을 훔쳐 "도망"치는 상황이 제시되고, (B)를 보면 주어진 글에서의 "도망"이 (B)의 "집으로 가는 길"과 동일하다는 것을 알 수 있다. 따라서 주어진 문장 다음에 (B)가 이어지는 것은 옳다. 그리고 알파벳 순서대로 (A)를 보았을 때, (A)에서는 "빵을 나누기 전" 상황을 서술하고 있고, (C)에서는 빵을 나누고 있으므로 시간적 흐름에 따라 글의 순서는 ② (B)-(A)-(C) 가 적절하다는 것을 알 수 있다.

해석 무슨 일이 일어났는지 누구라도 목격하기 전에 나는 빵 덩어리를 셔츠 아래로 밀어 넣고 헌팅 재킷을 단단히 두르고 재빨리 걸어 나갔다. (B) 빵의 열기가 피부에 닿아 뜨거웠지만, 나는 생명에 매달리듯 (살아남기 위해) 그것을 더 꽉 쥐었다. 집에 도착했을 때쯤 빵은 약간 식었지만, 속은 여전히 따뜻했다. (A) 내가 그것들을 식탁에 내려놓았을 때, 여동생이 손을 뻗어 한 조각을 뜯으려 했지만, 나는 그녀를 앉히고, 어머니도 식탁에 함께 앉게 한 후 따뜻한 차를 부었다. (C) 나는 빵을 잘랐다. 우리는 빵 한 덩어리를 한 조각씩 다 먹었다. 그것은 건포도와 견과류가 들어있는 맛있고 든든한 빵이었다.

끊어읽기 누구에게도 목격당하기 전에/무슨 일이 일어났는지를,/ 나는 / 밀어 넣었다 / 빵 덩어리를 / 내 셔츠 아래로 / 그리고 꽉 감쌌다 / 사냥용 재킷을 몸 주위에 / 그리고 / 빠르게 걸어 떠났다. (B) 빵의 열기가 / 내 피부에 닿았다 / 하지만 / 나는 그것을 더 꽉 쥐고, / 생명을 붙잡았다. 집에 도착했을 때쯤, / 빵은 어느 정도 식어 있었다 / 하지만 속은 여전히 따뜻했다. (A) 내가 그것들을 탁자 위에 내려놓았을 때, / 내 여동생의 손이 / 닿았다 / 한 조각을 뜯으려고, / 하지만 / 나는 / 그녀에게 앉으라고 했다, / 강제로 / 내 어머니를 / 앉게 했다 / 우리와 함께 탁자에. / 그리고 / 나는 / 따뜻한 차를 따라주었다. (C) 나는 / 썰었다 / 빵을. 우리는 / 먹었다 / 한 덩어리씩. 그것은 든든한 빵이었고, / 가득 차 있었다 /건포도와 견과류로.

정답 ②

이론 설명 적용하기

01

주어진 문장 뒤에 이어질 글의 순서로 가장 적절한 것은?

> Milk is one of the most popular beverages in the world. We have been told it does a body good and is important for growth in children and maintaining health in adults.

(A) For example, opponents of milk argue that milk contributes to obesity, allergies, heart disease, cancer, and other diseases.
(B) But some scientific studies have found that contrary to popular belief, drinking milk may do more harm to our bodies than good.
(C) They state that claims regarding milk's benefits are merely advertising campaigns designed to promote dairy sales and that many nutritious alternatives to cow's milk exist.

① (A) ─ (B) ─ (C)
② (B) ─ (A) ─ (C)
③ (C) ─ (A) ─ (B)
④ (C) ─ (B) ─ (A)

☐ beverage 음료
☐ do ⓐ good[harm] ~에게 이롭다[해롭다]
☐ opponent 반대자
☐ contribute to ~에 기여하다
☐ obesity 비만
☐ regarding ~에 관한
☐ merely 단지
☐ dairy 유제품
☐ nutritious 영양가 있는
☐ alternative to 대안적인

어휘 Quiz

1	obesity		6	opponent	
2	dairy		7	merely	
3	nutritious		8	do sb good[harm]	
4	beverage		9	contribute to sth	
5	alternative to		10	regarding	

정답 1. 비만 2. 유제품 3. 영양가 있는 4. 음료 5. ~에의 대안 6. 반대자 7. 단지 8. ~에게 이롭다[해롭다] 9. ~에 기여하다 10. ~에 관한

정답 및 해설

> Milk is one of the most popular beverages in the world. We have been told it does a body good and is important for growth in children and maintaining health in adults. [→ 우유에 대한 긍정적 관점]

> (B) But [→ 관점의 변화] [→ 우유에 대한 부정적 입장의 시작을 알림.] some scientific studies have found that contrary to popular belief, drinking milk may do more harm to our bodies than good.
> (A) For example, opponents of milk argue that milk contributes to obesity, allergies, heart disease, cancer, and other diseases.
> (C) They state that claims regarding milk's benefits are merely advertising campaigns designed to promote dairy sales and that many nutritious alternatives to cow's milk exist.

01

정답해설 주어진 문장의 내용은 "우유의 장점"(+)에 대해 진술하고 있다. 시작하는 알파벳은 (C)가 2개이므로, 일단 (C)로 시작해본다. 그런데, (C)에서 "they (그들이) state (진술한다)"고 했는데, 이 대명사 they를 받을 수 있는 "사람 명사"가 주어진 문장에는 없으므로 연결할 수 없다. 따라서, (C)로 시작하는 알파벳을 버리고, (A)/(B) 중에 답을 고른다. 한편, (A)로 시작하는 경우는 (A)-(B)-(C)로, 답이 될 확률이 극히 드물 뿐 아니라, (A)의 내용은 우유의 부정적인 내용을 제시하고 있으므로, (A)로 연결할 수 없다. 따라서, (B)로 시작을 해본다. 이 경우, (B)의 but을 통해서 「주어진 문장이 통념」(우유의 장점), [(B)가 신정보 제시] (우유의 단점) 구조임을 알 수 있다. 또한 (A)의 opponents가 (C)의 they로 생각할 수 있으므로, (B)-(A)-(C)를 정답으로 고른다.

해석 우유는 세계에서 가장 인기 있는 음료들 중 하나이다. 우리는 그것이 몸에 좋으며 어린이들의 성장과 성인이 건강을 유지하는 것에 중요하다고 들어 왔다(배워왔다). [→ 우유에 대한 긍정적인 관점] (B) 하지만 [→ 관점의 변화] [→ 우유에 대한 부정적 입장의 시작을 알림.] 몇몇 과학적 연구들은 일반적인 믿음과는 반대로, 우유를 마시는 것이 우리 몸에 좋다기보다 해가 더 많이 될 수 있다는 것을 알아냈다. (A) 예를 들어, 우유 반대자들은 우유가 비만, 알레르기들, 심장 질환, 암, 그리고 다른 질환들의 원인이 된다고 주장한다. (C) 그들은 우유의 유익함에 관한 주장들은 단지 유제품의 판매를 촉진하려고 제작된 광고 캠페인들일 뿐이며 소의 젖에 대한 많은 영양가 높은 대체재들이 존재한다고 말한다.

끊어읽기 우유는, / 가장 인기 있는 음료들 중 하나이다 / 세계에서. 우리는 / 들어 왔다 / 그것이 / 몸에 좋고 / 중요하다고 / 성장과 / 어린이들의 / 건강 유지에, / 어른들의. (B) 하지만, / 몇몇 과학적 연구들은 / 알아냈다 / 대조적으로 / 잘 알려진 믿음과, / 우유를 마시는 것은 / 해가 될 수 있다고 / 우리 몸에 / 이롭기보다는. (A) 예를 들어, / 반대자들은 / 우유에 대한 / 주장한다 / 우유가 / 공헌한다고 / 비만, 알레르기들, 심장 질환, 암, / 그리고 다른 질환들에. (C) 그들은 / 말한다 / 주장들은 / 관련된 / 우유의 유익함과 / 단지 광고 캠페인일 뿐이라고 / 제작된 / 촉진하기 위해 / 유제품의 판매를 / 그리고 / 많은 영양가 높은 대체재들이 / 소의 젖에 대한 / 존재한다고.

정답 ②

 기출로 연습하기

01

주어진 글 다음에 이어질 글의 순서로 가장 적절한 것은?   2025 국가직

The idea that society should allocate economic rewards and positions of responsibility according to merit is appealing for several reasons.

(A) An economic system that rewards effort, initiative, and talent is likely to be more productive than one that pays everyone the same, regardless of contribution, or that hands out desirable social positions based on favoritism.
(B) Rewarding people strictly on their merits also has the virtue of fairness; it does not discriminate on any basis other than achievement.
(C) Two of these reasons are generalized versions of the case for merit in hiring-efficiency and fairness.

① (A) — (C) — (B)
② (B) — (C) — (A)
③ (C) — (A) — (B)
④ (C) — (B) — (A)

☐ allocate 배분하다
☐ economic 경제적인, 경제의
☐ reward 보상
☐ position 직책, 지위
☐ responsibility 책임
☐ merit 성과, 공로, 장점
☐ appealing 매력적인
☐ generalize 일반화하다
☐ hiring 고용
☐ efficiency 효율성
☐ fairness 공정성
☐ effort 노력
☐ initiative 주도성, 진취성
☐ talent 재능
☐ likely ~할 가능성이 있는
☐ productive 생산적인
☐ regardless of ~와 관계없이
☐ contribution 기여
☐ hand out 나누어 주다, 분배하다
☐ desirable 바람직한
☐ social positions 사회적 지위
☐ favoritism 편애, 우대
☐ strictly 엄격히
☐ virtue 미덕
☐ discriminate 차별하다
☐ basis 기초, 근거
☐ achievement 성과, 업적

어휘 Quiz

1	allocate		6	merit
2	initiative		7	generalize
3	regardless of		8	hand out
4	virtue		9	strictly
5	discriminate		10	contribution

정답 1. 배분하다 2. 주도성, 진취성 3. ~와 관계없이 4. 미덕 5. 차별하다 6. 성과, 공로, 장점 7. 일반화하다 8. 나누어 주다, 분배하다 9. 엄격히 10. 기여

정답 및 해설

[아이디어에 관한 긍정적 관점 소개] The idea that society should allocate economic rewards and positions of responsibility according to merit is appealing for several reasons.

(C) [이유 나열] Two of these reasons [several reasons를 받음] are generalized versions of the case for merit in hiring—efficiency and fairness.
(A) An economic system that rewards effort, initiative, and talent is likely to be more productive than one that pays everyone the same, regardless of contribution, or that hands out desirable social positions based on favoritism.
(B) Rewarding people strictly on their merits also has the virtue of fairness; it does not discriminate on any basis other than achievement.

01

정답해설 주어진 글은 "성과 중시 보상의 적합성"을 설명하는 글이다. 주어진 문장에서는 이 "성과 중시 보상"의 개념을 개괄적으로 소개한다. 주어진 선지에 (C)로 시작하는 경우가 많으므로, (C)를 따라가 보면, "Two of these reasons"라는 표현이 있는데, 이 "these reasons"의 표현이 주어진 문장의 끝에 위치한 several reasons를 받고 있음을 추론할 수 있다.
또한 이 (C)의 뒤로 이유 두 가지가 나열된다는 것을 알 수 있는데, "고용 효율성(hiring—efficiency)"과 "공정성(fairness)"이 바로 그것이다. 영어에서 소개/나열된 내용은 뒤에서 반드시 이에 대한 설명이 이어져야 하며, 이때 순서는 반드시 지켜져야 한다. 따라서, 이 뒤의 내용은 "고용 효율성"과 "공정성"이 나옴을 짐작할 수 있다.
(A)에서는 "우대 혹은 편애"에 기반을 두고 사회적 직책을 제공하는 것보다는 성과 기반으로 직책을 제공하는 장점을 소개하고 있으므로, 이것이 고용 효율성에 관해서 진술하는 것으로 유추할 수 있고, (B)에서 시작하는 부분에 "성과 기반 보상은 공정이라는 미덕을 갖고 있다"라고 설명하고 있고, "또한"의 의미인 also가 있으므로, 유사 예시가 나열된 두 번째임을 알 수 있다. 따라서, (A)의 뒤에 (B)가 들어간다고 추론할 수 있다.

해석 [아이디어에 관한 긍정적 관점 소개] 사회가 경제적 보상과 책임 있는 직책을 성과에 따라 배분해야 한다는 아이디어는 여러 가지 이유로 매력적이다. [이유 나열] [C] 이 아이디어를 지지하는 두 가지 이유는 고용에서 성과를 중시하는 주장의 일반화된 형태인 효율성과 공정성이다. [A] 노력, 주도성, 재능을 보상하는 경제 시스템은 모든 사람이 기여도와 관계없이 동일한 보상을 받거나, 우대에 따라 바람직한 사회적 직책을 배분하는 시스템보다 더 생산적일 가능성이 높다. [B] 사람들을 공로에 따라 보상하는 것은 또한 공정성의 미덕을 가지고 있다. 이는 성과 이외의 어떤 기준으로도 차별하지 않기 때문인 것이다.

끊어읽기 생각은 / 사회가 / 배분해야 한다는 / 경제적 보상과 책임 있는 직책을 (배분해야 한다는 생각은) / 성과에 따라 / 매력적이다 / 여러 가지 이유로. (C)이러한 이유 중 두 가지는 / 일반화된 형태이다 / 고용에서의 성과 중시 논거를 – 즉, 효율성과 공정성을. (A) 경제 시스템은 / 보상하는 / 노력, 주도성, 재능을 (보상하는 경제 시스템은), / 더 생산적일 가능성이 있다 / 시스템보다 / 모든 사람에게 / 동일한 보상을 주는 / 기여도와 상관없이, 또는 / 우대에 따라 / 바람직한 사회적 직책을 / 나눠주는. (B)보상하는 것은 / 사람들을 오직 그들의 성과에 따라 (보상하는 것은) / 또한 가진다 / 공정성이라는 미덕을; 왜냐하면 그것은 / 차별하지 않기 때문이다 / 성취 외의 / 어떤 기준으로.

정답 ③

02
주어진 글 다음에 이어질 글의 순서로 가장 적절한 것은?

2024 국가직

> Interest in movie and sports stars goes beyond their performances on the screen and in the arena.

(A) The doings of skilled baseball, football, and basketball players out of uniform similarly attract public attention.

(B) Newspaper columns, specialized magazines, television programs, and Web sites record the personal lives of celebrated Hollywood actors, sometimes accurately.

(C) Both industries actively promote such attention, which expands audiences and thus increases revenues. But a fundamental difference divides them: What sports stars do for a living is authentic in a way that what movie stars do is not.

① (A) ― (C) ― (B)
② (B) ― (A) ― (C)
③ (B) ― (C) ― (A)
④ (C) ― (A) ― (B)

□ go beyond ~을 능가하다
□ performance 성과, 실적
□ arena 경기장
□ skilled 숙련된
□ similarly 비슷하게, 마찬가지로
□ attract 끌다
□ attention 관심
□ specialize 전문적으로 다루다
□ magazine 잡지
□ personal 사적인
□ celebrated 유명한
□ accurately 정확하게
□ industry 산업
□ actively 적극적으로
□ promote 홍보하다
□ expand 확대하다
□ audience 관객
□ thus 따라서
□ increase 증가시키다
□ revenue 수입
□ fundamental difference 근본적인 차이
□ divide 나누다, 차이
□ for a living 생계로
□ authentic 진정한

어휘 Quiz

1	go beyond		6	promote
2	similarly		7	expand
3	attract		8	thus
4	specialize		9	fundamental
5	celebrated		10	divide

정답 1. ~을 능가하다 2. 비슷하게 3. 끌다 4. 전문적으로 다루다 5. 유명한 6. 홍보하다 7. 확대하다 8. 따라서 9. 근본적인 10. 나누다

정답 및 해설

> [주제문] Interest in movie and sports stars goes beyond their performances on the screen and in the arena.

> (B) [예시 나열] Newspaper columns, specialized magazines, television programs, and Web sites record the personal lives of celebrated Hollywood actors, sometimes accurately.
> (A) The doings of skilled baseball, football, and basketball players out of uniform similarly attract public attention.
> (C) Both industries actively promote such attention, which expands audiences and thus increases revenues. But a fundamental difference divides them: What sports stars do for a living is authentic in a way that what movie stars do is not.

02

정답해설 주어진 문장이 주제문이다. 즉, "대중들은 영화 및 스포츠 스타들의 업무 외적인 사생활에도 관심을 두고 있다"고 설명하고 있다. 보기의 경우 (B)로 시작하는 것이 2개이므로, (B)로 시작을 해본다. 주제문인 주어진 문장에서 영화-스포츠 스타로 예시 나열했으므로, 뒤의 본문 역시 영화 스포츠 스타의 순서로 제시되어야 한다. (B)의 내용에서 유명 영화인(celebrated Hollywood actors)을 다루고 있으므로 (B)로 시작하고, (A)에서 스포츠 스타가 이어지도록 구성한다. (C)의 both industries가 각각 앞서의 (B)의 영화인과 (A)의 스포츠 스타를 지칭하고, such attention이 (A)의 마지막에 등장하는 public attention을 지칭하므로, (B)-(A)-(C)의 순서로 연결한다.

해석 [주제문] 영화와 스포츠 스타에 대한 관심은 스크린과 경기장에서의 활약을 뛰어 넘는다. [예시 나열] (B) 신문 칼럼, 전문 잡지, 텔레비전 프로그램, 그리고 웹 사이트들은 때때로 유명한 헐리우드 배우들의 사생활을 정확하게 기록한다. (A) 숙련된 야구, 축구, 그리고 농구 선수들이 유니폼을 입고 하는 행동들도 비슷하게 대중의 관심을 끈다. (C) 두 산업 모두 적극적으로 그러한 관심을 홍보하고, 이것은 관객을 확대하고 따라서 수입을 증가시킨다. 그러나 근본적인 차이는 이들을 나눈다: 스포츠 스타들이 생계를 위해 하는 일은 진정한 것인데, 이는 영화 스타들이 하지 않는 방식이다.

끊어읽기 관심은 / 영화와 스포츠 스타에 대한 (관심은) / 뛰어 넘는다 / 스크린과 경기장에서의 활약을. (B) 신문 칼럼 / 전문 잡지 / 텔레비전 프로그램 / 그리고 / 웹 사이트들은 / 기록한다 / 유명한 헐리우드 배우들의 사생활을 / 때때로 정확하게. (A) 행동들도 / 숙련된 야구 / 축구 / 그리고 농구 선수들이 / 유니폼을 입고 하는 (행동들도) / 비슷하게 / 대중의 관심을 끈다. (C) 두 산업 모두 / 적극적으로 / 홍보한다 / 그러한 관심을, 그리고 이것은 / 확대한다 / 관객을 / 따라서 / 증가시킨다 / 수입을. 그러나 근본적인 차이는 / 나눈다 / 이들을: 하는 일은 / 스포츠 스타들이/ 그들의 생계를 위해 (하는 일은) / 진정한 것인데, (이는) 영화 스타들이 하지 않는 방식이다.

정답 ②

03
주어진 문장 이후에 이어질 글의 순서로 가장 적절한 것은?

2019 국가직

> South Korea boasts of being the most wired nation on earth.

(A) This addiction has become a national issue in Korea in recent years, as users started dropping dead from exhaustion after playing online games for days on end. A growing number of students have skipped school to stay online, shockingly self-destructive behavior in this intensely competitive society.

(B) In fact, perhaps no other country has so fully embraced the Internet.

(C) But such ready access to the Web has come at a price as legions of obsessed users find that they cannot tear themselves away from their computer screens.

① (A) — (B) — (C)
② (A) — (C) — (B)
③ (B) — (A) — (C)
④ (B) — (C) — (A)

- boast 자랑하다, 자랑거리
- wired 유선의, 네트워크의
- addiction 중독
- national 국가의, 전국적인
- exhaustion 탈진, 기진맥진, 고갈
- on end 계속해서
- skip 건너뛰다
- self-destructive 자멸적인
- behavior 행동
- intensely 몹시, 강렬하게
- competitive 경쟁적인, 경쟁력 있는
- perhaps 아마, 어쩌면
- embrace 안다, 포옹하다, 받아들이다
- at a price 상당한 비용을 들여, 대가를 치르고
- legions of 수많은
- obsessed 빠져 있는, 사로잡힌
- screen 화면

어휘 Quiz

1	competitive	6	national
2	obsessed	7	behavior
3	boast	8	on end
4	exhaustion	9	embrace
5	intensely	10	addiction

정답 1. 경쟁적인, 경쟁력 있는 2. 빠져 있는, 사로잡힌 3. 자랑하다, 떠벌리다 4. 탈진, 기진맥진, 고갈 5. 몹시, 강렬하게 6. 국가의, 전국적인 7. 행동 8. 계속해서 9. 안다, 포옹하다, 받아들이다 10. 중독

정답 및 해설

> [개괄 제시] South Korea boasts of being the most wired nation on earth.

> (B) [구체적 사실 제시] In fact, perhaps no other country has so fully embraced the Internet.
> (C) But [→ 앞선 내용과 반대되는 부정적 내용의 시작] such ready access to the Web has come at a price as legions of obsessed users find that they cannot tear themselves away from their computer screens. [→ (A)의 This addiction의 내용]
> (A) This addiction has become a national issue in Korea in recent years, as users started dropping dead from exhaustion after playing online games for days on end. A growing number of students have skipped school to stay online, shockingly self-destructive behavior in this intensely competitive society.

03

정답해설 선택지 자체가 (A) 아니면 (B)로 시작하기 때문에, 주어진 문장을 본 후에는 (A)와 (B)를 보아야 한다. (A)에서의 This addiction이 의미하는 것이 주어진 문장에 제시되어 있지 않으므로, 글의 시작은 (B)로 해야 한다. (B) 자체에도 (A)의 This addiction이 의미하는 바가 없기 때문에 (B) 다음에 (C)가 이어지는 것이 옳다. 또한 (C)의 내용 자체가 이용자들을 컴퓨터에서 분리시키는 것이 힘들다고 말하고 있으므로, 이것을 (A)의 This addiction으로 이어받는 것이 자연스럽다. 따라서 이 글의 순서는 ④ (B) - (C) - (A)가 옳다.

해석 [개괄 제시] 한국은 지구상에서 가장 인터넷이 잘 연결된 국가임을 자랑한다. [구체적 사실 제시] (B) 사실, 아마도 어느 나라도 인터넷을 이렇게 완전히 수용한 나라는 없을 것이다. (C) 그러나 [→ 앞선 내용과 반대되는 부정적 내용의 시작] 집착하는 사용자들이 컴퓨터 화면에서 자신을 떼어낼 수 없다는 것을 알게 되면서 웹에 대한 그러한 빠른 접근은 대가를 치르게 되었다 [→ (A)의 This addiction의 내용]. (A) 이 중독은 며칠 동안 계속해서 온라인 게임을 한 후 이용자들이 지쳐 죽을 정도가 되기 시작하면서 최근에 한국에서 국가적 이슈가 되었다. 점점 더 많은 학생들이 온라인에 머물기 위해 학교를 결석하였고, 이는 이 치열한 경쟁 사회에서 충격적일 정도로 자기 파괴적인 행동이었다.

끊어읽기 한국은 / 자랑한다 / 가장 인터넷이 잘 연결된 국가임을 / 지구상에서. (B) 사실, / 아마도 어느 나라도 없을 것이다 / 이렇게 완전히 수용한 나라는 / 인터넷을. (C) 그러나 / 웹에 대한 그러한 빠른 접근은 / 대가를 치르게 되었다 / 중독된 사용자들이 / 알게 되면서 / 자신을 떼어 낼 수 없다는 것을 / 컴퓨터 화면에서. (A) 이 중독은 / 국가적 이슈가 되었다 / 한국에서 / 최근 몇 년 동안 / 이용자들이 시작하면서 / 지쳐서 죽어 가기 / 온라인 게임을 한 후 / 며칠 동안 계속해서. 점점 더 많은 학생들이 / 학교를 결석하였다 / 온라인에서 지내기 위해 / 이는 충격적일 정도로 자기 파괴적인 행동이었다 / 이 치열한 경쟁 사회에서.

정답 ④

04

주어진 글 다음에 이어질 글의 순서로 가장 적절한 것은? 2020 국가직

> Past research has shown that experiencing frequent psychological stress can be a significant risk factor for cardiovascular disease, a condition that affects almost half of those aged 20 years and older in the United States.

(A) Does this mean, though, that people who drive on a daily basis are set to develop heart problems, or is there a simple way of easing the stress of driving?

(B) According to a new study, there is. The researchers noted that listening to music while driving helps relieve the stress that affects heart health.

(C) One source of frequent stress is driving, either due to the stressors associated with heavy traffic or the anxiety that often accompanies inexperienced drivers.

① (A) — (C) — (B)
② (B) — (A) — (C)
③ (C) — (A) — (B)
④ (C) — (B) — (A)

- frequent 잦은, 빈번한
- psychological 정신의
- significant 중요한, 뚜렷한
- cardiovascular 심근계의
- affect 영향을 미치다
- be set to ® ~할 예정이다
- ease 덜어 주다, 편해지다
- relieve 덜어 주다
- heavy traffic 교통 체증
- anxiety 불안
- accompany 동반하다
- inexperienced 경험이 부족한

어휘 Quiz

1	affect	6	relieve
2	heavy traffic	7	anxiety
3	accompany	8	frequent
4	be set to	9	inexperienced
5	psychological	10	significant

정답 1. 영향을 미치다 2. 교통 체증 3. 동반하다 4. ~할 예정이다 5. 정신의 6. 덜어 주다 7. 불안 8. 잦은, 빈번한 9. 경험이 부족한 10. 중요한

정답 및 해설

Past research has shown that experiencing frequent psychological stress can be a significant risk factor for cardiovascular disease, a condition that affects almost half of those aged 20 years and older in the United States.

(C) One source of frequent stress is driving, [→ 주어진 문장의 psychological stress의 원인을 제시] either due to the stressors associated with heavy traffic or the anxiety that often accompanies inexperienced drivers.
(A) Does this mean, though, that people who drive on a daily basis are set to develop heart problems, or is there a simple way of easing the stress of driving? [→ 원인의 해결책을 제시]
(B) According to a new study, there is. The researchers noted that listening to music while driving helps relieve the stress that affects heart health.

04

정답해설 (C)에서는 주어진 문장의 심리적 스트레스 요인 중 하나인 운전을 제시하고 있으며, (A)에서는 '(C)에서 소개된 원인에 대한 해결책이 있을까?'라는 질문을 던지고 있다. 또한 (B)에서는 (A)의 질문에 대한 해결책으로 '음악 듣기'를 제시하고 있으므로, 이 글의 순서는 ③ (C)-(A)-(B)가 가장 적절하다.

해석 과거의 연구는 빈번한 심리적 스트레스를 경험하는 것이 심혈관 질환의 중요한 위험 요인이 될 수 있다는 것을 보여주었는데, 이것은 미국의 20세 혹은 그 이상의 성인들 중 거의 절반에 영향을 미치는 질환이다. (C) 잦은 스트레스의 요인 중 하나가 운전인데, [→ 주어진 문장의 psychological stress의 원인을 제시] 이는 교통 체증과 연관된 스트레스 요인이거나, 경험이 적은 운전자들에게 종종 나타나는 불안증과 관련된 것 둘 중 하나이다. (A) 그러나 이것이 매일 운전하는 사람들이 심장병에 걸릴 수밖에 없다는 것일까? 아니면 운전의 스트레스를 덜어 낼 간단한 방법이 있다는 것을 의미하는 것일까? [→ 원인의 해결책을 제시] (B) 최신 연구에 따르면, 그렇다. 과학자들은 운전 중 음악을 듣는 것이 심장 건강에 영향을 주는 스트레스를 더는 데 도움이 된다는 사실에 주목한다.

끊어읽기 과거의 연구는 보여주었다 / 빈번한 심리적 스트레스를 경험하는 것이 / 심혈관 질환의 중요한 위험 요인이 될 수 있다는 것을 / 이것은 질환이다 / 거의 절반에 영향을 미치는 / 미국의 20세 혹은 그 이상의 성인들 중. (C) 잦은 스트레스의 요인 중 하나가 운전인데 / 이는 스트레스 요인이거나 / 교통 체증과 연관된 / 불안증이다 / 경험이 적은 운전자들 중에 종종 나타나는. (A) 그러나 이것이 의미하는 것일까? / 매일 운전하는 사람들이 / 심장병에 걸릴 수밖에 없는 것을? / 아니면 스트레스를 덜어 낼 간단한 방법이 있다는 것을? (B) 최신 연구에 따르면, 그렇다 / 과학자들은 주목한다 / 운전 중 음악을 듣는 것이 / 스트레스를 더는 데 도움이 된다는 사실에 / 심장 건강에 영향을 주는.

정답 ③

05

주어진 문장 다음에 이어질 글의 순서로 가장 적절한 것은? 2018 지방직

> Devices that monitor and track your health are becoming more popular among all age populations.

(A) For example, falls are a leading cause of death for adults 65 and older. Fall alerts are a popular gerotechnology that has been around for many years but have now improved.

(B) However, for seniors aging in place, especially those without a caretaker in the home, these technologies can be lifesaving.

(C) This simple technology can automatically alert 911 or a close family member the moment a senior has fallen.

① (B) ─ (C) ─ (A)
② (B) ─ (A) ─ (C)
③ (C) ─ (A) ─ (B)
④ (C) ─ (B) ─ (A)

- device 장치, 기기
- monitor 감시하다, 모니터
- track 추적하다
- leading 주요한
- alert 주의하다; 알림, 경계
- gerotechnology 양로 기술
- senior 노인, 고령자
- aging in place
  살던 집에서 노후 보내기
- caretaker 관리인, 돌보는 사람
- lifesaving 구명의; 인명 구조
- automatically 자동적으로, 자연히

어휘 Quiz

1	track	6	leading
2	lifesaving	7	device
3	alert	8	automatically
4	monitor	9	popular
5	senior	10	caretaker

정답 1. 추적하다 2. 구명의; 인명 구조 3. 주의하다; 알림, 경계 4. 감시하다, 조사하다 5. 노인, 고령자 6. 주요한 7. 장치, 기기 8. 자동적으로, 자연히 9. 인기 있는 10. 관리인, 돌보는 사람

정답 및 해설

Devices that monitor and track your health are becoming more popular among all age populations.

(B) However, [역접표현] for seniors aging in place, especially those without a caretaker in the home, these technologies can be lifesaving.
(A) For example, [→ (B)의 lifesaving의 예] falls are a leading cause of death for adults 65 and older. Fall alerts are a popular gerotechnology that has been around for many years but have now improved.
(C) This simple technology can automatically alert 911 or a close family member the moment a senior has fallen.

05

정답해설 주어진 문장에서는 소개하고 있는 장치가 인기를 얻고 있다는 단순한 설명을 하고 있으며, (A), (B), (C)에서는 해당 장치가 노인들의 목숨을 살릴 수 있는 중요한 역할을 한다는 이야기를 하고 있다. (B)에는 However가 있으며, (A)에는 For example이 있는데, (B)에서 먼저 해당 장치가 목숨을 살릴 수 있는 역할을 한다는 것을 언급하고, 이것에 대한 예를 (A)에서 설명하고 있다. 그러므로 글의 순서는 ② (B)-(A)-(C)가 가장 자연스럽다.

해석 당신의 건강을 감시하고 추적하는 장치들이 모든 연령의 인구 집단에서 점점 더 인기를 얻고 있다. (B) 하지만, [역접표현] 살던 집에서 노후를 보내는 고령자들, 특히 집에 돌보는 사람이 없는 이들에게는, 이러한 기술들은 생명을 살리는 것이 될 수 있다. (A) 예를 들어, [→ (B)의 lifesaving의 예] 65세 이상의 성인에게 넘어짐은 사망의 주된 원인이다. 넘어짐 경보는 여러 해 동안 있어 왔지만 이제야 향상된 인기 있는 양로 기술이다. (C) 이 간단한 기술은 노인이 넘어진 바로 그 순간에 911이나 가까운 가족 구성원에게 이를 자동으로 알릴 수 있다.

끊어읽기 장치들이 / 관찰하고 추적하는 / 당신의 건강을 / 점점 더 인기를 얻고 있다 / 모든 연령의 인구 집단에서. (B) 하지만, / 고령자들에게 / 살던 집에서 노후를 보내는, / 특히 / 돌보는 사람이 없는 이들에게는, / 집에, / 이러한 기술들은 / 될 수 있다 / 생명을 살리는 것이. (A) 예를 들어, / 넘어짐은 / 사망의 주된 원인이다 / 65세 이상의 성인에게. 넘어짐 경보는 / 인기 있는 양로 기술이다 / 있어 왔지만 / 여러 해 동안 / 이제야 향상된. (C) 이 간단한 기술은 / 자동으로 알릴 수 있다 / 911이나 가까운 가족 구성원에게 / 바로 그 순간에 / 노인이 / 넘어진.

정답 ②

06

주어진 글 다음에 이어질 글의 순서로 가장 적절한 것은? 2021 국가직

> To be sure, human language stands out from the decidedly restricted vocalizations of monkeys and apes. Moreover, it exhibits a degree of sophistication that far exceeds any other form of animal communication.

(A) That said, many species, while falling far short of human language, do nevertheless exhibit impressively complex communication systems in natural settings.
(B) And they can be taught far more complex systems in artificial contexts, as when raised alongside humans.
(C) Even our closest primate cousins seem incapable of acquiring anything more than a rudimentary communicative system, even after intensive training over several years. The complexity that is language is surely a species-specific trait.

① (A) ― (B) ― (C)
② (B) ― (C) ― (A)
③ (C) ― (A) ― (B)
④ (C) ― (B) ― (A)

□ stand out 두드러지다
□ decidedly 결정적으로, 명확히
□ restrict 제한하다
□ vocalization 발성
□ sophistication 정교함
□ exceed 능가하다, 초과하다
□ that said 그렇기는 하지만
□ fall short of ~에 못 미치다
□ exhibit 내보이다
□ artificial 인공적인
□ alongside ~와 함께
□ incapable ~을 못 하는
□ rudimentary 기본적인
□ communicative 통신의, 의사소통의
□ intensive 집중적인, 격렬한
□ complexity 복잡성

어휘 Quiz

1	sophistication	6	exceed
2	rudimentary	7	incapable
3	stands out	8	communicative
4	intensive	9	complexity
5	restrict	10	fall short of

정답 1. 정교함 2. 기본적인 3. 두드러지다 4. 집중적인, 격렬한 5. 제한하다 6. 능가하다 7. 불구의, ~을 못 하는 8. 통신의, 의사소통의 9. 복잡성 10. ~에 못 미치다

정답 및 해설

> [주제] To be sure, human language stands out from the decidedly restricted vocalizations of monkeys and apes. Moreover, it exhibits a degree of sophistication that far exceeds any other form of animal communication.

> (C) [주어진 문장과 동일내용] Even our closest primate cousins seem incapable of acquiring anything more than a rudimentary communicative system, even after intensive training over several years. The complexity that is language is surely a species-specific trait.
> (A) That said, many species, while falling far short of human language, do nevertheless exhibit impressively complex communication systems in natural settings.
> (B) And they can be taught far more complex systems in artificial contexts, as when raised alongside humans.

06 **정답해설** (C)로 시작하는 보기가 많으므로 ③, ④를 먼저 염두에 두고 문제를 푸는 것이 적절하다. 주어진 글은 인간의 언어가 원숭이나 유인원을 넘어 어떤 다른 동물들과 비교했을 때도 확실히 뛰어나다는 내용이다. (C)는 주어진 문장과 동일한 내용으로, 인간의 의사소통 시스템에 미치지 못하는 영장류의 의사소통에 대한 부정적인 시각을 서술하고 있다. 따라서 주어진 문장의 바로 뒤에 이어지는 것이 적절하다. (A)에서는 That said(그렇긴 하지만)를 사용하여 글의 흐름을 전환시킨다. 동물들의 의사소통이 인간의 언어에 못 미치지만, 그럼에도 불구하고 그들이 꽤나 복잡한 의사소통 체계를 보여준다는 것이다. 마지막으로 (B)는 (A)의 내용에 대해 동물들도 인위적인 맥락에서 복잡한 시스템에 대한 학습이 가능하다고 부연 설명하고 있다. 따라서 자연스러운 글의 순서는 ③ (C)-(A)-(B)이다.

해석 [주제] 확실히, 인간의 언어는 원숭이와 유인원의 제한된 발성에 비해 명확하게 두드러진다. 게다가, 그것은 다른 어떤 형태의 동물이건 그 의사소통을 훨씬 능가하는 정도의 정교함을 보여준다. [주어진 문장과 동일내용] (C) 심지어 우리의 가장 가까운 영장류 사촌들도 기본적인 의사소통 시스템 이상의 것은 습득할 수 없을 것처럼 보인다. 심지어 몇 년 동안 집중적인 훈련을 받은 후에도 말이다. 언어라는 복잡성은 확실히 종별로 다른 특성이다. (A) 그렇기는 하지만, 많은 종들이, 인간의 언어에는 훨씬 못 미치지만, 그럼에도 불구하고 자연환경에서 인상적으로 복잡한 의사소통 체계를 보여준다. (B) 그리고 그들은 인위적인 맥락에서 훨씬 더 복잡한 시스템들을 배울 수 있다. 인간과 함께 길러질 때처럼 말이다.

끊어읽기 확실히 / 인간의 언어는 / 명확하게 두드러진다 / 제한된 발성에 비해 / 원숭이와 유인원의. 게다가, 그것은 보여준다 / 정도의 정교함을 / 훨씬 능가하는 / 다른 어떤 형태의 동물이건 그 의사소통을. 심지어 / 우리의 가장 가까운 영장류 사촌들도 / 보인다 / 습득할 수 없을 것처럼 / 기본적인 의사소통 시스템 이상의 것은 / 심지어 집중적인 훈련을 / 몇 년 동안 받은 후에도. 언어라는 복잡성은 / 확실히 / 종별로 다른 특성이다. 그렇기는 하지만, / 많은 종들이, / 인간의 언어에는 훨씬 못 미치지만, / 그럼에도 불구하고 보여준다 / 인상적으로 복잡한 의사소통 체계를 / 자연환경에서. 그리고 그들은 / 배울 수 있다 / 훨씬 더 복잡한 시스템들을 / 인위적인 맥락에서, / 인간과 함께 길러질 때처럼.

정답 ③

07

주어진 글 다음에 이어질 글의 순서로 가장 적절한 것은? 2020 지방직

> Nowadays the clock dominates our lives so much that it is hard to imagine life without it. Before industrialization, most societies used the sun or the moon to tell the time.

(A) For the growing network of railroads, the fact that there were no time standards was a disaster. Often, stations just some miles apart set their clocks at different times. There was a lot of confusion for travelers.

(B) When mechanical clocks first appeared, they were immediately popular. It was fashionable to have a clock or a watch. People invented the expression "of the clock" or "o'clock" to refer to this new way to tell the time.

(C) These clocks were decorative, but not always useful. This was because towns, provinces, and even neighboring villages had different ways to tell the time. Travelers had to reset their clocks repeatedly when they moved from one place to another. In the United States, there were about 70 different time zones in the 1860s.

① (A) — (B) — (C)
② (B) — (A) — (C)
③ (B) — (C) — (A)
④ (C) — (A) — (B)

- dominate 지배하다
- industrialization 산업화
- tell the time 시간을 알(리)다, 시계를 보다
- railroad 철로
- standard 규범, 표준
- disaster 재난
- confusion 혼란
- mechanical 기계식의
- fashionable 유행하는
- decorative 장식용의
- useful 유용한
- province 주, 지방
- repeatedly 반복적으로

어휘 Quiz

1	industrialization	6	standard
2	fashionable	7	confusion
3	disaster	8	mechanical
4	decorative	9	repeatedly
5	useful	10	dominate

정답 1. 산업화 2. 유행하는 3. 재난 4. 장식용의 5. 유용한 6. 기준, 표준 7. 혼란 8. 기계식의 9. 되풀이하여 10. 지배하다

정답 및 해설

> Nowadays the clock dominates our lives so much that it is hard to imagine life without it. Before industrialization, most societies used the sun or the moon to tell the time.

> (B) When mechanical clocks first appeared,[→ 시계의 첫 등장을 알림.] they were immediately popular. It was fashionable to have a clock or a watch. People invented the expression "of the clock" or "o'clock" to refer to this new way to tell the time.
> (C) These clocks[→ (B)의 시계들을 의미함.] were decorative, but not always useful. This was because towns, provinces, and even neighboring villages had different ways to tell the time. Travelers had to reset their clocks repeatedly when they moved from one place to another. In the United States, there were about 70 different time zones in the 1860s.
> (A) For the growing network of railroads, the fact that there were no time standards was a disaster.[→ (C)의 time zones 문제가 구체화됨.] Often, stations just some miles apart set their clocks at different times. There was a lot of confusion for travelers.

07

정답해설 주어진 문장은 산업화 이전, 시계가 없던 상황을 묘사하고 있다. 이에 따라 시계가 처음 사용된 것을 언급하는 (B)로 글을 시작하는 것이 옳다. (C)의 these clocks는 (B)에 소개된 시계를 지칭하면서 글의 후반에서는 시계의 문제점(time zone 차이에 따른 문제점)을 언급하고 있으며, (A)에서 해당 문제가 좀 더 자세하게 다루어지고 있다. 따라서 글의 흐름은 ③ (B)-(C)-(A)가 가장 적절하다.

해석 요즘 시계는 우리의 삶을 너무나 많이 지배하고 있어서 시계가 없는 삶은 상상하기 어렵다. 산업화 이전에 대부분의 사회는 달이나 태양을 이용하여 시간을 알 수 있었다. (B) 기계식 시계가 처음 등장했을 때,[→ 시계의 첫 등장을 알림.] 그것은 즉시 인기를 얻었다. 벽걸이 시계나 손목 시계를 가지고 있는 것이 유행이었다. 사람들은 시간을 알려주는 이 새로운 방법을 지칭하기 위해 "of the clock" 또는 "o'clock"이라는 표현을 발명했다. (C) 이 시계들은[→ (B)의 시계들을 의미함.] 장식되어 아름다웠지만 항상 유용한 것은 아니었다. 마을과 지방, 심지어 이웃 마을까지도 시간을 알 수 있는 방법이 달랐기 때문이다. 여행자들은 한 장소에서 다른 장소로 이동할 때 시계를 반복적으로 재설정해야 했다. 미국에서는 1860년대에 약 70개의 다른 시간대가 있었다. (A) 커져가는 철도망에는 시간 기준이 없다는 사실이 재난과도 같았다.[→ (C)의 time zones 문제가 구체화됨.] 종종, 몇 마일 떨어져 있는 역들은 다른 시간에 시계를 맞추었다. 여행자들에게는 많은 혼란이 있었다.

끊어읽기 요즘 시계는 우리의 삶을 너무나 지배하고 있어서 / 어렵다 / 시계가 없는 삶을 상상하기. 산업화 이전에 / 대부분의 사회는 달이나 태양을 이용하여 / 시간을 알 수 있었다. (B) 기계식 시계가 처음 등장했을 때, / 그것은 / 즉시 인기를 얻었다. 유행이었다 / 벽걸이 시계나 손목 시계가 있는 것이. 사람들은 / 발명했다 / "of the clock" 또는 "o'clock"이라는 표현을 / 이 새로운 방법을 지칭하기 위해 / 시간을 알려주는. (C) 이 시계들은 장식되어 아름다웠지만 / 항상 유용한 것은 아니었다. 마을과 지방, 심지어 이웃 마을까지도 방법이 달랐기 때문이다 / 시간을 알 수 있는. 여행자들은 시계를 반복적으로 재설정해야 했다 / 한 장소에서 다른 장소로 이동할 때. 미국에서는 / 약 70개의 다른 시간대가 있었다 / 1860년대에. (A) 커져가는 철도망에는 / 사실이 / 시간 기준이 없다는 / 재난과도 같았다. 종종 / 역들은 / 몇 마일 떨어져 있는 / 다른 시간에 시계를 맞추었다. 많은 혼란이 있었다 / 여행자들에게는.

정답 ③

08

주어진 글 다음에 이어질 글의 순서로 가장 적절한 것은? 2019 지방직

> There is a thought that can haunt us: since everything probably affects everything else, how can we ever make sense of the social world? If we are weighed down by that worry, though, we won't ever make progress.

(A) Every discipline that I am familiar with draws caricatures of the world in order to make sense of it. The modern economist does this by building models, which are deliberately stripped down representations of the phenomena out there.

(B) The economist John Maynard Keynes described our subject thus: "Economics is a science of thinking in terms of models joined to the art of choosing models which are relevant to the contemporary world."

(C) When I say "stripped down," I really mean stripped down. It isn't uncommon among us economists to focus on one or two causal factors, exclude everything else, hoping that this will enable us to understand how just those aspects of reality work and interact.

① (A) ― (B) ― (C)
② (A) ― (C) ― (B)
③ (B) ― (C) ― (A)
④ (B) ― (A) ― (C)

어휘 Quiz

1	haunt	6	representation
2	make sense	7	relevant to
3	progress	8	contemporary
4	discipline	9	uncommon
5	deliberately	10	exclude

- thought 생각
- haunt 괴롭히다
- everything 모든 것
- probably 아마
- affect ~에게 영향을 주다
- make sense 이해가 되다
- weigh down ~을 짓누르다
- progress 진보, 발전
- discipline 규율
- be familiar with ~에 익숙하다
- caricature 캐리커처
- in order to Ⓡ ~하기 위해서
- modern 현대의
- economist 경제학자
- deliberately 의도적으로, 고의로
- strip down ~를 벗겨내다
- representation 표현, 묘사
- describe 묘사하다, 설명하다
- subject 주제, 대상
- in terms of ~면에서
- relevant to ~에 관련된
- contemporary 동시대의
- uncommon 보기 드문
- exclude 배제하다
- aspect 양상
- interact 상호작용하다

정답 1. 괴롭히다 2. 이해가 되다 3. 진보, 발전 4. 규율 5. 의도적으로, 고의로 6. 표현, 묘사 7. ~에 관련된 8. 동시대의 9. 보기 드문 10. 배제하다

> There is a thought that can haunt us: since everything probably affects everything else, how can we ever make sense of the social world? If we are weighed down by that worry, though, we won't ever make progress.

> (A) [주어진 문장의 구체적 설명] Every discipline that I am familiar with draws caricatures of the world in order to make sense of it. The modern economist does this by building models, which are deliberately stripped down representations of the phenomena out there.
> (C) [A의 분해 설명] When I say [(A)의 stipped down과 연결] "stripped down," I really mean stripped down. It isn't uncommon among us economists to focus on one or two causal factors, exclude everything else, hoping that this will enable us to understand how just those aspects of reality work and interact.
> (B) The economist John Maynard Keynes described our subject thus: "Economics is a science of thinking in terms of models joined to the art of choosing models which are relevant to the contemporary world."

08

정답 해설 보기는 (A) 2개와 (B) 2개로 시작한다. (A) 아니면 (B)로 시작한다. A의 내용이 주어진 문장을 받고 있으므로, (A)로 시작하는 것은 순서에 거스르지 않는다. 더불어 본유형에서는 (A)-(B)-(C)로는 시작할 확률이 거의 없기 때문에 (A)-(C)-(B)를 본다. (C)의 맨 첫 부분 stipped down이 (A)의 stripped down과 연결이 썩 잘되므로, (A)-(C)-(B) 순서는 적절하다. (B)는 (C)의 내용을 구체화하고 있다.

해석 우리를 괴롭힐 수 있는 생각이 있다: 모든 것이 다른 모든 것에 영향을 미치기 때문에 우리는 어떻게 사회 세계를 이해할 수 있을까? 하지만 우리가 그 걱정에 짓눌린다면, 우리는 결코 발전하지 못할 것이다. (A) [주어진 문장의 구체적 설명] 내가 익숙한 모든 분야는 그것을 이해시키기 위해 세상의 캐리커처를 그린다. 현대 경제학자는 모형을 만들어서 이런 일을 하는데, 이것은 의도적으로 바깥에 나타난 현상들을 묘사하는 것을 분해하려고 한다. (C) [A의 분해 설명] [(A)의 stipped down과 연결] 분해한다는 말은, 정말 분해한다는 뜻이다. 우리 경제학자들 사이에서 한두 가지 인과의 요소에 집중하고, 현실의 그런 측면들이 어떻게 작동하고 상호작용을 하는지 이해할 수 있도록 다른 모든 것을 배제하는 것은 드문 일이 아니다. (B) 경제학자인 John Maynard Keynes는 이렇게 우리의 주제를 묘사했다: "경제학은 현대 세계와 관련된 모델을 선택하는 기술에 결합된 모델들의 관점에서 생각하는 과학이다."

끊어 읽기 생각이 있다 / 괴롭힐 수 있는 / 우리를 : 모든 것이 다른 모든 것에 영향을 미치기 때문에 / 우리는 어떻게 이해할 수 있을까? / 사회 세계를. 우리가 짓눌린다면, / 그 걱정에, 하지만, / 우리는 / 결코 발전하지 못할 것이다. (A) 모든 분야는 / 내가 익숙한 / 그린다 / 세상의 캐리커처를 / 이해시키기 위해 / 그것을. 현대 경제학자는 / 이런 일을 하는 데 / 모형을 만듦으로써, / 이것은 의도적으로 분해하려고 한다 / 현상들을 묘사하는 것을 / 바깥에서 나타난. (C) 분해한다는 말은, / 정말 분해한다는 뜻이다. 드문 일이 아니다 / 우리 경제학자들 사이에서 / 집중하고 / 한두 가지 인과의 요소에 / 배제하는 것은 / 다른 모든 것을 / 우리가 / 이해할 수 있도록 / 측면들이 현실의 / 어떻게 작동하고 상호작용을 하는지를. (B) 경제학자인 John Maynard Keynes는 / 묘사했다 / 우리의 주제를: "경제학은 / 과학이다 / 관점에서 생각하는 / 모델들의 (관점에서 생각하는) / 선택하는 기술에 결합된 (모델들) / 현대 세계와 관련된 모델을.

정답 ②

09

주어진 글 다음에 이어질 글의 순서로 알맞은 것은?   2023 국가직

All civilizations rely on government administration. Perhaps no civilization better exemplifies this than ancient Rome.

(A) To rule an area that large, the Romans, based in what is now central Italy, needed an effective system of government administration.
(B) Actually, the word "civilization" itself comes from the Latin word *civis*, meaning "citizen."
(C) Latin was the language of ancient Rome, whose territory stretched from the Mediterranean basin all the way to parts of Great Britain in the north and the Black Sea to the east.

① (A) — (B) — (C)
② (B) — (A) — (C)
③ (B) — (C) — (A)
④ (C) — (A) — (B)

- civilization 문명
- rely on 의존하다, ~에 달려 있다
- government 정부
- administration 행정, 행정부
- exemplify 예시하다
- ancient 고대의
- territory 영토
- stretch from ~로부터 뻗어있다
- Mediterranean 지중해
- basin 분지, 유역
- black sea 흑해
- rule 통치하다, 규칙
- based in ~에 기반을 둔
- central 중앙의, 중심의
- effective 효과적인

어휘 Quiz

1	civilization	6	administration
2	exemplify	7	ancient
3	territory	8	government
4	rely on	9	based in
5	effective	10	rule

정답 1. 문명 2. 예시하다
3. 영토 4. 의존하다 5. 효과적인
6. 행정 7. 고대의 8. 정부
9. ~에 기반을 둔 10. 통치하다

[주제] All civilizations rely on government administration. Perhaps no civilization better exemplifies this than ancient Rome.

(B) Actually, the word "civilization" itself comes from the Latin word *civis*, meaning "citizen."
(C) Latin was the language of ancient Rome, whose territory stretched from the Mediterranean basin all the way to parts of Great Britain in the north and the Black Sea to the east.
(A) To rule an area that large, the Romans, based in what is now central Italy, needed an effective system of government administration.

09

정답해설 주어진 문장은 문명국가는 정부의 행정에 의존하는데, 고대 로마의 문명이 이것을 제일 잘 보여준다고 설명한다. (A)에는 'that large'가 등장하는데 주어진 문장에는 커다란 지역에 대해 언급되지 않았으므로 (A)는 올 수 없다. (C)에는 라틴어가 등장하는데 주어진 문장에 라틴어가 언급되지 않았기 때문에 (C)는 등장할 수 없다. 주어진 문장 다음에는 (B)가 와야 하는데, 그 이유는 주어진 문장에서 언급한 문명에 대한 어원을 설명하는 것이기 때문이다. 다음으로는 (C)가 와야 한다. (C)는 (B)에서 나온 라틴어가 로마의 언어라는 것을 언급하고, 로마의 영역을 서술한다. 마지막으로는 (A)인데, (C)에서 언급한 넓은 로마의 영역을 통치하기 위해서 효과적인 정부 행정 시스템이 필요하다고 설명한다. 그러므로 주어진 글 다음에 이어질 글의 순서로는 ③ (B) – (C) – (A)가 적절하다.

해석 [주제] 모든 문명국가들은 정부의 행정에 의존한다. 아마도 고대 로마보다 이것을 더 잘 보여주는 문명국가는 없을 것이다. (B) 사실, "문명"이라는 단어 자체는 "시민"을 의미하는 라틴어 *civis*에서 왔다. (C) 라틴어는 고대 로마의 언어였는데, 그들의 영토는 지중해 분지에서 북쪽의 그레이트 브리튼 섬의 일부와 동쪽의 흑해까지 뻗어 있었다. (A) 그렇게 넓은 지역을 통치하기 위해, 현재 이탈리아 중부에 기반을 둔 로마인들은 효과적인 정부 행정 시스템이 필요했다.

끊어읽기 모든 문명국가들은 / 의존한다 / 정부의 행정에. 아마도 / 문명국가는 없을 것이다 / 더 잘 보여주는 / 이것을 / 고대 로마보다. (B) 사실, / "문명"이라는 단어 자체는 / 왔다 / 라틴어 *civis*에서 / "시민"을 의미하는. (C) 라틴어는 / 고대 로마의 언어였는데, / 그들의 영토는 / 뻗어 있었다 / 지중해 분지에서 / 북쪽의 그레이트 브리튼 섬의 일부와 / 동쪽의 흑해까지. (A) 통치하기 위해 / 그렇게 넓은 지역을, 로마인들은 / 기반을 둔 / 현재 이탈리아 중부에 / 필요했다 / 효과적인 정부 행정 시스템이.

정답 ③

10

주어진 글 다음에 이어질 글의 순서로 가장 적절한 것은? 2023 지방직

> Just a few years ago, every conversation about artificial intelligence (AI) seemed to end with an apocalyptic prediction.

(A) More recently, however, things have begun to change. AI has gone from being a scary black box to something people can use for a variety of use cases.

(B) In 2014, an expert in the field said that, with AI, we are summoning the demon, while a Nobel Prize winning physicist said that AI could spell the end of the human race.

(C) This shift is because these technologies are finally being explored at scale in the industry, particularly for market opportunities.

① (A) ― (B) ― (C)
② (B) ― (A) ― (C)
③ (B) ― (C) ― (A)
④ (C) ― (A) ― (B)

- conversation 대화
- artificial intelligence 인공지능
- apocalyptic 종말론적인
- prediction 예측
- summon 소환하다
- demon 악마
- physicist 물리학자
- spell the end 종말을 가져오다
- human race 인류
- a variety of 다양한
- technology 기술
- explore 탐구하다, 탐험하다
- industry 산업
- particularly 특히
- market opportunity 시장 기회

어휘 Quiz

1	apocalyptic		6	a variety of
2	summon		7	physicist
3	market opportunity		8	prediction
4	industry		9	artificial intelligence
5	explore		10	conversation

정답 1. 종말론적인 2. 소환하다 3. 시장 기회 4. 산업 5. 탐구하다, 탐험하다 6. 다양한 7. 물리학자 8. 예측 9. 인공지능 10. 대화

정답 및 해설

> Just a few years ago, every conversation about artificial intelligence (AI) seemed to end with an apocalyptic prediction. = [부정]

> (B) In 2014, an expert in the field said that, with AI, we are summoning the demon, while a Nobel Prize winning physicist said that AI could spell the end of the human race. = [부정]
> (A) More recently, however, things have begun to change. AI has gone from being a scary black box to something people can use for a variety of use cases. = [긍정]
> (C) This shift is because these technologies are finally being explored at scale in the industry, particularly for market opportunities. = [긍정]

10

정답해설 주어진 문장은 AI에 대한 사람들의 대화가 종말론적 예측으로 끝나는 것처럼 보였다고 서술한다. 이는 AI에 대한 부정적인 서술이다. (B)는 전문가와 물리학자가 AI에 대해 부정적으로 서술하므로 주어진 문장 다음에 오는 것으로 적절하다. 다음으로는 (A)가 와야 한다. (A)에서는 'However'가 등장하면서 AI가 긍정적으로 사용된다고 서술하기 때문이다. 마지막으로는 (C)가 와야 한다. (C) 또한 AI에 대한 긍정적인 서술이기 때문이다.

해석 불과 몇 년 전만 해도 인공지능(AI)에 대한 모든 대화는 종말론적 예측으로 끝나는 것처럼 보였다. [=부정] (B) 2014년, 이 분야의 한 전문가는 AI과 함께, 우리는 악마를 소환할 것이라고 말했고, 노벨상을 수상한 물리학자는 AI가 인류의 종말을 가져올 수 있다고 말했다. [=부정] (A) 하지만 최근에는 상황이 바뀌기 시작했다. AI은 무서운 블랙박스에서 사람들이 다양한 사용 사례에 사용할 수 있는 것으로 변했다. [=긍정] (C) 이 변화는 이러한 기술이 마침내 업계에서, 특히 시장 기회를 위해 최적으로 탐구되고 있기 때문이다. [=긍정]

끊어읽기 몇 해 전에 / (모든 대화) 인공지능(AI) 에 대한 모든 대화는 / 끝나는 것처럼 보였다 / 종말론적 예측으로 / (B) 2014년에 / (한 전문가가) / 그 분야의 전문가가 말했다 / AI를 가지고 우리는 소환하고 있는 중이라고 악마를 / 그에 반해서 노벨상을 수상한 물리학자는 말했다 / AI가 종말을 가져올수 있다고 / 우리인류의 / (A) 보다 최근에 / 그러나 / 상황은 바뀌기 시작했다 / AI는 변했다 / 무서운 블랙박스에서 / (무언가로) / 인간이 다양한 용도로 사용할 수 있는 무언가로 / (C) 이런 변화는 / 왜냐하면 이런 기술이 / 마침내 탐구되어지고 있는 중이기 때문이다 / 최적으로 / 업계 내에서 / 특히나 시장 기회를 위해서 /

정답 ②

PART 4

문장 삽입

PART 4 문장 삽입

기심론 독해 진도 60%
전체 커리큘럼 진도 20%

순서 문제의 응용편, 순서가 해결되면 자연히 해결된다

■ **순서 배열과 동일하다**

문장 삽입 유형의 문제는 **순서 배열 문제의 상위 버전**으로 볼 수 있다.
따라서, 순서 배열 문제와 동일한 방식으로 푼다.

다만, 순서 배열은 보기가 제시되어 있으나 문장 삽입 유형은 **주관식 개념**이기 때문에 <u>글의 논지전개를</u> 확실하게 잡아내야 한다.
최근의 출제 경향은 수월하기 때문에 정답의 근거/단서를 제시해 주는 경우가 많다.
따라서 이 근거/단서를 알아보는 것이 중요하다.

---

① 명 → 대

영어에서는 항상 명사가 먼저 나오고, 이후에 이를 짧게 바꿔 쓰는 대명사가 나온다. 따라서 대명사가 포함된 문단은 이 대명사가 가리키는 명사 뒤에 위치해야 한다.
ex John → he / beer → it

② a/an 명 → the/this/that/such 명

부정 관사 a/an은 '하나의, 어떤'을 의미하여, 'a/an 명'은 처음에 제시될 수 있다. 하지만 'the/this/that/such 명'은 처음으로 등장할 수가 없다. 이 표현이 포함되어 있는 문단은 'a/an 명' 이후에 위치해야 한다.

③ full name → partial name

영어에서는 항상 full name을 먼저 제시하고, 뒤에서는 이 이름을 짧게 바꾼 이름(명칭)을 쓴다. 따라서 사람이나 사물의 이름이 제시되었다면, 항상 full name을 쓴 문단이 먼저 나오고, 그 뒤에 부분 이름(명칭)을 쓴 문단이 위치해야 한다.
ex Soren Hermansen → Hermansen / Mr. Hermansen
ex Michael Chang → Michael

④ **끼리끼리의 원칙**

영어에서는 항상 비슷한 내용을 이어 나간다. 즉, 어떤 사안에 대해서 긍정적인 진술이 나오면, 계속해서 긍정적인 내용이 이어지는 식이다. 이것이 한 번 전환될 수는 있는데, 이때에는 역접의 접속사나 역접의 접속 부사(however, nonetheless, but 등)를 맨 앞에 쓴다.
ex ⊕ ⊕ ⊕ ⊕ (긍정 제시) + 역접 + ⊖ ⊖ ⊖ (부정 제시)

MEMO

 TJ Says

문장 삽입은 순서 배열의 주관식 버전!

⑤ 막-구의 원칙(막연한 진술 → 구체적 예시 제시)

두괄식을 선호하는 영어에서는 항상 막연한 설명 이후에 구체적인 예시를 든다. 따라서 구체적인 예시나 환언의 문장은 막연한 설명을 담고 있는 문장 뒤에 위치해야 한다.

⑥ 시간 순서 배열

영어에서 문장의 배열은 항상 한쪽 방향으로의 시간의 흐름을 따라야 한다.
즉, '과거 - 현재 - 미래'의 방향으로 배열되거나, '미래 - 현재 - 과거'의 역시간 방향으로 배열되어야 한다.

ex 1802 - 1804 - 1807 - 1812
ex 1812 - 1807 - 1804 - 1802

■ 문장 삽입 구성 방식

① 역접어구가 있는 경우

역접어구가 있는 경우 쉬운 문제 유형에 속한다. 따라서 반드시 맞춰야 한다.
영어 글의 구성 방식 중 하나인 "끼리끼리 원칙"에 의해 비슷한 내용을 이어가야 하며 내용의 전환이 필요한 경우 역접어구를 써야 한다. 따라서 글의 내용이 전환된다면 역접어구가 있는 주어진 문장을 전환되는 내용 앞에 넣어야 한다.

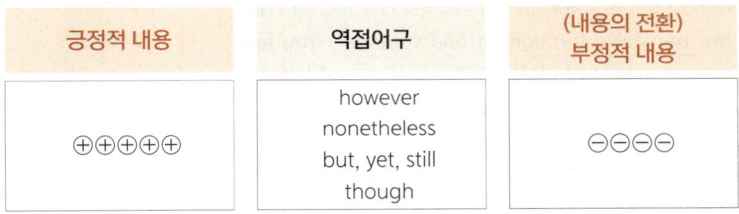

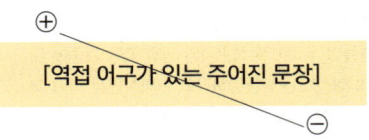

즉, 해당 문장이 부정적인 내용이면 이 문장의 뒤로는 부정적인 내용이 이어진다 (끼리끼리의 원칙).
그리고, 이 문장의 앞에는 반드시 긍정적인 내용이 나와야 한다.

주어진 문장이 들어갈 위치로 가장 적절한 것은?

2023 지방직

Yet, requests for such self-assessments are pervasive throughout one's career.

The fiscal quarter just ended. Your boss comes by to ask you how well you performed in terms of sales this quarter. How do you describe your performance? As excellent? Good? Terrible? (①) Unlike when someone asks you about an objective performance metric (e.g., How many dollars in sales you brought in this quarter), how to subjectively describe your performance is often unclear. There is no right answer. (②) You are asked to subjectively describe your own performance in school applications, in job applications, in interviews, in performance reviews, in meetings-the list goes on. (③) How you describe your performance is what we call your level of self-promotion. (④) Since self-promotion is a pervasive part of work, people who do more self-promotion may have better chances of being hired, being promoted, and getting a raise or a bonus.

MEMO

- request 요청
- self-assessment 자기 평가
- throughout 전반에 걸쳐
- career 일생, 직업
- fiscal 회계의
- quarter 분기
- come by 들르다
- in terms of ~에 관해
- sales 매출액
- describe 묘사하다
- objective 객관적인
- metric 측정 기준
- subjectively 주관적으로
- unclear 불분명한
- application 지원서
- performance reivew 인사 고과
- self-promotion 자기 홍보
- pervasive 일반적인, 만연한
- hire 고용하다
- promote 승진하다
- raise 봉급

Answer

The fiscal quarter just ended. Your boss comes by to ask you how well you performed in terms of sales this quarter. How do you describe your performance? As excellent? Good? Terrible? (①) Unlike when someone asks you about an objective performance metric (e.g., How many dollars in sales you brought in this quarter), how to subjectively describe your performance is often unclear. There is no right answer. [문장과 반대되는 내용 Yet] (② Yet, requests for such self-assessments are pervasive throughout one's career.) You are asked to subjectively describe your own performance [구체적 예시] in school applications, in job applications, in interviews, in performance reviews, in meetings-the list goes on. (③) How you describe your performance is what we call your level of self-promotion. (④) Since self-promotion is a pervasive part of work, people who do more self-promotion may have better chances of being hired, being promoted, and getting a raise or a bonus.

정답해설 주어진 문장은 자기 평가에 대한 요청이 일생에 만연하다고 서술한다. 주어진 문장에는 'Yet'이 등장하기 때문에 앞의 문장과 반대되는 내용이 서술되어야 한다. ② 앞을 보면 사람들이 우리에게 객관적인 성과 측정 기준에 대해 물어보는 때와는 달리 성과에 대해 어떻게 주관적으로 설명해야 하는지는 불분명하다고 설명하면서 이에 대한 정답이 없다고 서술한다. 주어진 문장은 이러한 주관적인 설명에 대한 평가가 일생에 만연하다고 서술하면서 앞의 내용과 반대되는 내용을 서술한다. 게다가 ② 뒤의 문장은 성과를 주관적으로 설명하라는 요청을 받는 예시들이 등장하기 때문에 주어진 문장이 들어갈 가장 적절한 위치는 ②이다.

해석 회계 분기가 막 끝났다. 당신의 사장은 이번 분기에 매출액 면에서 얼마나 잘했는지 물어보러 온다. 당신의 성과를 어떻게 평가하는가? 훌륭하다? 좋다? 끔찍하다? 누군가가 당신에게 객관적인 성과 측정 기준(예: 이번 분기에 몇 달러의 매출을 올렸는지)에 대해 질문하는 때와는 달리, 당신의 성과를 어떻게 주관적으로 설명해야 하는지는 불분명한 경우가 많다. 정답은 없다. [문장과 반대되는 내용 Yet] ② 그러나 이러한 자기 평가에 대한 요청은 일생 전반에 걸쳐 만연하다. 당신은 [구체적 예시] 학교 지원서, 입사 지원서, 면접, 인사 고과, 회의 등에서 당신 자신의 성과를 주관적으로 설명하라는 요청을 받는다. 당신의 성과를 어떻게 설명하느냐가 바로 당신의 자기 홍보 수준이다. 자기 홍보는 일의 한 일반적인 부분이기 때문에, 자기 홍보를 더 많이 하는 사람들은 고용되고, 승진되고, 봉급이나 보너스를 받을 더 좋은 기회를 가질 수 있다.

정답 ②

② 역접어구가 없는 경우

주어진 문장의 맨 앞에 역접의 어구가 없다면 이는 대개 하나하나 따져가며 해석을 해가며 문제를 풀어 내야 한다. 따라서, 시간 소요가 많을 수밖에 없다. 다만, 최근에는 역접의 어구는 없으나 다음의 표현을 통해 힌트를 제시하는 경우가 있으므로 다음 표현에 유의한다.

1) also

also	say
	think
	show

also는 "또한"을 뜻하는데 이런 경우 앞에 이미 같은 내용의 진술이 나와 있어야 한다.

2) 의미

`even`

even은 "-조차도"를 의미하며, 유사예를 나열하는 경우 "마지막 예시"를 제시할 때 사용한다. 따라서 주어진 문장에 even의 표현이 있다면 앞에는
이미 **유사예들이 나열되었음을 유추**하고 문제를 풀 수 있어야 한다.

> **MEMO**
>
> **TJ Says**
>
> 하지만 역접어구가 없다면 하나하나 따져 보면서 문제를 풀어야 하기 때문에 어렵게 느껴질 수 있다.
> 따라서 읽는 횟수를 정해 놓고 제한 시간 안에 풀리지 않는다면 쿨하게 포기할 수도 있어야 하는 유형의 문제이기도 하다.

주어진 문장이 들어갈 위치로 가장 적절한 것은?   2025 인혁처 예시

> In particular, in many urban counties, air pollution, as measured by the amount of total suspended particles, had reached dangerous levels.

Economists Chay and Greenstone evaluated the value of cleaning up of air pollution after the Clean Air Act of 1970. (①) Before 1970, there was little federal regulation of air pollution, and the issue was not high on the agenda of state legislators. (②) As a result, many counties allowed factories to operate without any regulation on their pollution, and in several heavily industrialized counties, pollution had reached very high levels. (③) The Clean Air Act established guidelines for what constituted excessively high levels of five particularly dangerous pollutants. (④) Following the Act in 1970 and the 1977 amendment, there were improvements in air quality.

🔍 Answer

> Economists Chay and Greenstone evaluated the value of cleaning up of air pollution after the Clean Air Act of 1970. (①) Before 1970, there was little federal regulation of air pollution, and the issue was not high on the agenda of state legislators. (②) As a result, many counties allowed factories to operate without any regulation on their pollution, and in several heavily industrialized counties, pollution had reached very high levels. [구체적 예시] (③ <u>In particular, in many urban counties, air pollution, as measured by the amount of total suspended particles, had reached dangerous levels.</u>) The Clean Air Act established guidelines for what constituted excessively high levels of five particularly dangerous pollutants. (④) Following the Act in 1970 and the 1977 amendment, there were improvements in air quality.

정답 해설 주어진 문장의 in particular를 문제풀이의 근거로 잡을 수 있다. in particular은 "구체적으로, 특히"의 의미로 뒤에 구체적인 예시를 소개하는 표현이다. 따라서 주어진 문장이 들어갈 곳 앞으로는 이를 포괄하는 내용이 제시되어야 한다. 주어진 문장의 내용은 대기 오염이 위험한 수준에 도달했다는 내용이므로 이와 동일한 내용은 ③ 앞에서 확인할 수 있다. ③ 앞에는 "오염이 높은 수준에 도달했다"는 내용이 제시되고 있으므로 주어진 문장은 이 글 뒤로 들어가 특히나 "대기 오염이 (구체적으로) 위험한 수준에 도달했다"는 내용으로 이어지는 것이 적절하다.

해석 경제학자인 Chay and Greenstone는 1970년 청정 대기법 이후 대기 오염을 정화하는 것의 가치를 평가했다. 1970년 이전에는 대기 오염에 대한 연방 규제가 거의 없었고, 그 문제는 주 의원들의 의제로 자주 등장하지 않았다. 그 결과, 많은 주들은 오염에 대한 규제 없이 공장들이 운영되도록 허용했고, 몇몇 중공업화된 주에서는 오염이 매우 높은 수준에 도달했다. [구체적 예시] ③ <u>특히, 많은 주에서는 부유 입자의 양으로 측정되는 대기 오염이 위험한 수준에 도달했다.</u> 청정 대기법은 특히 위험한 다섯 가지 오염 물질의 지나치게 높은 수준을 구성하는 것에 대한 지침을 수립했다. 1970년 법과 1977년 개정에 이어, 대기 질에 개선이 있었다.

정답 ③

MEMO

- economist 경제학자
- evaluate 평가하다
- air pollution 대기 오염
- federal 연방
- regulation 규제
- agenda 의제
- legislator 입법자
- industrialized 산업화된
- In particular 특히, 구체적으로
- suspended particle 부유 입자
- guideline 지침
- excessively 지나치게
- particularly 특히
- dangerous 위험한
- pollutant 오염 물질
- amendment 개정

기출로 연습하기

01

주어진 문장이 들어갈 위치로 가장 적절한 것은?   2025 국가직

> Schedule your time in a way that relegates distracting activities, such as news consumption and social-media scanning, to prescribed times.

When you learn to drive, you are taught to maintain a level of situational awareness that is wide enough to help you anticipate problems but not so wide that it distracts you. The same goes for your project. (①) You need to know what's going on around you that might affect your life and work, but not what is irrelevant to these things. (②) I am not advocating a "full ostrich" model of ignoring the outside world entirely. (③) Rather, I mean to recommend ordering your information intake so that extraneous stuff doesn't eat up your attention. (④) Perhaps you could decide to read the news for 30 minutes in the morning and vegetate* on social media for 30 minutes at the end of the day.

*vegetate 하는 일 없이 지내다

- maintain 유지하다, 주장하다
- level 수준
- situational 상황의
- awareness 인식
- wide 넓은
- anticipate 예상하다
- distract 방해하다
- same 같은
- affect 영향을 미치다
- irrelevant 관련없는
- advocate 지지하다
- full 완전한
- ostrich 타조
- ignore 무시하다
- outside 외부의
- entirely 완전히
- relegate 맡기다 내버려두다
- consumption 소비, 섭취
- prescribe 정하다, 처방하다
- rather 오히려, 차라리
- mean 의도하다, 의미하다
- recommend 추천하다
- order 정리하다, 명령하다
- intake 섭취
- extraneous 불필요한, 외부적인
- stuff 것들, 일[것]
- eat up 다 먹다
- attention 주의
- decide 결정하다
- vegetate 게으르게 지내다, 아무것도 하지 않다

📖 어휘 Quiz

1	anticipate	6	consumption
2	distract	7	prescribe
3	irrelevant	8	mean
4	advocate	9	extraneous
5	relegate	10	intake

정답 1. 예상하다 2. 방해하다 3. 관련 없는 4. 지지하다 5. 맡기, 내버려두다 6. 소비, 섭취 7. 정하다, 처방하다 8. 의도하다, 의미하다 9. 불필요한, 외부적인 10. 섭취

정답 및 해설

When you learn to drive, you are taught to maintain a level of situational awareness that is wide enough to help you anticipate problems but not so wide that it distracts you. The same goes for your project. (①) You need to know what's going on around you that might affect your life and work, but not what is irrelevant to these things. (②) I am not advocating a "full ostrich" model of ignoring the outside world entirely. (③) Rather, I mean to recommend ordering your information intake so that extraneous stuff doesn't eat up your attention. [구체적 예시] (④ Schedule your time in a way that relegates distracting activities, such as news consumption and social-media scanning, to prescribed times.) Perhaps you could decide to read the news for 30 minutes in the morning and vegetate* on social media for 30 minutes at the end of the day.

01

정답해설 주어진 문장이 명령문임에 유의한다. 즉, "시간 관리에 대한 방안을 제안하고" 있으므로, "권고의 내용"(Rather, I mean to recommend)의 뒤에 쓰인다는 것을 유추해 볼 수 있다. 한편, 이 문장은 "시간 관리에 관한 일반적인 진술"로서 ④의 뒷 문장은 이를 구체적인 스케줄로 예시하고 있으므로, "막연-구체"의 영어 진술 논리에 따라 ④가 정답임을 확인 할 수 있다.

해석 운전하는 법을 배울 때, 문제를 예상할 수 있을 만큼 넓은 범위의 상황 인식을 유지하되, 주의가 산만해지지 않도록 적당한 범위로 유지하라고 배운다. 당신의 프로젝트에도 마찬가지이다. 당신의 삶과 일에 영향을 미칠 수 있는 주변 상황을 알아야 하지만, 그것이 당신과 관련 없는 일이라면 알 필요는 없는 것이다. 나는 외부 세계를 완전히 무시하는 "완전 타조[타조 전략]" 모델을 추천하는 것은 아니다. 대신, 뉴스 소비와 소셜 미디어 확인과 같은 산만한 활동들을 정해진 시간에 하도록 시간을 계획하라고 말하는 것이다. [구체적 예시] ④ 뉴스 소비나, 소셜미디어를 확인하는 등 주의를 빼앗는 활동들을 미리 정해진 시간으로 정리하는 당신의 시간을 스케줄하라. 아마도 매일 아침 30분간 뉴스를 읽고, 하루가 끝날 때 30분간 소셜 미디어에서 시간을 보내는 방식으로 시간을 계획할 수 있을 것이다.

끊어읽기 운전하는 법을 배울 때, / 당신은 배우게 된다 / 상황 인식 수준을 유지하는 법을 / 충분히 넓어서 / 문제를 예상할 수 있도록 돕지만 / 너무 넓지는 않게 / 주의를 산만하게 하지 않도록. 당신의 프로젝트도 마찬가지다. 당신은 알아야 한다 / 당신 주변에서 무슨 일이 일어나고 있는지를 / 당신의 삶과 일에 영향을 미칠 수 있는, / 하지만 알 필요는 없다 / 그와 관련 없는 것들은. 나는 옹호하는 것이 아니다 / '완전 타조' 모델을 / 외부 세계를 완전히 무시하는 (완전 타조 모델을). 오히려, / 나는 추천하려는 것이다 / 당신의 정보 수용을 정돈하는 것을 / 그래서 불필요한 것들이 / 당신의 주의를 잡아먹지 않도록. 당신의 시간을 계획하라 / 그런 방식으로 / 주의를 산만하게 하는 활동들을 배정하는, / 예를 들어 뉴스 소비나 소셜 미디어 탐색 같은 것들을, / 정해진 시간에. 아마도 / 당신은 정할 수 있을 것이다 / 뉴스를 30분간 읽기로 / 아침에 / 그리고 소셜 미디어에서 시간을 보내기로 / 30분 동안 / 하루가 끝날 무렵에.

정답 ④

02
주어진 문장이 들어갈 위치로 적절한 것은?　　2024 국가직

> Tribal oral history and archaeological evidence suggest that sometime between 1500 and 1700 a mudslide destroyed part of the village, covering several longhouses and sealing in their contents.

From the village of Ozette on the westernmost point of Washington's Olympic Peninsula, members of the Makah tribe hunted whales. (①) They smoked their catch on racks and in smokehouses and traded with neighboring groups from around the Puget Sound and nearby Vancouver Island. (②) Ozette was one of five main villages inhabited by the Makah, an Indigenous people who have been based in the region for millennia. (③) Thousands of artifacts that would not otherwise have survived, including baskets, clothing, sleeping mats, and whaling tools, were preserved under the mud. (④) In 1970, a storm caused coastal erosion that revealed the remains of these longhouses and artifacts.

어휘 Quiz

1	tribal	6	nearby
2	archaeological	7	indigenous
3	mudslide	8	survive
4	seal	9	preserve
5	peninsula	10	remains

- tribal 부족의
- oral history 구전 역사
- archaeological 고고학적
- suggest 시사하다/제안하다
- mudslide 진흙 사태
- longhouse 롱하우스, 전통 가옥
- seal 봉인하다
- content 내용물
- westernmost 최서단의
- peninsula 반도
- tribe 부족
- rack 선반
- smokehouse 훈제소
- trade with ~와 거래하다
- neighboring 인근의
- nearby 가까운
- inhabit 거주하다
- indigenous 원산의, 토착의
- be based in ~에 기반을 두다
- millennia (millennium의 복수형) 수천 년
- thousands 수천의
- artifact 인공 유물
- survive 살아남다
- whaling 고래잡이
- preserve 보존하다
- coastal erosion 해안 침식
- reveal 드러내다
- remains 잔해, 유적

정답 1. 부족의 2. 고고학적
3. 진흙 사태 4. 봉인하다 5. 반도
6. 가까운 7. 토착의, 원산의
8. 살아남다 9. 보존하다 10. 잔해

정답 및 해설

From the village of Ozette on the westernmost point of Washington's Olympic Peninsula, members of the Makah tribe hunted whales. (①) They smoked their catch on racks and in smokehouses and traded with neighboring groups from around the Puget Sound and nearby Vancouver Island. (②) Ozette was one of five main villages inhabited by the Makah, an Indigenous people who have been based in the region for millennia. [구체적 내용] (③ Tribal oral history and archaeological evidence suggest that sometime between 1500 and 1700 a mudslide destroyed part of the village, covering several longhouses and sealing in their contents.) Thousands of artifacts that would not otherwise have survived, including baskets, clothing, sleeping mats, and whaling tools, were preserved under the mud. (④) In 1970, a storm caused coastal erosion that revealed the remains of these longhouses and artifacts.

| 정답해설 | 주어진 문장은 "구전과 고고학적 증거를 통해서 진흙 사태로 **마을이 덮여 있다**고 했다." 따라서, 이 문장의 뒤의 내용은 이를 받아 "**마을이 진흙 아래에 깔린**" 내용이 나와야 한다. ③의 앞까지는 이 오제트 마을에 대한 소개의 글이 나오고 이 ③의 뒤에서 '유물이 진흙 밑에 보존되었다'(깔려 있다)고 하고 있다. 또한, "그렇지 않았더라면"(otherwise)이 "**진흙 사태가 나지 않았더라면**"을 의미하므로, 이 자리에 주어진 문장을 넣는다. |

해석 워싱턴 올림픽 반도의 최서단에 위치한 오제트 마을에서 마카 부족의 구성원들이 고래를 사냥했다. 그들은 선반과 연막에서 어획물을 훈연했고(smoke) 푸젯 사운드와 인근 밴쿠버 섬에서 온 이웃 단체들과 거래했다. 오제트는 이 지역에 수천 년 동안 기반을 둔 원주민인 마카족이 거주했던 다섯 개의 주요 마을 중 하나였다. [구체적 내용] (③) 부족의 구전 역사와 고고학적 증거는 1500년에서 1700년 사이에 진흙 사태가 마을의 일부를 파괴하여 여러 개의 롱하우스를 덮고 내용물을 봉인했음을 시사하고 있다. 바구니, 옷, 수면 매트, 포경 도구를 포함하여 그렇지 않았더라면 남아있지 못했을 수천 개의 유물이 진흙 아래에 보존되었다. 1970년, 폭풍이 해안 침식을 일으켰고 이것은 이 긴 집의 잔해와 유물을 드러냈다.

끊어읽기 오제트 마을에서 / 워싱턴 올림픽 반도의 최서단에 위치한(오제트 마을에서) / 마카 부족의 구성원들이 / 사냥했다 / 고래를. / 그들은 / 훈연했다 / 그들의 어획물을 / 선반과 연막에서 / 그리고 / 거래했다 / 이웃 단체들과 / 푸젯 사운드와 인근 밴쿠버 섬에서 온 (이웃 단체들과). 오제트는 / 하나였다 / 다섯 개의 주요 마을 중 (하나였다) / 원주민인 마카족이 거주했던 / 이 지역에 수천 년 동안 기반을 둔 (원주민인 마카족이). 부족의 구전 역사 / 그리고 / 고고학적 증거는 / 시사하고 있다 / 1500년에서 1700년 사이에 / 진흙 사태가 / 파괴했다 / 마을의 일부를 / 봉인하면서 / 여러 개의 롱하우스와 / 그들의 내용물을. 수천 개의 유물이 / 그렇지 않았더라면 남아있지 못했을 (수천 개의 유물이) / 바구니, 옷, 수면 매트, 포경 도구를 포함하여. 1970년에 / 폭풍이 / 일으켰다 / 해안 침식을 / (그런데 그 해안 침식은) 드러냈다 / 이 롱하우스의 잔해와 유물을.

정답 ③

03

주어진 문장이 들어갈 위치로 가장 적절한 것은? 2019 국가직

> Some of these ailments are short-lived; others may be long-lasting.

For centuries, humans have looked up at the sky and wondered what exists beyond the realm of our planet. (①) Ancient astronomers examined the night sky hoping to learn more about the universe. More recently, some movies explored the possibility of sustaining human life in outer space, while other films have questioned whether extraterrestrial life forms may have visited our planet. (②) Since astronaut Yuri Gagarin became the first man to travel in space in 1961, scientists have researched what conditions are like beyond the Earth's atmosphere, and what effects space travel has on the human body. (③) Although most astronauts do not spend more than a few months in space, many experience physiological and psychological problems when they return to the Earth. (④) More than two-thirds of all astronauts suffer from motion sickness while traveling in space. In the gravity-free environment, the body cannot differentiate up from down. The body's internal balance system sends confusing signals to the brain, which can result in nausea lasting as long as a few days.

- ailment 질병
- short-lived 오래가지 못하는, 단명하는
- long-lasting 오래 지속되는
- look up at 쳐다보다
- wonder 궁금해하다
- realm 영역, 범위
- ancient 고대의, 옛날의
- astronomer 천문학자
- examine 조사하다, 검사하다
- universe 우주
- explore 탐험하다
- possibility 가능성
- sustain 지탱하다, 지속시키다
- outer space 우주 공간
- extraterrestrial 지구 밖의, 우주의
- atmosphere 대기
- physiological 생리학적인
- psychological 심리의, 심리학적인
- suffer from ~로 고통받다
- motion sickness 멀미
- gravity-free 무중력
- differentiate 구별하다, 구별 짓다
- internal 내부의
- confusing 혼란스러운
- result in 결과적으로 ~이 되다
- nausea 메스꺼움
- lasting 지속적인
- as long as ~하는 한, 대략

어휘 Quiz

1	ancient	6	examine
2	sustain	7	differentiate
3	ailment	8	wonder
4	result in	9	as long as
5	explore	10	realm

정답 1. 고대의, 옛날의 2. 지탱하다, 지속시키다 3. 질병 4. 결과적으로 ~이 되다 5. 탐험하다 6. 조사하다, 검사하다 7. 구별하다, 구별 짓다 8. 궁금해하다 9. ~하는 동안은, ~하는 한 10. 영역, 범위

정답 및 해설

For centuries, humans have looked up at the sky and wondered what exists beyond the realm of our planet. (①) Ancient astronomers examined the night sky hoping to learn more about the universe. More recently, some movies explored the possibility of sustaining human life in outer space, while other films have questioned whether extraterrestrial life forms may have visited our planet. (②) Since astronaut Yuri Gagarin became the first man to travel in space in 1961, scientists have researched what conditions are like beyond the Earth's atmosphere, and what effects space travel has on the human body. (③) Although most astronauts do not spend more than a few months in space, many experience physiological and psychological problems when they return to the Earth. ④ (=) Some of these ailments [이러한 질병들에 대한 구체적 특징 →] are short-lived; others may be long-lasting. More than two-thirds of all astronauts suffer from motion sickness while traveling in space. In the gravity-free environment, the body cannot differentiate up from down. The body's internal balance system sends confusing signals to the brain, which can result in nausea lasting as long as a few days.

03

정답해설 이 글은 역접어구가 없는 유형으로, 우선 주어진 문장의 'these ailments'가 의미하는 것을 파악해야 한다. 'these ailments'는 말 그대로 '이러한 질병들'로 해석되므로, 주어진 문장은 어떠한 질병이나 문제점이 언급된 이후의 위치에 넣어야 한다. 이에 따라 문제를 풀어 보면, ①, ②, ③의 위치에는 'ailments'라고 말할 만한 것들이 전혀 언급되어 있지 않고, ④ 앞에는 'physiological and psychological problems', 즉 신체 및 심리학적인 문제들에 대해 언급되어 있다. 또한 ④ 뒤에 이어지는 글에서도 멀미, 메스꺼움 등의 좀 더 구체적인 증상들을 언급하고 있으므로, 주어진 문장은 ④에 들어가는 것이 옳다.

해석 수 세기 동안 인간은 하늘을 올려다보며 우리 행성의 영역 너머에 무엇이 존재하는지 궁금해 했다. 고대의 천문학자들은 우주에 대해 더 많은 것을 배우기를 바라면서 밤하늘을 조사했다. 더 최근에, 일부 영화들은 우주에서 인간의 생명을 유지할 수 있는 가능성을 탐구했고, 다른 영화들은 외계 생명체들이 지구를 방문했을지도 모른다고 의문을 제기했다. 1961년 우주 비행사 Yuri Gagarin이 최초로 우주여행을 한 이후 과학자들은 지구 대기권 너머의 환경이 어떤지, 우주여행이 인체에 어떤 영향을 미치는지를 연구해 왔다. 비록 대부분의 우주 비행사들이 우주에서 몇 달 이상을 보내지는 않지만, 많은 우주 비행사들이 지구로 돌아올 때 생리적, 심리적 문제를 경험한다. ④ (=) 이러한 질병들 중 일부는 [이러한 질병들에 대한 구체적 특징 →] 수명이 짧고, 다른 것들은 오래 지속될 수 있다. 우주 비행사의 3분의 2 이상이 우주여행을 하는 동안 멀미로 고생한다. 무중력 환경에서는 몸의 위, 아래가 구분되지 않는다. 인체의 내부 균형 시스템은 뇌에 혼란스러운 신호를 보내는데, 이것은 며칠 동안 메스꺼움을 지속시키는 결과를 초래할 수 있다.

끊어읽기 수 세기 동안 / 인간은 / 하늘을 올려다보며 궁금해 했다 / 우리 행성의 영역 너머에 무엇이 존재하는지. 고대의 천문학자들은 / 밤하늘을 조사했다 / 더 많은 것을 배우기를 바라면서 / 우주에 대해. 더 최근에, 일부 영화들은 / 가능성을 탐구했다 / 우주에서 인간의 생명을 유지할 수 있는, / 다른 영화들은 / 의문을 제기했다 / 외계 생명체들이 / 지구를 방문했을지도 모른다. 우주 비행사 Yuri Gagarin이 / 최초로 우주여행을 한 이후 / 1961년에 / 과학자들은 / 연구해 왔다 / 환경이 어떤지 / 지구 대기권 너머의 / 그리고 / 우주여행이 어떤 영향을 미치는지 / 인체에. 비록 / 대부분의 우주 비행사들이 / 몇 달 이상을 보내지는 않지만 / 우주에서, / 많은 우주 비행사들이 / 생리적, 심리적 문제를 경험한다 / 지구로 돌아올 때. 이러한 질병들 중 일부는 / 수명이 짧고; / 다른 것들은 / 오래 지속될 수 있다. 우주 비행사의 3분의 2 이상이 / 멀미로 고생한다 / 우주여행을 하는 동안. 무중력 환경에서는, / 몸은 / 구분할 수 없다 / 위와 아래를. 인체의 내부 균형 시스템은 / 혼란스러운 신호를 보낸다 / 뇌에, / 메스꺼움을 초래할 수 있다 / 며칠 동안 지속시키는.

정답 ④

04
주어진 문장이 들어갈 곳으로 가장 적절한 곳은?

2020 국가직

> It was then he remembered his experience with the glass flask, and just as quickly, he imagined that a special coating might be applied to a glass windshield to keep it from shattering.

In 1903 the French chemist, Edouard Benedictus, dropped a glass flask one day on a hard floor and broke it. (①) However, to the astonishment of the chemist, the flask did not shatter, but still retained most of its original shape. (②) When he examined the flask he found that it contained a film coating inside, a residue remaining from a solution of collodion that the flask had contained. (③) He made a note of this unusual phenomenon, but thought no more of it until several weeks later when he read stories in the newspapers about people in automobile accidents who were badly hurt by flying windshield glass. (④) Not long thereafter, he succeeded in producing the world's first sheet of safety glass.

- □ windshield (차량) 앞 유리
- □ shatter 산산이 부서지다
- □ chemist 약사, 화학자
- □ flask 플라스크
- □ astonishment 놀람
- □ retain 유지하다
- □ residue 잔여물
- □ collodion 콜로디온
- □ unusual 특이한
- □ phenomenon 현상
- □ automobile 자동차
- □ succeed 성공하다

어휘 Quiz

1	shatter	6	retain
2	astonishment	7	unusual
3	succeed	8	windshield
4	residue	9	automobile
5	phenomenon	10	chemist

정답 1. 산산이 부서지다 2. 깜짝 놀람 3. 성공하다 4. 잔여물 5. 현상 6. 유지하다 7. 특이한 8. 바람막이 창 9. 자동차 10. 약사, 화학자

정답 및 해설

> In 1903 the French chemist, Edouard Benedictus, dropped a glass flask one day on a hard floor and broke it. (①) However, to the astonishment of the chemist, the flask did not shatter, but still retained most of its original shape. (②) When he examined the flask he found that it contained a film coating inside, a residue remaining from a solution of collodion that the flask had contained. (③) He made a note of this unusual phenomenon, but thought no more of it until several weeks later when he read stories in the newspapers about people in automobile accidents who were badly hurt by flying windshield glass. ④ <u>It was then he remembered his experience with the glass flask,</u> [→ 경험이 미리 있어야 함을 유추할 수 있음.] <u>and just as quickly, he imagined that a special coating might be applied to a glass windshield to keep it from shattering.</u> [→ 해결책을 상상함.] Not long thereafter, he succeeded in producing the world's first sheet of safety glass.

04

정답 해설 이 글은 역접어구가 없는 유형으로, 주어진 글의 'his experience with the glass flask'를 단서로 삼아 he는 과거에 glass flask에 대한 경험이 있어야 하고, 해당 경험에 근거하여 해결책을 생각해 내었다는 것을 유추할 수 있어야 한다. 더불어 ④를 기준으로 앞에는 그의 플라스크와 관련된 경험과 교통사고에 대한 설명이 있고, 뒤에는 그가 succeeded in, 즉 성공했다는 이야기가 전개된다. 따라서 그가 이전 경험을 바탕으로 교통사고에 대한 해결책을 생각했다는 주어진 문장은 ④에 들어가는 것이 가장 적절하다.

해석 1903년 프랑스의 화학자 Edouard Benedictus는 어느 날 단단한 바닥에 유리 플라스크를 떨어뜨려 깨뜨렸다. 그러나, 그 화학자가 놀랍게도 플라스크는 산산조각이 나지 않고, 여전히 원래의 모양 대부분을 유지하고 있었다. 그가 플라스크를 살펴보았을 때, 그는 그것의 안쪽에서 필름 코팅을 발견했는데, 이는 플라스크가 담고 있던 콜로디온 용액의 잔여물이었다. 그는 이런 특이한 현상을 메모했지만, 몇 주 후 신문에서 자동차 사고에서 유리창 날림으로 심하게 다친 사람들에 대한 이야기를 읽을 때까지 더 이상 그런 생각을 하지 않았다. ④ <u>그때 그는 유리 플라스크에 대한 자신의 경험을 떠올렸고,</u> [→ 경험이 미리 있어야 함을 유추할 수 있음.] <u>빠르게 유리가 흩어지지 않도록 유리에 특별한 코팅을 입힐 수도 있겠다는 상상을 했다.</u> [→ 해결책을 상상함.] 그 후 얼마 지나지 않아 그는 세계 최초의 안전유리를 제작하는 데 성공했다.

끊어 읽기 1903년 프랑스의 화학자 Edouard Benedictus는 / 어느 날 유리 플라스크를 떨어뜨려 / 단단한 바닥에 / 깨뜨렸다. 그러나, / 그 화학자가 놀랍게도 / 플라스크는 산산조각이 나지 않고, / 여전히 원래의 모양 대부분을 유지하고 있었다. 그가 플라스크를 살펴보았을 때, / 그는 발견했다 / 그것이 / 가지고 있다는 것을 / 필름 코팅을 / 안쪽에 / 이는 잔여물이었다 / 콜로디온 용액의 / 플라스크가 담고 있던. 그는 이런 특이한 현상을 메모했지만, / 더 이상 그런 생각을 하지 않았다 / 몇 주 후 / 신문에서 이야기를 읽을 때까지 / 사람들에 대해 / 자동차 사고에서 / 유리창 날림으로 심하게 다친. 그때 그는 자신의 경험을 떠올렸고, / 유리 플라스크에 대한 / 빠르게 / 그는 상상을 했다 / 유리에 특별한 코팅을 입힐 수 있다는 것을 / 유리가 흩어지지 않도록. 그 후 얼마 지나지 않아 / 그는 성공했다 / 세계 최초의 안전유리를 제작하는 데.

정답 ④

05

주어진 문장이 들어갈 위치로 가장 적절한 곳은?

2018 국가직

> Some remain intensely proud of their original accent and dialect words, phrases and gestures, while others accommodate rapidly to a new environment by changing their speech habits, so that they no longer "stand out in the crowd."

> Our perceptions and production of speech change with time. (①) If we were to leave our native place for an extended period, our perception that the new accents around us were strange would only be temporary. (②) Gradually, we will lose the sense that others have an accent and we will begin to fit in—to accommodate our speech patterns to the new norm. (③) Not all people do this to the same degree. (④) Whether they do this consciously or not is open to debate and may differ from individual to individual, but like most processes that have to do with language, the change probably happens before we are aware of it and probably couldn't happen if we were.

- intensely 격렬히, 강렬하게
- dialect 방언, 지방 사투리
- phrase 말, 구절
- gesture 제스처, 몸짓
- accommodate 수용하다, 맞추다
- rapidly 빠르게, 급속히
- extended 긴, 연장된
- temporary 일시적인, 임시의
- gradually 점차적으로
- fit in 적응하다, 어울리다
- norm 규범, 표준
- consciously 의식적으로
- be aware of ~을 알고 있다

어휘 Quiz

1	dialect		6	gesture	
2	rapidly		7	norm	
3	gradually		8	extended	
4	be aware of		9	intensely	
5	accommodate		10	temporary	

정답 1. 방언, 지방 사투리 2. 빠르게, 급속히 3. 점차적으로 4. ~을 알고 있다 5. 수용하다, 맞추다 6. 제스처, 몸짓 7. 규범, 표준 8. 길어진, 늘어난 9. 격렬히, 강렬하게 10. 일시적인, 임시의

정답 및 해설

Our perceptions and production of speech change with time. (①) If we were to leave our native place for an extended period, our perception that the new accents around us were strange would only be temporary. (②) Gradually, we will lose the sense that others have an accent and we will begin to fit in — to accommodate our speech patterns to the new norm. (③) [똑같지 않음을 명시] Not all people do this to the same degree. [똑같은 입장이 아님의 예] ④ [A 입장] Some remain intensely proud of their original accent and dialect words, phrases and gestures, while [B 입장] others accommodate rapidly to a new environment by changing their speech habits, so that they no longer "stand out in the crowd." Whether they do this consciously or not is open to debate and may differ from individual to individual, but like most processes that have to do with language, the change probably happens before we are aware of it and probably couldn't happen if we were.

05

 정답해설 이 글은 역접어구가 있는 유형으로, 주어진 문장은 'while(반면에)'이라는 표현을 통해 서로 다른 입장에 있는 사람들의 차이의 예시를 보여준다. 따라서 주어진 문장 앞에는 서로 다름을 나타내는 표현이 있어야 한다. 그러므로 다르다는 것을 이야기하는 'Not all people do this to the same degree.' 뒤에 주어진 문장이 위치하는 것이 옳다.

해석 우리의 인지와 언어의 생산(결과)은 시간에 따라 바뀐다. 만약 우리가 장기간 동안 우리의 고향을 떠난다면, 우리 주변의 새로운 악센트가 이상하다는 우리의 인지는 오직 잠시뿐일 것이다. 점차적으로, 우리는 다른 사람이 다른 악센트를 가지고 있다는 감각을 잃어 갈 것이고 우리는 거기에 적응하기 시작할 것이다 — 우리의 언어 습관을 새로운 표준으로 맞추면서. [똑같지 않음을 명시] 모든 사람들이 똑같은 수준으로 적응하는 것은 아니다. [똑같은 입장이 아님의 예] ④ [A 입장] 어떤 이들은 그들의 원래 악센트와 사투리, 관용구 그리고 제스처를, 몹시 자랑스러워한다, 반면에 [B 입장] 다른 사람들은 자신의 언어 습관을 바꿈으로써, 빠르게 새로운 환경을 수용하고, 그래서 그들은 더 이상 "군중 속에서 두드러지지" 않는다. 그들이 이것을 의식적으로 하느냐, 하지 않느냐는 아직 논쟁 중에 있고 개개인마다 다를 수 있다, 그러나 언어와 관련 있는 대부분의 과정과 같이, 아마도 이 변화는 우리가 알아채기 전에 일어난다, 그리고 아마도 우리가 미리 알아챘다면, 그것은 일어나지 않았을 수도 있을 것이다.

끊어읽기 우리의 인지와 / 언어의 생산은 / 바뀐다 / 시간에 따라. 만약 우리가 / 떠난다면 / 우리의 고향을 / 장기간 동안, / 우리의 인지는 / 새로운 악센트가 / 우리 주변의 / 이상하다는 / 단지 잠시뿐일 것이다. 점차적으로, / 우리는 / 잃어 갈 것이다 / 감각을 / 다른 사람이 / 악센트를 가지고 있다는 / 그리고 우리는 / 시작할 것이다 / 적응하기 — 맞추면서 / 우리의 언어 습관을 / 새로운 표준으로. 모든 사람들이 / 이렇게 하는 것은 아니다 / 똑같은 수준으로. 어떤 이들은 / 몹시 자랑스러워한다 / 그들의 원래 악센트와 사투리, / 관용구 그리고 제스처를, / 반면에 / 다른 사람들은 / 빠르게 수용한다 / 새로운 환경을 / 바꿈으로써 / 자신의 언어 습관을, / 그래서 그들은 / 더 이상 않는다 / "군중 속에서 두드러지지". 그들이 / 이것을 의식적으로 하느냐, / 하지 않느냐는 / 논쟁 중에 있고, / 다를 수 있다 / 개개인마다, / 그러나 / 대부분의 과정과 같이 / 언어와 관련 있는, / 이 변화는 / 아마도 일어난다 / 이전에 / 우리가 / 그것을 알아채기 / 그리고 / 아마도 / 일어나지 않았을 수도 있을 것이다 / 우리가 / 알아챘었다면.

 정답 ④

06

주어진 문장이 들어갈 위치로 가장 적절한 곳은? 2021 국가직

For example, the state archives of New Jersey hold more than 30,000 cubic feet of paper and 25,000 reels of microfilm.

Archives are a treasure trove of material: from audio to video to newspapers, magazines and printed material—which makes them indispensable to any History Detective investigation. While libraries and archives may appear the same, the differences are important. (①) An archive collection is almost always made up of primary sources, while a library contains secondary sources. (②) To learn more about the Korean War, you'd go to a library for a history book. If you wanted to read the government papers, or letters written by Korean War soldiers, you'd go to an archive. (③) If you're searching for information, chances are there's an archive out there for you. Many state and local archives store public records—which are an amazing, diverse resource. (④) An online search of your state's archives will quickly show you they contain much more than just the minutes of the legislature—there are detailed land grant information to be found, old town maps, criminal records and oddities such as peddler license applications.

- archive 기록 보관소
- cubic 아카이브, 정육면체의
- treasure trove 매장물, 보물 창고
- indispensable 없어서는 안 될, 필수적인
- make up 구성하다, 이루다
- secondary 이차적인, 부차적인
- chances are that ~일 가능성이 있다, ~할 확률이 상당하다
- legislature 입법부
- grant 보조금
- criminal record 전과 기록
- oddity 이상함
- peddler 행상인
- license application 인가 신청

어휘 Quiz

1	legislature	6	secondary
2	make up	7	chances are that
3	oddity	8	archive
4	treasure trove	9	indispensable
5	license application	10	grant

정답 1. 입법부 2. 구성하다, 이루다 3. 이상함 4. 매장물, 보물 창고 5. 인가 신청 6. 이차적인, 부차적인 7. ~일 가능성이 있다, ~할 확률이 상당하다 8. 기록 보관소 9. 없어서는 안 될, 필수적인 10. 보조금

정답 및 해설

> Archives are a treasure trove of material: from audio to video to newspapers, magazines and printed material—which makes them indispensable to any History Detective investigation. While libraries and archives may appear the same, the differences are important. (①) An archive collection is almost always made up of primary sources, while a library contains secondary sources. (②) To learn more about the Korean War, you'd go to a library for a history book. If you wanted to read the government papers, or letters written by Korean War soldiers, you'd go to an archive. (③) If you're searching for information, chances are there's an archive out there for you. Many state and local archives store public records—which are an amazing, diverse resource. ④ <u>For example[diverse resource의 예시], the state archives of New Jersey hold more than 30,000 cubic feet of paper and 25,000 reels of microfilm.</u> An online search of your state's archives will quickly show you they contain much more than just the minutes of the legislature—there are detailed land grant information to be found, old town maps, criminal records and oddities such as peddler license applications.

06 **정답 해설** 주어진 문장은 'For example'로 시작하며 이것은 어떠한 것의 예시 역할을 한다는 것을 알 수 있으며, 해당 내용은 기록 보관소에 어떤 자료가 있는지를 설명하고 있다. 따라서 주어진 문장의 앞에는 '기록 보관소'가 얼마나 다양한 자료들을 가지고 있는지에 대한 설명이 제시되어 있어야 한다. ④의 앞에 'archives store public records — which are an amazing, diverse resource.'를 언급하며 기록 보관소가 다양한 자료를 가지고 있음을 큰 틀에서 설명하고 있으므로, 주어진 문장은 ④에 들어가 기록 보관소가 구체적으로 어떤 다양한 자료를 가지고 있는지를 설명하는 것이 자연스럽다.

해석 아카이브(기록 보관소)는 오디오에서 비디오, 신문, 잡지 및 인쇄물에 이르기까지 모든 자료의 보물 창고이다. 이 자료들은 역사 조사에 있어서 필수적인 자료이다. 도서관과 아카이브가 같아 보일 수 있지만, 차이점이 중요하다. 아카이브 컬렉션은 거의 항상 1차 자료로 구성되지만 도서관은 2차 자료로 구성된다. 한국 전쟁에 대해 더 알기 위해, 당신은 역사책을 얻기 위해 도서관에 갈 것이다. 만약 당신이 정부 신문이나 한국 전쟁 병사들이 쓴 편지를 읽고 싶다면, 당신은 아카이브에 갈 것이다. 당신이 어떤 정보를 찾고 있다면, 당신을 위한 아카이브가 있을 가능성이 있다. 많은 주 및 지역 아카이브는 공공 기록을 저장하며, 이는 놀랍고 다양한 자료이다. ④ 예를 들어, [diverse resource의 예시] 뉴저지의 주 아카이브에는 30,000입방피트 이상의 종이와 25,000리엘의 마이크로 필름이 보관되어 있다. 주 아카이브에 대한 온라인 검색은 입법부의 회의록보다 훨씬 더 많은 것을 포함하고 있다는 것을 빠르게 보여줄 것이다. 자세히 찾을 수 있는 토지 보조금(상세) 정보, 구시가지 지도, 범죄 기록, 행상인 면허 신청서와 같은 특이한 것들이 있다.

끊어 읽기 아카이브(기록 보관소)는 보물 창고이다 / 모든 자료의 / 오디오에서 비디오, 신문, / 잡지 및 인쇄물에 이르기까지 / 이 자료들은 필수적인 자료이다 / 역사 조사에 있어서. 도서관과 아카이브가 / 같아 보일 수 있지만, / 차이점이 중요하다. 아카이브 컬렉션은 / 거의 항상 구성되지만 / 1차 자료로 / 반면에 도서관은 / 2차 자료로 구성된다. 한국 전쟁에 대해 더 알기 위해, / 당신은 도서관에 갈 것이다 / 역사책을 얻기 위해. 만약 당신이 읽고 싶다면, / 정부 신문이나 한국 전쟁 병사들이 쓴 편지를 / 당신은 아카이브에 갈 것이다. 당신이 어떤 정보를 찾고 있다면, / 가능성이 있다 / 당신을 위한 아카이브가 있을. 많은 주 및 지역 아카이브는 / 공공 기록을 저장하며, / 이는 놀랍고 다양한 자료이다. 예를 들어, / 뉴저지의 주 아카이브에는 / 보관되어 있다 / 30,000입방피트 이상의 종이와 / 25,000리엘의 마이크로 필름이. 온라인 검색은 / 주 아카이브에 대한 / 빠르게 보여줄 것이다 / 훨씬 더 많은 것을 포함하고 있다는 것을 / 입법부의 회의록보다. 자세히 찾을 수 있는 / 토지 보조금 정보, / 구시가지 지도, 범죄 기록, / 특이한 것들이 있다 / 행상인 면허 신청서와 같은.

정답 ④

07

주어진 문장이 들어갈 위치로 가장 적절한 곳은? 2015 국가직

> We can in consequence establish relations with almost all sorts of them.

Reptiles and fish may no doubt be found in swarms and shoals; they have been hatched in quantities and similar conditions have kept them together. In the case of social and gregarious mammals, the association arises not simply from a community of external forces but is sustained by an inner impulse. They are not merely like one another and so found in the same places at the same times; they like one another and so they keep together. This difference between the reptile world and the world of our human minds is one our sympathies seem unable to pass. (A) We cannot conceive in ourselves the swift uncomplicated urgency of a reptile's instinctive motives, its appetites, fears and hates. (B) We cannot understand them in their simplicity because all our motives are complicated; ours are balances and resultants and not simply urgencies. (C) But the mammals and birds have self-restraint and consideration for other individuals, a social appeal, a self-control that is, at its lower level, after our own fashion. (D) When they suffer they utter cries and make movements that rouse our feelings. We can make pets of them with a mutual recognition. They can be tamed to self-restraint towards us, domesticated and taught.

① (A)   ② (B)
③ (C)   ④ (D)

- consequence 결과, 중요함
- reptile 파충류
- swarm 떼(= shoal)
- hatch 알을 까다, 부화시키다
- gregarious 사교적인, 모여 사는
- external 외부의
- sustain 지속시키다, 매달다
- impulse 충격, 충동, 자극
- merely 한낱, 그저, 단지
- conceive 마음속에 품다
- swift 빠른
- appetite 식욕, 욕구
- urgency 긴급
- self-restraint 자제력
- appeal 호소, 매력
- fashion 방식, 패션
- utter 말하다, 순전한
- mutual 상호 간의, 서로 간의
- tame 길들이다

어휘 Quiz

1	gregarious	6	conceive
2	self-restraint	7	appeal
3	appetite	8	external
4	mutual	9	urgency
5	merely	10	consequence

정답 1. 남과 어울리기 좋아하는 2. 자제력 3. 식욕, 욕구 4. 상호 간의, 서로 간의 5. 한낱, 그저, 단지 6. 마음속에 품다 7. 호소, 매력 8. 외부의 9. 긴급 10. 결과, 중요함

Reptiles and fish may no doubt be found in swarms and shoals; they have been hatched in quantities and similar conditions have kept them together. In the case of social and gregarious mammals, the association arises not simply from a community of external forces but is sustained by an inner impulse. They are not merely like one another and so found in the same places at the same times; they like one another and so they keep together. This difference between the reptile world and the world of our human minds is one our sympathies seem unable to pass. (A) We cannot conceive in ourselves the swift uncomplicated urgency of a reptile's instinctive motives, its appetites, fears and hates. (B) We cannot understand them in their simplicity because all our motives are complicated; ours are balances and resultants and not simply urgencies. (C) But the mammals and birds have self-restraint and consideration for other individuals, a social appeal, a self-control that is, at its lower level, after our own fashion. (D) We can in consequence establish relations with almost all sorts of them. [관계 맺음의 예 1] When they suffer they utter cries and make movements that rouse our feelings. [관계 맺음의 예 2] We can make pets of them with a mutual recognition. [관계 맺음의 예 3] They can be tamed to self-restraint towards us, domesticated and taught.

07

정답해설 이 글은 역접어구가 없는 유형으로, 주어진 문장에서는 모든 종류의 것들과 관계 맺을 수 있음을 말하는데, (D) 뒤에서 이 관계 맺음의 예시를 구체적으로 제시하고 있다. 즉 흐름을 같이하고 있으므로, 주어진 문장은 (D)에 들어가는 것이 적절하다.

해석 파충류와 어류들은 틀림없이 떼로 발견될 것이다; 그들은 다량으로 동시에 알을 깨고, 비슷한 조건들이 그들을 함께 있도록 해 왔다. 사회성이 있고 군집하는 포유류들의 경우에는, 연합이 외부적 힘의 공동체로부터 생길 뿐 아니라, 내부적 자극에 의해서 유지된다. 그들은 단지 서로와 비슷하고, 그래서 같은 장소에서 동시에 발견될 뿐 아니라; 그들은 서로를 좋아하고 그래서 그들은 같이 지낸다. 파충류계와 인간 마음이라는 세계의 이러한 차이점은 우리의 공감할 수 없는 무언가처럼 보인다. 우리는 파충류들의 본능적 동기, 식욕, 공포, 증오라는 빠르고 단순한 신속함을 우리 마음속에 상상할 수 없다. 우리는 모든 우리들의 동기가 복잡하므로, 그들의 단순함으로 그들을 이해할 수가 없다; 우리의 것들은 균형이고, 결과가 있으며, 단순히 신속한 것이 아니다. 그러나 포유류와 조류들은 자제력을 가지고 있고, 다른 개체와 사회적 호소에 대한 고려, 즉 낮은 수준이기는 하지만, 우리의 것과 닮은 자기 조절 능력을 가지고 있다. (D) 우리는 결과적으로 거의 모든 종류의 그들과 관계를 맺을 수 있다. [관계 맺음의 예 1] 그들이 고통을 받을 때, 그들은 큰소리로 울고 우리 감정을 일으키는 행동을 만들어 낸다. [관계 맺음의 예 2] 우리는 그들을 상호 간의 인정을 통해 애완동물로 삼을 수 있다. [관계 맺음의 예 3] 그들은 우리에 대하여 자제력을 갖도록 길들여질 수 있고, 가축화되며 교육받을 수 있다.

끊어읽기 파충류와 어류들은 / 틀림없이 떼로 발견될 것이다 / 떼를 지어; / 그들은 / 알을 깬다 / 대량으로 / 그리고 / 비슷한 조건들이 / 해 왔다 / 그들을 / 함께 있도록. 사회성이 있고 군집하는 포유류들의 경우에는, / 연합이 / 생길 뿐 아니라 / 외부적 힘의 공동체로부터, / 유지된다 / 내부적 자극에 의해서. 그들은 / 단지 서로와 비슷할 뿐 아니라 / 그래서 발견된다 / 같은 장소에서 / 동시에; / 그들은 / 서로를 좋아하고 / 그래서 그들은 / 같이 지낸다. 이러한 차이점은 / 사이에서 / 파충류계와 세상의 / 우리 인간의 마음이라는 / 우리의 공감이 / 불가능해 보인다 / 전달되는 것이. 우리는 마음에 품을 수 없다 / 우리 속에 / 빠르고 단순한 신속함을 / 파충류들의 본능적 동기인, / 그들의 식욕, 공포 그리고 증오를. 우리는 / 이해할 수가 없다 / 그들을 / 그들의 단순함으로 / 왜냐하면 / 우리의 모든 동기가 / 복잡하므로; / 우리의 동기는 / 균형이고 / 결과가 있으며 / 단순히 신속한 것이 아니다. 그러나 포유류와 조류들은 / 가지고 있고, / 자제력과 고려 / 다른 개체에 대한, / 사회적 호소, / 자기 조절 능력을 가지고 있다 / 그것은, / 낮은 수준이기는 하지만, / 우리의 것과 닮은. 우리는 / 결과적으로 / 관계를 맺을 수 있다 / 거의 모든 종류와 / 그들의. 그들이 / 고통을 받을 때 / 그들은 / 큰소리로 울고 / 만들어 낸다 / 행동을 / 일으키는 / 우리의 감정을. 우리는 / 애완동물로 삼을 수 있다 / 그들을 / 상호 간의 인정을 통해. 그들은 / 길들여질 수 있고 / 자제력을 갖도록 / 우리에게, / 가축화되며 / 교육받을 수 있다.

정답 ④

08

주어진 문장이 들어갈 위치로 가장 적절한 곳은? 2015 국가직

> Print, however, with its standard format and type, introduced exact mass reproduction.

Print transformed how knowledge itself was understood and transmitted. A manuscript is a unique and unreproducible object. (A) This meant that two readers separated by distance could discuss and compare identical books, right down to a specific word on a particular page. (B) With the introduction of consistent pagination, indexes, alphabetic ordering, and bibliographies (all unthinkable in manuscript), knowledge itself was slowly repackaged. (C) Textual scholarship became a cumulative science, as scholars could now gather manuscripts of, say, Aristotle's Politics and print a standard authoritative edition based on a comparison of all available copies. (D) This also led to the phenomenon of new and revised editions.

① (A)
② (B)
③ (C)
④ (D)

- **mass reproduction** 대량 복제
- **transmit** 전송하다, 발송하다
- **manuscript** 원고, 필사본
- **unreproducible** 재생할 수 없는, 복사할 수 없는
- **identical** 동일한
- **consistent** 일관된
- **pagination** 페이지 매기기
- **index** 색인, 지수
- **alphabetic** 알파벳으로 된
- **bibliography** 참고 문헌, 서지학
- **unthinkable** 상상도 할 수 없는
- **cumulative** 누적적인
- **authoritative** 권위적인
- **revise** 변경하다, 수정하다

어휘 Quiz

1	unthinkable		6	unreproducible	
2	identical		7	mass reproduction	
3	manuscript		8	cumulative	
4	transmit		9	consistent	
5	revise		10	authoritative	

정답 1. 상상도 할 수 없는 2. 동일한 3. 원고, 필사본 4. 전송하다, 발송하다 5. 변경하다, 수정하다 6. 재생할 수 없는, 복사할 수 없는 7. 대량 복제 8. 누적적인 9. 일관된 10. 권위적인

정답 및 해설

> Print transformed how knowledge itself was understood and transmitted. A manuscript is a unique and unreproducible object. [원고 복제 불가능함. ←] (A) Print, however, [앞뒤 내용의 역접 = 재생 불가 vs. 복제 가능] with its standard format and type, introduced exact mass reproduction. [→ 원고 복제 가능함.] This meant that two readers separated by distance could discuss and compare identical books, right down to a specific word on a particular page. (B) With the introduction of consistent pagination, indexes, alphabetic ordering, and bibliographies (all unthinkable in manuscript), knowledge itself was slowly repackaged. (C) Textual scholarship became a cumulative science, as scholars could now gather manuscripts of, say, Aristotle's Politics and print a standard authoritative edition based on a comparison of all available copies. (D) This also led to the phenomenon of new and revised editions.

08

정답해설 이 글은 역접어구가 있는 유형으로, 주어진 문장에 있는 역접의 접속 부사인 'however'에 주목해야 한다. 즉 주어진 문장의 앞뒤는 서로 상반되는 내용이 제시되어야 한다. 주어진 문장에서는 '그러나' 원고가 복제 가능함을 이야기하고 있으므로, 이는 (A) 앞의 '원고는 복제할 수 없는 사물이다.'와 반대된다. 따라서 주어진 문장은 (A)에 들어가는 것이 옳다.

해석 인쇄술은 어떻게 지식 그 자체가 이해되고 전송될 수 있는지를 변형시켰다. 하나의 manuscript(손으로 쓴 원고)는 유일무이한 것이며, 복제할 수 없는 사물이다. [원고 복제 불가능함. ←] (A) 그러나, [앞뒤 내용의 역접 = 재생 불가 vs. 복제 가능] 표준 포맷과 표준 형태를 가진 인쇄술은, 정확한 대량 복제를 도입했다. [→ 원고 복제 가능함.] 이것은 두 명의 멀리 떨어져 있는 독자들이 동일한 책에 대해 특정 페이지에 있는 특정 단어까지 비교하고, 논의할 수 있다는 것을 의미한다. 연속 페이지 매기기와 인덱스, 알파벳 순으로 순서 매기기, 그리고 참고 문헌(이 모든 것이 manuscript에서는 생각할 수조차 없던 것인데)과 함께, 지식 그 자체가 천천히 재포장되었다. 문서학은 축적의 학문이 되었는데, 학자들이 이제는 아리스토텔레스의 정치학과 같은 manuscript들을 모을 수 있고, 모든 이용 가능한 사본들을 비교한 것에 기반을 둔 표준화된 권위 있는 판형을 인쇄할 수 있게 되었기 때문이다. 이것은 또한 신판과 개정판이라는 현상을 이끌어 내기도 했다.

끊어읽기 인쇄술은 / 변형시켰다 / 어떻게 지식 그 자체가 / 이해되고 전송될 수 있는지. 하나의 manuscript(손으로 쓴 원고)는 / 유일무이한 것이며 / 복제가 불가능한 사물이다. 인쇄술은, / 그러나, / 표준 포맷과 표준 형태를 가진, / 도입했다 / 정확한 대량 복제를. 이것은 / 의미했다 / 두 명의 독자가 / 멀리 떨어져 있는 / 의논하고 비교할 수 있다는 것을 / 동일한 책을, / 아주 특정한 단어까지 / 특정 페이지에 있는. 도입과 함께, / 연속적인 페이지 매기기, 인덱스, 알파벳 순으로 순서 매기기, / 그리고 참고 문헌(모두 생각할 수조차 없던 / manuscript에서는)의, / 지식 그 자체가 / 천천히 재포장되었다. 문서학은 / 되었다 / 축적의 학문이, / 학자들이 / 이제는 모을 수 있음에 따라 / manuscript들을, / 예를 들어, / 아리스토텔레스의 정치학과 같은, / 그리고 인쇄할 수 있음에 따라 / 표준화된 권위 있는 판형을 / 기반을 둔 / 비교에 / 모든 이용 가능한 사본들의. 이것은 / 또한 이끌어 냈다 / 현상을 / 신판과 개정판이라는.

정답 ①

09

주어진 문장이 들어갈 위치로 가장 적절한 곳은?　　　2022 지방직

> The comparison of the heart to a pump, however, is a genuine analogy.

An analogy is a figure of speech in which two things are asserted to be alike in many respects that are quite fundamental. Their structure, the relationships of their parts, or the essential purposes they serve are similar, although the two things are also greatly dissimilar. Roses and carnations are not analogous. (①) They both have stems and leaves and may both be red in color. (②) But they exhibit these qualities in the same way; they are of the same genus. (③) These are disparate things, but they share important qualities: mechanical apparatus, possession of valves, ability to increase and decrease pressures, and capacity to move fluids. (④) And the heart and the pump exhibit these qualities in different ways and in different contexts.

□ comparison 비교
□ genuine 진짜의
□ analogy 비유, 유사점
□ assert 주장하다, 단언하다
□ fundamental 근본적인
□ analogous 유사한
□ stem 줄기, ~로 부터 나오다
□ exhibit 보여주다
□ in the same way
　같은 방법으로
□ disparate 다른, 이질적인
□ mechanical 기계적인
□ apparatus 장치, 기구
□ possession 소유, 소유물
□ fluid 유체

어휘 Quiz

1	comparison		6	genuine
2	analogy		7	fundamental
3	analogous		8	exhibit
4	disparate		9	mechanical
5	possession		10	apparatus

정답 1. 비교 2. 비유, 유사점 3. 유사한 4. 이질적인 부분들로 이뤄진, 서로 전혀 다른 5. 소유, 소유물 6. 진짜의, 진실의 7. 근본적인 8. 보여주다 9. 기계적인 10. 장치, 기구

정답 및 해설

> An analogy is a figure of speech in which two things are asserted to be alike in many respects that are quite fundamental. Their structure, the relationships of their parts, or the essential purposes they serve are similar, although the two things are also greatly dissimilar. Roses and carnations are not analogous. (①) They both have stems and leaves and may both be red in color. (②) But they exhibit these qualities in the same way; they are of the same genus. [비교] (③) The comparison of the heart to a pump, however, is a genuine analogy. These are disparate things, but they share important qualities: mechanical apparatus, possession of valves, ability to increase and decrease pressures, and capacity to move fluids. (④) And the heart and the pump exhibit these qualities in different ways and in different contexts.

09

정답해설 주어진 문장에서는 심장과 펌프의 비유 사례를 언급하고 있으며, 이것이 진정한 비유라고 설명한다. 따라서 주어진 문장의 뒤쪽으로는 심장과 펌프의 비유가 왜 진정한 비유인지를 설명하는 글이 제시되어야 한다.

③을 기준으로 ③ 앞에서는 장미와 카네이션의 비유를 설명하는데 이것이 진정한 비유가 아니라고 설명하고 있으며, ③을 기준으로 ③ 뒤에서는 기계장치, 압력을 조절하는 능력 등의 중요한 특성을 공유한다고 했으므로 심장과 펌프에 대한 설명임을 알 수 있다. 따라서 주어진 문장은 ③에 들어가는 것이 옳다.

해석 비유는 화법의 일종으로 두 가지 사물이 본질적인 면에서 서로 닮았다고 말하는 방식이다. 그들의 구조, 그들 부분의 관계, 또는 그들이 주는 본질적인 목적은 유사하지만, 두 가지 또한 크게 다르다. 장미와 카네이션은 유사하지 않다. 장미와 카네이션은 둘 다 줄기와 잎을 가지고 있으며 둘 다 빨간색일 수 있다. 그러나 그들은 같은 방식으로 이러한 특성을 보여준다; 그것들은 같은 속에 속해 있는 것이다. [비교] ③ 그러나 심장을 펌프와 비교하는 것은 진정한 비유다. 이것들은 서로 다른 것들이지만, 중요한 특성을 공유한다. 즉 그것들은 기계 장치, 밸브의 보유, 압력을 증가시키고 감소시키는 능력, 그리고 유체를 움직일 수 있는 능력과 같은 중요한 특성을 공유하는 것이다. 그리고 심장과 펌프는 다른 방식으로 그리고 다른 맥락에서 이러한 특성들을 보여준다.

끊어읽기 비유는 / 말하는 방식이다 / 두 가지 사물이 / 서로 닮았다고 / 본질적인 면에서. 그들의 구조 / 그들 부분의 관계, / 또는 본질적인 목적은 / 그들이 주는 (본질적인 목적) / 유사하다 / 하지만, / 두 가지 또한 / 크게 다르다. 장미와 카네이션은 / 유사하지 않다. 그들은(장미와 카네이션은) / 둘 다 갖고 있다 / 줄기와 잎을 / 그리고 / 둘 다 빨간색이다. 그러나 / 그들은 / 보여준다 / 이러한 특성들을 / 같은 방식으로: / 그것들은 같은 속에 속해 있다. 비교하는 것은 / 심장을 펌프와 / 그러나 / 진정한 비유다. 이것들은 / 서로 다른 것들이다 / 하지만 / 그들은 / 공유한다 / 중요한 특성들을: 기계 장치 / 밸브의 보유 / 능력 / 압력을 증가시키고 감소시키는 (능력) / 그리고 능력을 / 유체를 움직일 수 있는 (능력을). 그리고 / 심장과 펌프는 / 보여준다 / 이러한 특성들을 / 다른 맥락에서 / 그리고 다른 방식으로.

정답 ③

10
주어진 문장이 들어갈 위치로 가장 적절한 것은?

2022 국가직

> Thus, blood, and life-giving oxygen, are easier for the heart to circulate to the brain.

People can be exposed to gravitational force, or g-force, in different ways. It can be localized, affecting only a portion of the body, as in getting slapped on the back. It can also be momentary, such as hard forces endured in a car crash. A third type of g-force is sustained, or lasting for at least several seconds. (①) Sustained, body-wide g-forces are the most dangerous to people. (②) The body usually withstands localized or momentary g-force better than sustained g-force, which can be deadly because blood is forced into the legs, depriving the rest of the body of oxygen. (③) Sustained g-force applied while the body is horizontal, or lying down, instead of sitting or standing tends to be more tolerable to people, because blood pools in the back and not the legs. (④) Some people, such as astronauts and fighter jet pilots, undergo special training exercises to increase their bodies' resistance to g-force.

- circulate 순환시키다
- expose 노출시키다
- gravitational 중력의
- localize 국한시키다
- slap (찰싹) 치다
- momentary 순간적인
- endure 참다, 견디다
- sustain 지속시키다, 매달다
- last 지속되다, 마지막, 지난
- withstand 참다, 견디다
- deadly 치명적인, 죽음의
- deprive 빼앗다
- horizontal 수평의
- tolerable 참을 만한
- pool 고이다, 수영장
- astronaut 우주 비행사
- undergo 겪다, 경험하다
- resistance 저항

어휘 Quiz

1	gravitational	6	withstand
2	deprive	7	tolerable
3	deadly	8	undergo
4	circulate	9	endure
5	sustain	10	momentary

정답 1. 중력의 2. 빼앗다
3. 치명적인 4. 순환시키다
5. 지속시키다 6. 참다, 견디다
7. 참을 만한 8. 겪다, 경험하다
9. 참다, 견디다 10. 순간적인

People can be exposed to gravitational force, or g-force, in different ways. It can be localized, affecting only a portion of the body, as in getting slapped on the back. It can also be momentary, such as hard forces endured in a car crash. A third type of g-force is sustained, or lasting for at least several seconds. (①) Sustained, body-wide g-forces are the most dangerous to people. (②) The body usually withstands localized or momentary g-force better than sustained g-force, which can be deadly because blood is forced into the legs, depriving the rest of the body of oxygen. (③) Sustained g-force applied while the body is horizontal, or lying down, instead of sitting or standing tends to be more tolerable to people, because blood pools in the back and not the legs. [앞의 원인이 있어야 함 =] ④ Thus, blood, and life-giving oxygen, are easier for the heart to circulate to the brain. Some people, such as astronauts and fighter jet pilots, undergo special training exercises to increase their bodies' resistance to g-force.

10 **정답 해설** 주어진 문장은 그래서 심장이 혈액과 산소를 뇌로 순환시키기 쉽다는 내용이다. 결과의 접속 부사 Thus(그래서)가 사용되었으므로, 앞에는 이에 대한 원인이 제시될 것임을 알 수 있다. 이 글은 사람이 관성력에 노출될 수 있는 방식에는 세 가지가 있으며 (1. 국소적인 관성력 / 2. 순간적인 관성력 / 3. 지속적인 관성력) 그중 세 번째 유형이 가장 위험하다고 설명한다. ③ 앞에서는 지속적인 관성력에 노출될 경우, 피가 다리에 쏠려, 신체의 다른 부위에 산소 공급이 안 되기 때문에 위험하다고 설명하며, ④ 앞에서는 몸이 수평상태이거나 누워 있을 때는 다리가 아닌 등에 피가 쏠리기 때문에 사람이 더 잘 견딜 수 있다고 설명한다. 피가 몸의 말단 부위인 다리가 아니라, 중심부인 등에 쏠려 있기 때문에 심장이 이를 뇌로 순환시키기 쉬운 것임을 유추할 수 있으므로 주어진 문장은 ④에 들어가는 것이 적절하다.

해석 사람들은 다른 방법으로 중력, 즉 관성력에 노출될 수 있다. 등을 찰싹 맞을 때와 같이 그것은 신체 일부에만 영향을 미치면서 국소화될 수 있다. 그것은 또한 자동차 충돌에서 견디는 강한 힘처럼 순간적일 수 있다. 세 번째 유형의 관성력은 지속되거나 최소 몇 초 동안 유지될 수 있다. 지속적이고, 전신에 걸친 관성력은 사람들에게 가장 위험하다. 신체는 보통 국소적이거나 순간적인 관성력을 지속적인 관성력보다 더 잘 견뎌내는데, 지속적인 관성력이 작용하면 혈액이 다리로 강제로 들어가 나머지 몸의 산소를 빼앗기 때문에 치명적일 수 있다. 앉거나 서 있는 대신 몸이 수평상태이거나 누워 있을 때 가해지는 지속적인 관성력의 경우 다리가 아닌 등에 피가 고이기 때문에 사람들이 더 잘 견디는 경향이 있다. ④ [앞의 원인이 있어야 함 =] <u>그러므로 혈액과 생명을 주는 산소는 심장이 뇌로 순환시키기 더 쉽다.</u> 우주 비행사와 전투기 조종사와 같은 몇몇 사람들은 관성력에 대한 몸의 저항을 증가시키기 위해 특별한 훈련을 받는다.

끊어 읽기 사람들은 / 노출될 수 있다 / 중력, 즉 관성력에 / 다른 방법으로. 국소화될 수 있다 / 영향을 미치면서 / 신체 일부에만 / 등을 찰싹 맞을 때와 같이. 그것은 또한 순간적일 수 있다 / 강한 힘처럼 / 자동차 충돌에서 견디는. 세 번째 유형의 관성력은 / 유지될 수 있다 / 지속되거나 / 최소 몇 초 동안. 관성력은 / 지속적이고, 전신에 걸친 (관성력은) / 가장 위험하다 / 사람들에게. 신체는 / 보통 / 견뎌내는데 / 국소적이거나 / 순간적인 관성력을 / 지속적인 관성력보다 / 이것은 치명적일 수 있다 / 혈액이 / 다리로 강제로 들어가 / 빼앗기 때문에 / 몸의 산소를. 지속적인 관성력은 / 몸이 수평상태이거나 / 누워 있을 때 / 앉거나 서 있는 대신 / 더 잘 견디는 경향이 있다 / 사람들이, / 왜냐하면 피가 고이기 때문에 / 등에 / 다리가 아니라. <u>그러므로 / 혈액은 그리고 생명을 주는 산소는 / 더 쉽다 / 심장이 순환시키기에 / 뇌로.</u> 몇몇 사람들은 / 우주 비행사와 전투기 조종사 같은 (몇몇 사람들은) / 받는다 / 특별한 훈련을 / 증가시키기 위해 / 몸의 저항을 / 관성력에 대한.

정답 ④

PART 5

빈칸 추론

PART 5 빈칸 추론

기심론 독해 진도 ▮▮▮▮▮▮▮ 70%
전체 커리큘럼 진도 ▮▮▮ 20%

보기부터, 보기의 차이가 Key!

■ 두려움을 극복하라!

우리는 빈칸 추론에 대해 겁먹는 경향이 있다.
이는, 이미 경험해본 "비교적 난도가 높은 수능"의 영향으로 보인다.

하지만 우리 시험은 「수능」에서의 "추론 능력 측정"과는 달리
"영어 그 자체"를 묻는 방식으로 출제되고,
출제되는 방식이 일정하게 정해져 있기 때문에 출제 방식을 파악하고
그에 맞게 대비하면 누구라도 충분히 풀 수 있다.

빈칸 추론 구성 방식

■ 빈칸 위치에 따라 다르다

① 빈칸이 「앞/중간」에 있는 경우

> 빈칸이 **앞에 있는 경우** 이는 **주제문 누락**에 해당한다. 일반적으로는 주제문을 읽고 뒤의 내용을 파악해야 하는데 주제문이 누락되어 있으므로 많은 학생들이 이를 배제하고 글을 읽는 경우가 많다. 하지만 이는 잘못된 문제 풀이 방식이다.
>
> 영어는 "모호한 언어"이기 두괄식으로 글을 쓰는데, 결국 모호한 뒤의 내용들을 읽고 역추산하여 주제문을 생각한다는 것은 **영어가 두괄식을 사용하는 이유에 반하는 것**이기 때문에 두괄식으로 글을 쓸 이유가 없어진다.
>
> 따라서 **주제문을 먼저 완성하고 글을 읽어야 하며** 주제문을 완성하기 위해서는 **선지부터 먼저 보는 것이 옳다.**

MEMO

 TJ Says

맨앞 빈칸

선지(차이) → 주제문 완성
→ 본문 통한 내용 파악

밑줄 친 부분에 들어갈 말로 가장 적절한 것을 고르시오.

2024 국가직

_____. Nearly every major politician hires media consultants and political experts to provide advice on how to appeal to the public. Virtually every major business and special—interest group has hired a lobbyist to take its concerns to Congress or to state and local governments. In nearly every community, activists try to persuade their fellow citizens on important policy issues. The workplace, too, has always been fertile ground for office politics and persuasion. One study estimates that general managers spend upwards of 80% of their time in verbal communication—most of it with the intent of persuading their fellow employees. With the advent of the photocopying machine, a whole new medium for office persuasion was invented-the photocopied memo. The Pentagon alone copies an average of 350,000 pages a day, the equivalent of 1,000 novels.

① Business people should have good persuasion skills
② Persuasion shows up in almost every walk of life
③ You will encounter countless billboards and posters
④ Mass media campaigns are useful for the government

MEMO

□ nearly 거의
□ hire 고용하다
□ consultant 컨설턴트, 고문
□ political 정치의
□ expert 전문가
□ advice 조언
□ appeal 호소하다
□ virtually 사실상
□ special-interest group 특수 이익 집단
□ congress 의회
□ community 지역 사회
□ activist 활동가
□ persuade 설득하다
□ fellow 동료
□ workplace 직장
□ fertile 비옥한
□ upward ~보다 이상
□ verbal 구두의, 말의
□ advent 등장
□ photocopy 복사
□ medium 매체, 중간
□ equivalent 동등한, 같은

정답 해설
주어진 빈칸이 글의 맨 앞에 있으므로, 「주제문의 누락」으로 본다. 따라서, 소재 확보가 중요하다. 글에 반복적으로 등장하는 명사는 설득(Persuasion)이다. 따라서, 정답을 ①/② 중에 골라야 하며, 글의 뒷부분에서는 이 설득(Persuasion)이 주요하게 발생하는 분야를 나열하고 있으므로 정답을 ②로 고른다. (예시 나열: 정치/기업/이익단체/사무실 환경 등)

해석 [주제문] 설득은 삶의 거의 모든 단계에서 나타난다. 거의 모든 주요 정치인들은 대중들에게 어떻게 호소할 것인지에 대한 조언을 제공할 미디어 컨설턴트와 정치 전문가들을 고용한다. 사실상 모든 주요 기업과 특수 이익 단체들은 로비스트를 고용하여 그것의 우려를 의회나 주정부 및 지방 정부에 전달한다. 거의 모든 지역사회에서, 활동가들은 중요한 정책 문제에 대해 동료 시민들을 설득하려고 노력한다. 또한 직장은 항상 사무실 정치와 설득을 위한 온상이 되어왔다. 한 연구에 따르면, 일반 관리자들은 그들의 시간의 80% 이상을 구두 커뮤니케이션에 소비하는데, 대부분은 동료 직원들을 설득하기 위한 목적으로 사용한다고 한다. 복사기의 등장으로, 사무실 설득을 위한 완전히 새로운 매체인 복사 메모가 발명되었다. 국방부에서만 하루에 평균 35만 페이지를 복사하는데, 이는 소설 1,000권에 해당한다.

정답 ②

② 빈칸이 「뒤에 있는 경우」

빈칸이 뒤에 있는 경우는 빈칸의 내용은 **동어의 반복**에 해당한다. 즉, **앞에서 반복되고 있는 말**을 알아보고 넣을 수 있느냐는 것을 물어본다. 결국 앞에서 반복되는 것은 글의 소재/주제이므로 결국 이 또한 "글의 주제문을 알아볼 수 있어야 한다"는 것이 핵심이다.

밑줄 친 부분에 들어갈 말로 가장 적절한 것을 고르시오. 2024 국가직

It is important to note that for adults, social interaction mainly occurs through the medium of language. Few native-speaker adults are willing to devote time to interacting with someone who does not speak the language, with the result that the adult foreigner will have little opportunity to engage in meaningful and extended language exchanges. In contrast, the young child is often readily accepted by other children, and even adults. For young children, language is not as essential to social interaction. So-called 'parallel play', for example, is common among young children. They can be content just to sit in each other's company speaking only occasionally and playing on their own. Adults rarely find themselves in situations where _____.

① language does not play a crucial role in social interaction
② their opinions are readily accepted by their colleagues
③ they are asked to speak another language
④ communication skills are highly required

정답해설 빈칸이 글의 끝부분에 있으므로, 동어 반복을 생각한다. 주어진 글은 성인의 소통과 아동의 소통의 차이를 대조하는 글이다. 즉, 성인의 소통에서는 언어가 주요 매개체이며, 아동들의 소통에서 언어는 그다지 중요치 않다는 것이다. 따라서, 주요 차별점 즉, 소재는 언어로 봐야 하며, 빈칸의 내용이 성인의 상황을 얘기하고 있으므로, "언어가 중요하다"는 내용이 되어야 한다. 앞선 부분에서 rarely(거의 ~않다/부정)으로 썼으므로, "언어가 중요치 않은 곳에서는 의사소통에 참여하지 않는다."의 의미가 되도록 ①로 빈칸을 채운다. 이는 비슷한 부정의 의미인 문장 (Few native-speaker adults are ~ someone)에서도 확인할 수 있다.

해석 성인의 경우 주로 언어라는 매개체를 통해서 사회적 상호 작용을 한다는 점에 주목해야 한다. 원어민 성인 중 해당 언어를 사용하지 않는 사람과 상호 작용하는 데 시간을 기꺼이 할애하려는 사람은 거의 없으며, 그 결과 성인 외국인은 의미 있고 확장된 언어 교환에 참여할 기회를 거의 갖지 못하는 것이다. 대조적으로, 어린 아이는 종종 다른 아이들, 심지어 성인들에 의해 쉽게 받아들여진다. 어린 아이들에게 언어는 사회적 상호 작용에서 꽤 필수적이지는 않다. 예를 들어, 소위 '병행놀이'는 어린 아이들 사이에서 일반적이다. 그들은 단지 동반자와 앉아 있고 가끔씩만 말하고 혼자서 노는 것만으로 만족할 수 있다. 어른들은 이런 상황에서 거의 스스로를 발견하지 못하는데, 이는 언어가 중요하지 않은 상황에서인 것이다.

정답 ①

MEMO

- interaction 상호 작용
- occur 발생하다, 일어나다
- through ~을 통하여
- be willing to Ⓡ 기꺼이 ~하다
- devote 바치다, 헌신시키다
- interact with ~와 상호 작용을 하다
- opportunity 기회
- engage in ~를 하다
- meaningful 의미 있는
- extend 확장하다
- in contrast 대조적으로
- essential 필수의
- so-called 소위
- parallel 병행하는
- content 만족하다
- company 동반자, 친구
- occasionally 가끔
- rarely 거의 ~않다
- situation 상황

기출로 연습하기

01

밑줄 친 부분에 들어갈 말로 가장 적절한 것을 고르시오. 2025 국가직

Active listening is an art, a skill and a discipline that takes _____. To develop good listening skills, you need to understand what is involved in effective communication and develop the techniques to sit quietly and listen. This involves ignoring your own needs and focusing on the person speaking—a task made more difficult by the way the human brain works. When someone talks to you, your brain immediately begins processing the words, body language, tone, inflection and perceived meanings from the other person. Instead of hearing one noise, you hear two: the noise the other person is making and the noise in your own head. Unless you train yourself to remain vigilant, the brain usually ends up paying attention to the noise in your own head. That's where active listening techniques come into play. Hearing becomes listening only when you pay attention to what the person is saying and follow it very closely.

① a sense of autonomy
② a creative mindset
③ a high degree of self-control
④ an extroverted personality

- active listening 능동적 경청, 적극적으로 듣기
- discipline 훈련, 규율
- self-control 자기 통제력
- understand 이해하다
- task 과제, 일
- by the way ~의 방식에 의해
- immediately 즉시
- inflection 억양
- instead of ~대신에
- unless ~하지 않는다면
- train oneself 스스로를 훈련시키다
- end up -ing 결국 ~하게 되다
- pay attention to ~에 주의를 기울이다

어휘 Quiz

1	discipline		6	self-control	
2	task		7	immediately	
3	inflection		8	unless	
4	end up -ing		9	pay attention to	
5	by the way		10	train oneself	

정답 1. 훈련, 규율 2. 과제, 일 3. 억양 4. 결국 ~하게 되다 5. ~의 방식에 의해 6. 자기 통제력 7. 즉시 8. ~하지 않는다면 9. ~에 주의를 기울이다 10. 스스로를 훈련시키다

정답 및 해설

> Active listening is an art, a skill and a discipline that takes [주제문] a high degree of self-control. To develop good listening skills, you need to understand what is involved in effective communication and develop the techniques to sit quietly and listen. [주제문의 구체화 ①] This involves ignoring your own needs and focusing on the person speaking—a task made more difficult by the way the human brain works. When someone talks to you, your brain immediately begins processing the words, body language, tone, inflection and perceived meanings from the other person. Instead of hearing one noise, you hear two: the noise the other person is making and the noise in your own head. [주제문의 구체화 ②] Unless you train yourself to remain vigilant, the brain usually ends up paying attention to the noise in your own head. That's where active listening techniques come into play. Hearing becomes listening only when you pay attention to what the person is saying and follow it very closely.

01

선택지 해설
① 자율성의 감각　　② 창의적인 사고방식
③ 높은 수준의 자기 통제/자기 조절　　④ 외향적인 성격

정답 해설
③ 높은 수준의 자기 통제/자기 조절
→ 주어진 글의 주요 소재는 "적극적 경청"이고, 이 글은 이 적극적 경청을 하기 위해 필요한 것들을 소개하고 있다. 빈칸이 글의 맨 앞에 있으므로, 주제문 누락으로 생각할 수 있다. 바로 뒷 문장에서 이 주제문을 다시 한번 설명하고 있고, 그 뒤의 문장들이 이 주제문을 구체적으로 설명하고 있다. 뒤의 내용에서 "자신의 욕구를 무시하고(ignoring your own needs)", "스스로 주의력을 유지하기 위해서 훈련(train yourself to remain vigilant)" 등의 내용을 통해서 절제력이 필요함을 강조하고 있으므로, ③을 정답으로 고르면 된다.

※ ①의 경우 "자율성"(autonomy)은 "외부의 영향을 받지 않고 독립적으로 운영되는 상태"를 지칭한다. 이 글은 주로 "내적으로 벌어지는 일"을 "스스로의 훈련을 통해서 통제한다"는 내용으로 비록 비슷한 의미이지만 보다 정확한 답은 ③이다.

오답 해설
① 자율성의 감각
② 창의적인 사고방식
　→ 주어진 글은 창의적인 사고에 대해 전혀 언급하고 있지 않다.
④ 외향적인 성격
　→ 주어진 글은 성격에 관해서도 외향성에 관해서도 전혀 언급하고 있지 않다.

해석 적극적 경청은 기술이자 기능이며, 훈련이 필요한 행위로, [주제문] 높은 수준의 자기 절제력이 요구되는 것이다. 좋은 경청 능력을 기르기 위해서는, 효과적인 의사소통에 포함되는 것이 무엇인지 이해하고, 조용히 앉아 상대의 말을 들을 수 있는 기술을 계발해야 한다. [주제문의 구체화 ①] 이것은 자신의 욕구를 무시하고 말하는 사람에게 집중하는 것을 포함하는데, 이는 인간 두뇌의 작동 방식 때문에 더욱 어려운 일이기도 하다. 누군가가 당신에게 말을 걸면, 뇌는 즉시 상대방의 말, 몸짓 언어, 어조, 억양, 그리고 의미로 해석되는 요소들을 처리하기 시작한다. 당신은 하나의 소리만 듣는 것이 아니라, 상대가 내는 소리와 당신 머릿속에서 발생하는 소리라는 두 가지 소리를 듣게 되는 것이다. [주제문의 구체화 ②] 스스로 경계심을 유지하도록 훈련하지 않는다면, 뇌는 대개 당신 머릿속의 소리에 더 집중하게 된다. 그래서 능동적 경청 기술이 필요한 것이다. 듣는다는 것이 단순히 '소리를 인식하는 것'에서 벗어나, 상대가 말하는 내용에 주의를 기울이고 그것을 아주 밀접하게 따라갈 때 비로소 '진정한 경청'이 되는 것이다.

끊어 읽기 적극적 경청은 / 예술이며, 기술이고, 훈련이다 / (그것은) 요구한다 / 높은 수준의 자기 통제를. 좋은 경청 능력을 기르기 위해서는, / 당신은 이해할 필요가 있다 / 효과적인 의사소통에 무엇이 포함되는지를 / 그리고 계발해야 한다 / 조용히 앉아서 듣는 기술을. 이것은 포함한다 / 자신의 욕구를 무시하는 것과 / 말하는 사람에게 집중하는 것을 ― / (이것은) 더 어렵게 만들어진다 / 인간의 뇌가 작동하는 방식 때문에. 누군가가 당신에게 말을 걸면, / 당신의 뇌는 즉시 처리하기 시작한다 / 상대방의 단어, 몸짓 언어, 어조, 억양, 그리고 인지된 의미들을. 당신은 듣는다 / 하나의 소리가 아니라 / 두 가지 소리를: / 상대방이 내는 소리와 / 당신 머릿속에서 나는 소리를. 당신이 훈련하지 않는다면 / 스스로 경계심을 유지하도록, / 뇌는 대개 집중하게 된다 / 당신 머릿속의 소리에. 그 지점에서 / 적극적 경청 기술이 / 등장한다. 듣는 것은 / 비로소 경청이 된다 / 당신이 주의를 기울일 때 / 상대방이 말하는 내용에 / 그리고 그것을 매우 밀접하게 따라갈 때.

정답 ③

02

밑줄 친 부분에 들어갈 말로 가장 적절한 것을 고르시오. 2025 국가직

> The holiday season is a time to give thanks, reflect on the past year, and spend time with family and friends. However, if you're not careful, it can also be a time you overspend on holiday purchases. People have an innate impulse to overspend, experts say. They are "wired" to be consumers. The short-term gratification of giving gifts to loved ones can eclipse the long-term focus that's needed to be good with money. That's where many people fall short. We can overspend because our long-term goals are much more abstract, and it actually requires us to do extra levels of cognitive processing to delay instant gratification. Additionally, consumers may feel _____ because they don't want to appear "cheap." Many companies also promote deals during the holidays that can encourage people to spend more than usual.

① a desire to work at overseas companies
② responsible for establishing their long-term goals
③ like limiting their spending during the holiday season
④ the social pressure to spend more than they might like

□ give thanks 감사를 표하다
□ reflect on ~을 되돌아보다
□ overspend 과소비하다
□ innate 타고난, 내재적인
□ impulse 충동
□ eclipse 가리다, 압도하다, 월식, 일식
□ fall short 부족하다, 기대에 못 미치다
□ delay 미루다
□ instant 즉각적인
□ gratification 만족
□ cheap 인색한, 값싼
□ promote 홍보하다
□ encourage 장려하다

어휘 Quiz

1	overspend	6	promote
2	eclipse	7	delay
3	extra	8	fall short
4	instant	9	impulse
5	gratification	10	innate

정답 1. 과소비하다 2. 가리다, 압도하다 3. 추가의 4. 즉각적인 5. 만족 6. 홍보하다 7. 미루다 8. 부족하다, 기대에 못 미치다 9. 충동 10. 타고난, 내재적인

정답 및 해설

> The holiday season is a time to give thanks, reflect on the past year, and spend time with family and friends. [주제문] However, if you're not careful, it can also be a time you overspend on holiday purchases. People have an innate impulse to overspend, experts say. They are "wired" to be consumers. The short-term gratification of giving gifts to loved ones can eclipse the long-term focus that's needed to be good with money. That's where many people fall short. We can overspend because our long-term goals are much more abstract, and it actually requires us to do extra levels of cognitive processing to delay instant gratification. Additionally, consumers may feel [동어 반복] the social pressure to spend more than they might like because they don't want to appear "cheap." Many companies also promote deals during the holidays that can encourage people to spend more than usual.

선택지 해석
① 외국 회사에서 일하고자 하는 욕구
② 그들의 장기적인 목표를 설정할 책임이 있다
③ 연휴 기간 동안 지출을 제한하는 것을 좋아하다
④ 자신이 원하는 것보다 더 많이 소비해야 한다는 사회적 압박

정답 해설
④ 자신이 원하는 것보다 더 많이 소비해야 한다는 사회적 압박
→ 주어진 빈칸이 글의 끝부분에 위치해 있음에 유의한다. 즉, 동어의 반복(주제/주요 소재 반복)을 염두에 둔다. 주어진 글의 첫 문장은 통념을 제시하고 있다. 즉, "휴일/명절"의 일반적인 의미를 소개한다. 주제문은 바로 뒤의 "However,"로 시작하는 문장으로, 주제문에서 이 "휴일/명절" 기간에 있을 수 있는 "과소비를 주의해야 한다."라고 설명하고 있다. (you overspend on holiday purchases) 이는, 뒤의 내용에서 반복적으로 제시되는데, "전문가들"의 말을 빌려서, 우리의 과소비는 본능(have an innate impulse to overspend)이라고 설명하고 있고, 또한 장기적인 목표가 다소 추상적이라서 과소비를 한다고도 설명하고 있다. (We can overspend ~ much more abstract) 따라서, 빈칸의 내용 역시 같은 내용이 되도록 ④로 채운다.

오답 해설
① 외국 회사에서 일하고자 하는 욕구
→ 외국계 회사에 관한 언급이 본문에는 전혀 드러나지 않고 있다.
② 그들의 장기적인 목표를 설정할 책임이 있다
→ 장기적인 목표에 관한 언급이 있으나, 이는 주요 소재인 과소비의 근거로 제시될 뿐이다.
③ 연휴 기간 동안 지출을 제한하는 것을 좋아하다
→ "지출을 제한하는 것"(절약)은 주어진 글의 내용인 "과소비"와 정반대이다.

해석
휴일 시즌은 감사를 전하고, 지난 한 해를 되돌아보며, 가족 및 친구들과 시간을 보내는 시기이다. [주제문] 그러나 주의를 기울이지 않으면, 이 시기는 휴일 쇼핑으로 과소비하게 되는 시기가 될 수도 있다. 전문가들에 따르면, 사람들은 과소비하려는 타고난 충동을 가지고 있으며, 소비하도록 '설계된' 존재라고 한다. 사랑하는 사람에게 선물을 주는 즉각적인 만족감은, 돈을 잘 관리하기 위해 필요한 장기적인 집중력을 흐리게 할 수 있다. 바로 그 지점에서 많은 사람들이 실패하게 된다. 우리가 과소비를 하는 이유는, 우리의 장기적인 목표가 훨씬 더 추상적이며, 즉각적인 만족을 미루기 위해서는 더 높은 수준의 인지적 사고가 요구되기 때문이다. 또한, 소비자들은 '싸구려 인간'처럼 보이고 싶지 않아서, [동어 반복] 자신이 원하는 것보다 더 많이 써야 한다는 사회적 압박을 느끼기도 한다. 많은 기업들이 휴일 시즌에 다양한 할인 행사를 홍보하며, 사람들로 하여금 평소보다 더 많이 소비하도록 유도하기도 한다.

끊어 읽기
휴일 시즌은 / 시기이다 / 감사를 전하고, / 지난 한 해를 되돌아보며, / 가족과 친구들과 함께 / 시간을 보내는 (시기이다). 그러나 / 주의를 기울이지 않으면, / 이 시기는 또한 시기가 될 수 있다 / 과소비하는 / 휴일 쇼핑에 있어서. 전문가들에 따르면, / 사람들은 / 가지고 있다 / 타고난 충동을 / 과소비하려는, / 그들은 / ~하도록 '설계되어 있다' / 소비자가 되도록. 단기적인 만족감은 / 사랑하는 사람에게 / 선물을 주려는 (단기적인 만족감은) / 흐리게 할 수 있다 / 장기적인 집중력을 / 돈 관리를 잘 하기 위해 필요한. 그것이 지점이다 / 많은 사람들이 / 실패하는. 우리는 / 과소비할 수 있다 / 왜냐하면 / 우리의 장기 목표는 / 훨씬 더 추상적이기 때문이다 / 그리고 그것은 / 실제로 요구하기 때문이다 / 우리에게 / 더 높은 수준의 / 인지적 사고를 하도록 / 미루기 위해 / 즉각적인 만족을. 게다가, / 소비자들은 / 느낄 수 있다 / 사회적 압박을 / 자신이 원하는 것보다 더 많이 / 쓰도록 / 왜냐하면 / 원하지 않기 때문이다 / '싸구려 인간'처럼 보이기를. 많은 기업들은 / 또한 홍보한다 / 할인 행사들을 / 휴일 시즌 동안 / ~할 수 있는 / 사람들을 유도할 / 평소보다 더 많이 / 소비하도록.

정답 ④

03

밑줄 친 부분에 들어갈 말로 가장 적절한 것은? 2025 예시

Falling fertility rates are projected to result in shrinking populations for nearly every country by the end of the century. The global fertility rate was 4.7 in 1950, but it dropped by nearly half to 2.4 in 2017. It is expected to fall below 1.7 by 2100. As a result, some researchers predict that the number of people on the planet would peak at 9.7 billion around 2064 before falling down to 8.8 billion by the century's end. This transition will also lead to a significant aging of populations, with as many people reaching 80 years old as there are being born. Such a demographic shift _____, including taxation, healthcare for the elderly, caregiving responsibilities, and retirement. To ensure a "soft landing" into a new demographic landscape, researchers emphasize the need for careful management of the transition.

① raises concerns about future challenges
② mitigates the inverted age structure phenomenon
③ compensates for the reduced marriage rate issue
④ provides immediate solutions to resolve the problems

- fertility rate 출산율
- project 예측하다
- shrink 감소하다
- predict 예측하다
- planet 행성
- peak 정점
- transition 변화
- lead to 일으키다
- aging of population 인구노령화
- demographic 인구 통계학의
- shift 변화
- taxation 세금
- elderly 노인층
- caregiving 부양
- responsibility 책임
- retirement 퇴직
- ensure 보장하다
- soft landing 연착륙, 안정 성장 진입
- landscape 지형
- emphasize 강조하다
- management 관리
- mitigate 완화하다
- inverted 역전된
- structure 구조
- phenomenon 현상
- compensate for 보상하다

어휘 Quiz

1	fertility rate	6	taxation
2	shrink	7	elderly
3	peak	8	structure
4	transition	9	inverted
5	shift	10	phenomenon

정답 1. 출산율 2. 감소하다 3. 정점 4. 변화, 추이 5. 변화하다 6. 세금 7. 노인층 8. 구조 9. 역전된 10. 현상

정답 및 해설

> [주제문] Falling fertility rates are projected to result in shrinking populations for nearly every country by the end of the century. The global fertility rate was 4.7 in 1950, but it dropped by nearly half to 2.4 in 2017. It is expected to fall below 1.7 by 2100. As a result, some researchers predict that the number of people on the planet would peak at 9.7 billion around 2064 before falling down to 8.8 billion by the century's end. This transition will also lead to a significant aging of populations, with as many people reaching 80 years old as there are being born. Such a demographic shift [앞선 내용들과 동일한 맥락 = 부정적] raises concerns about future challenges, including taxation, healthcare for the elderly, caregiving responsibilities, and retirement. To ensure a "soft landing" into a new demographic landscape, researchers emphasize the need for careful management of the transition.

선택지 해석
① 미래의 과제에 대한 우려를 높인다
② 역전된 연령 구조 현상을 완화시킨다
③ 결혼율 감소 문제를 보완한다
④ 문제 해결을 위한 즉각적인 해결책을 제공한다

정답 해설
글의 주제는 "출산율 하락으로 인한 인구 감소와 고령화가 초래하는 미래 과제"로 글의 앞 부분에서는 출산율의 하락이 결국 고령화를 초래할 것이라고 설명한다. 빈칸이 있는 부분은 고령화로 인한 문제들을 제시하는 부분인데, 제시된 문제들이 "세금, 노인 건강 관리, 돌봄 책임 및 퇴직"이기 때문에 고령화로 인해 이러한 문제들이 "증가한다"라는 것을 유추할 수 있다.

해석
[주제문] 출산율의 하락은 지금 이 세기 말까지 거의 모든 국가의 인구가 감소하는 결과를 가져올 것으로 예측된다. 1950년에 전 세계 출산율이 4.7명이었지만, 2017년에는 거의 절반으로 떨어진 2.4명로 감소했다. 2100년에는 1.7명 이하로 떨어질 것으로 예상된다. 그 결과, 일부 연구원들은 지구상의 인구 수가 2064년에 97억 명으로 정점을 찍은 후 이 세기 말에 88억 명으로 감소할 것으로 예측한다. 이러한 변화는 또한 인구의 고령화를 초래할 것이며, 80세에 이르는 사람의 수가 태어나는 사람의 수와 같을 것으로 예상된다. 이러한 인구학적 변화는 세금, 노인 건강 관리, 돌봄 책임 및 퇴직을 포함한 [앞선 내용들과 동일한 맥락 = 부정적] 미래의 과제에 대한 우려를 높인다. 새로운 인구학적 지형으로의 "연착륙"을 보장하기 위해 연구원들은 이러한 변화를 주의 깊게 관리할 필요가 있다고 강조한다.

끊어 읽기
출산율의 하락은 / 예측된다 / 결과를 가져올 것으로 / 인구가 감소하는 (결과를) / 거의 모든 국가에서 / 이 세기 말까지. 전 세계 출산율이 / 4.7명이었다 / 1950년에. 하지만 / 그것은 / 거의 절반으로 떨어진 2.4명로 감소했다 / 2017에. 그것은 / 예상된다 / 1.7명 이하로 떨어질 것으로 / 2100년에는. 그 결과, / 일부 연구원들은 / 예측한다 / 지구상의 인구 수가 / 97억 명으로 정점을 찍은 후 / 2064년에 / 감소할 것으로 / 88억 명으로 / 이 세기 말에. 이러한 변화는 / 또한 / 초래할 것이다 / 인구의 고령화를 / 그리고 / 80세에 이르는 사람의 수가 / 같을 것으로 / 태어나는 사람의 수와. 이러한 인구학적 변화는 / 우려를 높인다 / 미래의 과제에 대한 / 세금, 노인 건강 관리, 돌봄 책임 및 퇴직을 포함한. 보장하기 위해 / "연착륙"을 (보장하기 위해) / 연구원들은 / 강조한다 / 필요를 / 주의 깊게 관리할 / 이러한 변화를.

정답 ①

04

밑줄 친 부분에 들어갈 말로 가장 적절한 것은? 2025 예시

Many listeners blame a speaker for their inattention by thinking to themselves: "Who could listen to such a character? Will he ever stop reading from his notes?" The good listener reacts differently. He may well look at the speaker and think, "This man is incompetent. Seems like almost anyone would be able to talk better than that." But from this initial similarity he moves on to a different conclusion, thinking "But wait a minute. I'm not interested in his personality or delivery. I want to find out what he knows. Does this man know some things that I need to know?" Essentially, we "listen with our own experience." Is the speaker to be held responsible because we are poorly equipped to comprehend his message? We cannot understand everything we hear, but one sure way to raise the level of our understanding is to _____.

① ignore what the speaker knows
② analyze the character of a speaker
③ assume the responsibility which is inherently ours
④ focus on the speaker's competency of speech deliver

- blame ~을 탓하다
- inattention 무관심, 부주의
- character 인물, 성격
- react 반응하다
- incompetent 무능한
- initial 초기의
- similarity 유사성
- personality 성격
- delivery 전달
- essentially 본질적으로
- experience 경험
- responsible 책임이 있는
- comprehend 이해하다
- understanding 이해
- ignore 무시하다
- analyze 분석하다
- assume 가정하다, (책임을) 맡다
- inherently 본질적으로
- competency 능력

어휘 Quiz

1	inattention		6	equip
2	react		7	comprehend
3	initial		8	ignore
4	delivery		9	analyze
5	essentially		10	assume

정답 1. 무관심, 부주의 2. 반응하다 3. 초기의 4. 전달, 배달 5. 본질적으로 6. 갖추다 7. 이해하다 8. 무시하다 9. 분석하다 10. 가정하다, (책임을) 맡다

정답 및 해설

Many listeners blame a speaker for their inattention by thinking to themselves: "Who could listen to such a character? Will he ever stop reading from his notes?" The good listener reacts differently. He may well look at the speaker and think, "This man is incompetent. Seems like almost anyone would be able to talk better than that." But from this initial similarity he moves on to a different conclusion, thinking "But wait a minute. I'm not interested in his personality or delivery. I want to find out what he knows. Does this man know some things that I need to know?" [주제문] Essentially, we "listen with our own experience." Is the speaker to be held responsible because we are poorly equipped to comprehend his message? We cannot understand everything we hear, but one sure way to raise the level of our understanding is to [동어 반복] assume the responsibility which is inherently ours.

04

선택지 해석
① 화자가 아는 것을 무시하다
② 화자의 성격을 분석하다
③ 본질적으로 우리 자신에게 내제된 책임을 맡다
④ 화자의 연설 능력에 초점을 맞추다

정답 해설
글의 주제는 "청취자의 태도와 책임"이며, 구체적으로 화자의 발언에 대해 부적절한 청취자의 반응과 책임을 어떻게 해야 하는지에 대해 논의한다. 그리고 이런 상황에서 책임은 청취자에게 있다고 설명하고, 자신의 경험을 통해 화자의 메시지를 이해하고 평가해야 한다는 것을 강조하고 있다. 이에 따라 빈칸에 들어갈 것은 같은 내용을 서술하고 있는 ③이 들어가는 것이 옳다.

해석
많은 청취자들은 자신의 무관심을 화자에게 돌리곤 한다: "이러한 캐릭터로서 누가 들을 수 있을까? 그는 언제쯤 자기 노트에서 읽는 것을 그만둘까?" 좋은 청취자는 다르게 반응한다. 그는 화자를 잘 살펴보고 "이 사람은 무능하다. 거의 누구나 그보다 더 잘 말할 수 있을 것 같다."고 생각할지도 모른다. 하지만 이 초기 유사성에서 그는 다른 결론으로 나아가며 "잠깐만, 나는 그의 성격이나 전달 방식에 관심이 없다. 나는 그가 무슨 지식을 가지고 있는지 알고 싶다. 이 사람은 내가 알아야 할 것들을 알고 있는가?"라고 생각한다. [주제문] 본질적으로, 우리는 "우리 자신의 경험을 통해 듣는다." 화자가 그의 메시지를 이해하기 어려운 것은 우리가 불충분하게 갖추어져 있기 때문에 화자가 책임을 져야 하는가? 우리는 우리가 듣는 모든 것을 이해할 수 없지만, 우리의 이해 수준을 높이는 한 가지 확실한 방법은 [동어 반복] 우리 자신에게 내재된 책임을 맡는 것이다.

끊어 읽기
많은 청취자들은 / 비난한다 / 화자를 / 그들의 무관심의 원인으로. "누가 / 들을까? / 이런 인물의 이야기를. 언제 멈출까? / 메모를 보고 읽는 것을. 좋은 청취자는 / 반응한다 / 다르게. 그는 화자를 잘 살펴보고 / 생각할지도 모른다 / 이 사람은 / 무능하다 / 거의 누구나 / 잘 말할 수 있을 것 같다 / 그 사람 보다 (라고 생각할지도 모른다). 하지만 / 이 초기 유사성에서 / 그는 나아한다 / 다른 결론으로 / 생각하면서 / "잠깐만, 나는 그의 성격이나 전달 방식에 관심이 없다 / 나는 그가 무슨 지식을 가지고 있는지 알고 싶다."(라고 생각하면서). 본질적으로, / 우리는 / 듣는다 / 우리 자신의 경험을 통해서. 화자가 책임을 져야 하는가? / 우리가 불충분하게 갖추어져 있기 때문에 / 그의 메시지를 이해하지 못하는 것에 대해. 우리는 /이해할 수 없다 / 우리가 듣는 모든 것을 / 하지만 / 한 가지 확실한 방법은 / 이해 수준을 높이는(한 가지 확실한 방법은) / 맡는 것이다 / 책임을 / 우리 자신에게 내재된.

정답 ③

05

밑줄 친 부분에 들어갈 말로 가장 적절한 것은?　　　2020 국가직

All creatures, past and present, either have gone or will go extinct. Yet, as each species vanished over the past 3.8-billion-year history of life on Earth, new ones inevitably appeared to replace them or to exploit newly emerging resources. From only a few very simple organisms, a great number of complex, multicellular forms evolved over this immense period. The origin of new species, which the nineteenth-century English naturalist Charles Darwin once referred to as "the mystery of mysteries," is the natural process of speciation responsible for generating this remarkable _____ with whom humans share the planet. Although taxonomists presently recognize some 1.5 million living species, the actual number is possibly closer to 10 million. Recognizing the biological status of this multitude requires a clear understanding of what constitutes a species, which is no easy task given that evolutionary biologists have yet to agree on a universally acceptable definition.

① technique of biologists
② diversity of living creatures
③ inventory of extinct organisms
④ collection of endangered species

- extinct 멸종된
- vanish 사라지다
- inevitably 불가피하게
- exploit 이용하다, 착취하다
- multicellular 다세포의
- remarkable 주목할 만한
- taxonomist 분류학자
- recognize 알아보다
- biological 생물학의
- status 신분, 자격
- multitude 다수
- constitute ~을 구성하다
- evolutionary 진화의
- acceptable 용인되는

어휘 Quiz

1	recognize	6	remarkable
2	constitute	7	multitude
3	extinct	8	acceptable
4	status	9	vanish
5	exploit	10	inevitably

정답 1. 알아보다 2. ~을 구성하다 3. 멸종된 4. 신분, 자격 5. 이용하다, 착취하다 6. 주목할 만한 7. 다수 8. 용인되는 9. 사라지다 10. 필연적이다시피

> All creatures, past and present, either have gone or will go extinct. [주제] Yet, as each species vanished over the past 3.8-billion-year history of life on Earth, new ones inevitably appeared to replace them or to exploit newly emerging resources. From only a few very simple organisms, a great number of complex, multicellular forms evolved over this immense period. The origin of new species, which the nineteenth-century English naturalist Charles Darwin once referred to as "the mystery of mysteries," is the natural process of speciation responsible for generating this remarkable <u>diversity of living creatures</u> with whom humans share the planet. Although taxonomists presently recognize some 1.5 million living species, the actual number is possibly closer to 10 million. Recognizing the biological status of this multitude requires a clear understanding of what constitutes a species, which is no easy task given that evolutionary biologists have yet to agree on a universally acceptable definition.

05

선택지 해석
① 생물학자의 기술
② 다양성을 가진 생명체
③ 멸종된 유기체의 목록
④ 멸종 위기종 채집

정답 해설 빈칸이 뒤에 위치한 경우로, 이런 경우에는 앞에서 반복되고 있는 내용을 파악하는 것이 중요하다. 글의 내용을 보면, 문두에서 새로운 종에 대한 언급을 하고, 수많은 종들이 시간이 흐르면서 진화했다는 설명이 제시되어 있다. 더불어 역접의 표현 등이 제시되지 않았고 빈칸 앞에는 'new species'가 다시 제시되므로 빈칸에는 앞의 문맥과 동일한 내용인 ②가 들어가는 것이 옳다.

해석 과거와 현재의 모든 생물은 사라졌거나 멸종될 것이다. [주제] 하지만, 각각의 종들이 지구상의 38억 년 생명체의 역사에서 사라지면서, 불가피하게 새로운 종들이 그들을 대체하거나 새롭게 떠오르는 자원을 이용하기 위해 나타났다. 아주 단순한 몇 가지 유기체로부터, 수많은 복잡하고 다세포적인 형태들이 이 거대한 시기에 걸쳐 진화했다. 19세기 영국의 자연주의자 찰스 다윈이 한때 "미스터리 중의 미스터리"라고 지칭했던 이 새로운 종의 기원이 분화라는 자연적 과정인데, 이것이 인간이 행성(지구)을 공유하고 있는 이렇게 놀라운 <u>다양성을 가진 생명체</u>를 만들어낸 것이다. 분류학자들이 현재로 대략 150만 개 정도를 종으로 인정하고 있지만, 실제의 수는 아마도 1천만 종에 가까울 것이다. 이런 다수의 생명체의 생물학적 지위를 인정하는 것은 무엇이 종을 구성하는가에 관한 명확한 이해를 요구하는데, 진화 생물학자들이 보편적으로 받아들일 수 있는 정의에 아직 동의하지 못하고 있다는 점을 고려하면 쉬운 일은 아니다.

끊어 읽기 모든 생물은 / 과거와 현재 / 사라졌거나 멸종될 것이다. 하지만, / 각각의 종들이 사라지면서 / 38억 년 역사에서 / 지구상의 생명체의 / 새로운 종들이 불가피하게 나타났다 / 그들을 대체하거나 / 새롭게 떠오르는 자원을 이용하기 위해. 아주 단순한 몇 가지 유기체로부터 / 수많은 복잡하고 다세포적인 형태들이 진화했다 / 이 거대한 시기에 걸쳐. 새로운 종의 기원이 / 19세기 영국의 자연주의자 찰스 다윈이 한때 "미스터리 중의 미스터리"라고 지칭했던 / 분화라는 자연적 과정인데 / 이렇게 놀라운 다양성을 가진 생명체를 만들어낸 것이다 / 이것이 인간이 행성(지구)을 공유하고 있는. 비록 분류학자들이 현재로 대략 150만 개 정도를 종으로 인정하고 있지만 / 실제의 수는 아마도 1천만 종에 가까울 것이다. 이런 다수의 생명체의 생물학적 지위를 인정하는 것이 / 명확한 이해를 요구하는데 / 무엇이 종을 구성하는가에 관한 / 쉬운 일은 아니다 / 진화 생물학자들이 아직 동의하지 못하고 있다는 점을 고려하면 / 보편적으로 받아들일 수 있는 정의에.

정답 ②

06

밑줄 친 부분에 들어갈 말로 가장 적절한 것을 고르시오. 2021 국가직

> Social media, magazines and shop windows bombard people daily with things to buy, and British consumers are buying more clothes and shoes than ever before. Online shopping means it is easy for customers to buy without thinking, while major brands offer such cheap clothes that they can be treated like disposable items—worn two or three times and then thrown away. In Britain, the average person spends more than £1,000 on new clothes a year, which is around four percent of their income. That might not sound like much, but that figure hides two far more worrying trends for society and for the environment. First, a lot of that consumer spending is via credit cards. British people currently owe approximately £670 per adult to credit card companies. That's 66 percent of the average wardrobe budget. Also, not only are people spending money they don't have, they're using it to buy things _____. Britain throws away 300,000 tons of clothing a year, most of which goes into landfill sites.

① they don't need
② that are daily necessities
③ that will be soon recycled
④ they can hand down to others

- bombard (질문 등을) 퍼붓다, 폭격하다
- daily 매일 일어나는, 매일의
- disposable 일회용의, 쓰고 버리는
- average 평균의
- income 소득, 수입
- figure 수치, 인물, 이해하다
- approximately 거의, 대략
- wardrobe 옷, 의상
- landfill 쓰레기 매립지
- hand down 물려주다

어휘 Quiz

#	단어	#	단어
1	environment	6	landfill
2	approximately	7	figure
3	consumer	8	credit card
4	hand down	9	income
5	disposable	10	average

정답 1. 환경 2. 거의, 대략 3. 소비자, 구매자 4. 물려주다 5. 일회용의, 쓰고 버리는 6. 쓰레기 매립지 7. 수치 8. 신용카드 9. 소득, 수입 10. 평균의

정답 및 해설

Social media, magazines and shop windows bombard people daily with things to buy, and British consumers are buying more clothes and shoes than ever before. Online shopping means it is easy for customers to buy without thinking, while major brands offer such cheap clothes that they can be treated like disposable items—worn two or three times and then thrown away. In Britain, the average person spends more than £1,000 on new clothes a year, which is around four percent of their income. That might not sound like much, but that figure hides two far more worrying trends for society and for the environment. First, a lot of that consumer spending is via credit cards. British people currently owe approximately £670 per adult to credit card companies. That's 66 percent of the average wardrobe budget. Also, not only are people spending money they don't have, they're using it to buy things they don't need. [빈칸의 근거] Britain throws away 300,000 tons of clothing a year, most of which goes into landfill sites.

06

선택지 해석
① 그들에게 필요 없는 것
② 생활필수품인 것
③ 곧 재활용될 것
④ 다른 사람에게 물려줄 수 있는 것

정답 해설
이 글은 영국 소비자들의 소비 동향에 대해 설명하고 있다. 빈칸의 앞 부분에서는, 소셜 미디어, 잡지 등을 통해서 소비가 늘어나는 추세의 영국 소비자들이 온라인 쇼핑을 통해서 더욱 지출을 늘려 가고 있는 상황을 제시한다. 또한 소비자들은 옷을 사기 위해 돈을 빌리기도 한다는 내용도 이어진다. 빈칸 뒤의 내용에서는, 영국에서 해마다 30만 톤의 옷이 매립지에 버려진다는 것이 설명되므로, 밑줄에도 이와 동일한 내용이 들어가야 하며, 옷이 버려지는 원인으로는 '필요하지 않은' 옷을 산다는 설명이 문맥상 자연스럽다.

해석
소셜 미디어, 잡지, 상점의 유리창 너머에는 매일 사람들이 사야 할 물건들로 가득 차 있고, 영국 소비자들은 그 어느 때보다도 더 많은 옷과 신발을 사고 있다. 온라인 쇼핑은 고객들이 생각 없이 쉽게 구매할 수 있다는 사실을 의미하고, 주요 브랜드들은 두세 번 입고 나서 버릴 수 있는 일회용품 취급이 가능한 값싼 옷을 제공한다. 영국에서, 보통 사람들은 일년에 1,000파운드 이상을 새 옷에 소비하는데, 이것은 수입의 약 4%에 해당한다. 그렇게 큰 수치로 들리진 않겠지만, 그 수치는 사회와 환경에 대해 훨씬 더 걱정스러운 두 가지 동향을 숨기고 있다. 첫째, 소비자 지출의 많은 부분이 신용카드를 통해 이루어진다. 영국인들은 현재 신용카드 회사에 성인 1인당 약 670파운드의 빚을 지고 있다. 이는 평균 의상비 예산의 66%에 해당한다. 또한, 사람들은 수중에 있지 않은 돈까지 쓸 뿐만 아니라, 필요하지 않은 물건을 사기 위해 그 돈을 사용하고 있다. [빈칸의 근거] 영국은 1년에 30만 톤의 의류를 버린다. 그것의 대부분은 쓰레기 매립지로 들어간다.

끊어 읽기
소셜 미디어, 잡지, 상점의 유리창 너머에는 / 가득 차 있고 / 매일 사람들이 사야 할 물건들로 / 영국 소비자들은 / 더 많은 옷과 신발을 사고 있다 / 그 어느 때보다도. 온라인 쇼핑은 / 의미하고 / 고객들이 쉽게 / 구매할 수 있다는 사실을 / 생각 없이 / 주요 브랜드들은 / 제공한다 / 값싼 옷을 / 일회용품 취급이 가능한 / 두세 번 입고 나서 버릴 수 있는. 영국에서 / 보통 사람들은 / 소비하는데 / 1,000파운드 이상을 / 새 옷에 / 1년에, / 이것은 약 4%에 해당한다 / 수입의. 그렇게 큰 수치로 들리진 않겠지만 / 그 수치는 / 숨기고 있다 / 훨씬 더 걱정스러운 두 가지 동향을 / 사회와 환경에 대해. 첫째, / 많은 부분이 / 소비자 지출의 / 이루어진다 / 신용카드를 통해. 영국인들은 / 현재 / 빚을 지고 있다 / 신용카드 회사에 / 성인 1인당 약 670파운드의. 이는 66%에 해당한다 / 평균 의상비 예산의. 또한, / 사람들은 쓸 뿐만 아니라 / 수중에 있지 않은 돈까지, / 그 돈을 사용하고 있다 / 필요하지 않은 물건을 사기 위해. 영국은 / 버린다 / 1년에 30만 톤의 의류를. 그것의 대부분은 들어간다 / 쓰레기 매립지로.

정답 ①

07

밑줄 친 (A), (B)에 들어갈 말로 가장 적절한 것은?　　　2020 지방직

Assertive behavior involves standing up for your rights and expressing your thoughts and feelings in a direct, appropriate way that does not violate the rights of others. It is a matter of getting the other person to understand your viewpoint. People who exhibit assertive behavior skills are able to handle conflict situations with ease and assurance while maintaining good interpersonal relations. ____(A)____, aggressive behavior involves expressing your thoughts and feelings and defending your rights in a way that openly violates the rights of others. Those exhibiting aggressive behavior seem to believe that the rights of others must be subservient to theirs. ____(B)____, they have a difficult time maintaining good interpersonal relations. They are likely to interrupt, talk fast, ignore others, and use sarcasm or other forms of verbal abuse to maintain control.

	(A)	(B)
①	In contrast	Thus
②	Similarly	Moreover
③	However	On one hand
④	Accordingly	On the other hand

- assertive 적극적인, 단호한
- appropriate 적절한
- violate 위반하다, 침해하다
- viewpoint 관점, 방향
- exhibit 전시하다, 보이다
- ease 쉬움, 용이함, 편의성
- assurance 확언, 장담, 확약
- interpersonal 대인 관계에 관련된
- aggressive 공격적인
- interrupt 방해하다, 중단시키다
- sarcasm 빈정댐, 비꼼
- verbal 언어의, 말로 된, 구두의
- abuse 남용, 오용

어휘 Quiz

1	exhibit	6	assertive
2	interpersonal	7	aggressive
3	violate	8	viewpoint
4	verbal	9	abuse
5	interrupt	10	assurance

정답　1. 전시하다, 보이다　2. 대인 관계에 관련된　3. 위반하다, 침해하다　4. 언어의, 말로 된, 구두의　5. 방해하다, 중단시키다　6. 적극적인, 단호한　7. 공격적인　8. 관점, 방향　9. 남용, 오용　10. 확언, 장담, 확약

정답 및 해설

> [입장 1] Assertive behavior involves standing up for your rights and expressing your thoughts and feelings in a direct, appropriate way that does not violate the rights of others. It is a matter of getting the other person to understand your viewpoint. People who exhibit assertive behavior skills are able to handle conflict situations with ease and assurance while maintaining good interpersonal relations. (A) [역접의 표현] In contrast, [입장 2] aggressive behavior involves expressing your thoughts and feelings and defending your rights in a way that openly violates the rights of others. Those exhibiting aggressive behavior seem to believe that the rights of others must be subservient to theirs. (B) Thus, they have a difficult time maintaining good interpersonal relations. They are likely to interrupt, talk fast, ignore others, and use sarcasm or other forms of verbal abuse to maintain control.

07

정답해설
(A) (A)의 앞에서는 'assertive behavior', 즉 단호한 행동에 대한 설명이 제시되고 있다. 제시된 설명을 살펴보면, 그러한 행동을 보이는 사람들은 본인 주장도 잘할뿐더러 상대방과 '좋은' 유대 관계를 유지한다고 설명되어 있다. (A)의 뒤에서는 'aggressive behavior', 즉 공격적 행동에 대한 설명이 제시되어 있는데, 앞선 'assertive behavior'와는 다르게 다른 사람의 권리를 생각하지 '않음'을 명시하고 있으므로 (A)를 기준으로 앞뒤 문맥이 달라짐을 알 수 있다. 따라서 (A)에는 역접을 나타내는 표현인 'In contrast'가 들어가는 것이 옳다.

(B) (B)의 앞에서는 공격적 행동을 보이는 사람들에 대한 설명이 제시되어 있고, 이들은 다른 이들의 권리를 무시한다고 설명하고 있다. 그리고 (B)에서는 이러한 이유로 그들이 대인 관계 유지에 '어려움'을 겪는다고 설명하고 있으므로, 결과를 나타내는 'Thus'가 들어가는 것이 옳다.

해석 [입장 1] 단호한 행동에는 자신의 권리를 옹호하고 자신의 생각과 감정을 타인의 권리를 침해하지 않는 직접적이고 적절한 방식으로 표현하는 것이 포함된다. 이것은 상대방이 당신의 관점을 이해하도록 하는 일이다. 단호한 행동을 보이는 사람들은 좋은 대인 관계를 유지하면서 갈등 상황을 쉽고 확실하게 처리할 수 있다. (A) [역접의 표현] 이와는 대조적으로, [입장 2] 공격적인 행동은 다른 사람들의 권리를 공공연히 침해하는 방식으로 자신의 생각과 감정을 표현하고 자신의 권리를 보호하는 것을 포함한다. 공격적인 행동을 보이는 사람들은 다른 사람들의 권리가 그들에게 종속되어야 한다고 믿는 것 같다. (B) 따라서, 그들은 좋은 대인 관계를 유지하는 데 어려움을 겪는다. 그들은 통제력을 유지하기 위해 방해하고, 빠르게 말하고, 다른 사람들을 무시하기 쉬우며 빈정거림이나 다른 형태의 욕설을 사용한다.

끊어읽기 단호한 행동에는 포함된다 / 자신의 권리를 옹호하고 / 자신의 생각과 감정을 표현하는 것이 / 직접적이고 적절한 방식으로 / 타인의 권리를 침해하지 않는. 이것은 일이다 / 다른 사람이 당신의 관점을 이해하게 하기 위한. 단호한 행동을 보이는 사람들은 / 갈등 상황을 처리할 수 있다 / 쉽고 확실하게 / 좋은 대인 관계를 유지하면서. 이와는 대조적으로, / 공격적인 행동은 포함한다 / 자신의 생각과 감정을 표현하고 / 자신의 권리를 보호하는 것을 / 다른 사람들의 권리를 공공연히 침해하는 방식으로. 공격적인 행동을 보이는 사람들은 믿는 것 같다 / 다른 사람의 권리가 그들에게 종속되어야 한다고. 따라서, / 그들은 어려움을 겪는다 / 좋은 대인 관계를 유지하는 데. 그들은 다른 사람들을 방해하고, 빠르게 말하고, 무시하기 쉽다 / 그리고 빈정댐 또는 다른 형태의 욕설을 사용하여 / 통제를 유지하려고 한다.

정답 ①

08

밑줄 친 부분에 들어갈 말로 가장 적절한 것을 고르시오. 2022 지방직

> One of the most frequently used propaganda techniques is to convince the public that the propagandist's views reflect those of the common person and that he or she is working in their best interests. A politician speaking to a blue-collar audience may roll up his sleeves, undo his tie, and attempt to use the specific idioms of the crowd. He may even use language incorrectly on purpose to give the impression that he is "just one of the folks." This technique usually also employs the use of glittering generalities to give the impression that the politician's views are the same as those of the crowd being addressed. Labor leaders, businesspeople, ministers, educators, and advertisers have used this technique to win our confidence by appearing to be _____.

① beyond glittering generalities
② just plain folks like ourselves
③ something different from others
④ better educated than the crowd

어휘 Quiz

1	propaganda		6	incorrectly
2	undo		7	generality
3	employ		8	confidence
4	address		9	convince
5	plain		10	reflect

정답 및 해설

> One of the most frequently used propaganda techniques is to convince the public that the propagandist's views reflect those of the common person and that he or she is working in their best interests. [첫 문장의 예] A politician speaking to a blue-collar audience may roll up his sleeves, undo his tie, and attempt to use the specific idioms of the crowd. He may even use language incorrectly on purpose to give the impression that he is "just one of the folks." This technique usually also employs the use of glittering generalities to give the impression that the politician's views are the same as those of the crowd being addressed. [빈칸 내용에 대한 힌트] Labor leaders, businesspeople, ministers, educators, and advertisers have used this technique to win our confidence by appearing to be [동의 반복] just plain folks like ourselves.

08

선택지 해석
① 화려한 추상어 이상의
② 우리 같은 평범한 사람들
③ 다른 사람들과 다른 무언가
④ 대중보다 더 잘 교육받은

정답 해설
빈칸이 지문의 후반에 있으므로 동어 반복 문제이다. 이 글에서는 정치인은 블루칼라(육체노동자) 청중들에게 이야기할 때 '그저 그 사람들 중 한 명'과 같다는 인상을 주기 위해 소매를 걷어붙이고, 넥타이를 푸는 등의 행동을 한다고 설명한다. 또한 정치인은 자신의 관점이 연설을 듣는 군중의 관점과 같다는 인상을 주기 위해 특별하게 보이려 하지 않고 '화려한 추상어'를 사용한다고도 설명한다. 따라서 이와 같은 맥락인 빈칸 문장에는 '우리 같은 평범한 사람들'처럼 보이려고 노력한다는 내용이 들어가야 적절하다. ①, ③, ④는 모두 다른 사람들과 다른, 특별한 인상을 준다는 내용이므로, 빈칸에 들어가야 할 내용과 반대된다.

해석
가장 자주 사용되는 선전 기법 중 하나는 대중들에게 선전자의 관점에 일반인의 관점이 반영되어 있고 그들이 최선의 이익을 위해 일하고 있다는 것을 확신시키는 것이다. [첫 문장의 예] 블루칼라 청중에게 말하는 정치인은 소매를 걷어붙이고 넥타이를 풀고 군중의 특정한 관용구를 사용하려고 시도할 수 있다. 그는 심지어 자신이 "그 사람들 중 한 명일 뿐"이라는 인상을 주기 위해 일부러 언어를 잘못 사용할 수도 있다. 이 기술은 또한 정치가의 관점이 연설되는 군중의 관점과 같다는 인상을 주기 위해 화려한 추상어를 사용한다. 노동 지도자들, 사업가들, 장관들, 교육자들, 그리고 광고주들은 [동의 반복] 우리 같이 평범한 사람들처럼 보임으로써 우리의 신뢰를 얻기 위해 이 기술을 사용해왔다.

끊어 읽기
하나는 / 가장 자주 사용되는 선전 기법 중 (하나는) / 확신시키는 것이다 / 대중들에게 / 선전자의 관점에 / 반영되어 있고 / 일반인의 관점이 / 그리고 / 이익을 위해 일하고 있다는. 정치인은 / 블루칼라 청중에게 말하는 (정치인은) / 소매를 걷어붙이고 / 넥타이를 풀고 / 시도할 수 있다 / 군중의 특정한 관용구를 사용하려고. 그는 / 심지어 언어를 잘못 사용할 수도 있다 / 일부러 / 인상을 주기 위해 / 자신이 "그 사람들 중 한 명일 뿐"이라는 (인상을 주기 위해). 이 기술은 / 또한 / 사용한다 / 화려한 추상어를 / 인상을 주기 위해 / 정치가의 관점이 / 연설되는 군중의 관점과 같다는 (인상을 주기 위해). 노동 지도자들, / 사업가들, / 장관들, 교육자들, 그리고 광고주들은 / 이 기술을 사용해왔다 / 우리의 신뢰를 얻기 위해 / 보임으로써 / 우리 같이 평범한 사람들처럼.

정답 ②

09

밑줄 친 부분에 들어갈 말로 알맞은 것은? 2023 국가직

In recent years, the increased popularity of online marketing and social media sharing has boosted the need for advertising standardization for global brands. Most big marketing and advertising campaigns include a large online presence. Connected consumers can now zip easily across borders via the internet and social media, making it difficult for advertisers to roll out adapted campaigns in a controlled, orderly fashion. As a result, most global consumer brands coordinate their digital sites internationally. For example, Coca-Cola web and social media sites around the world, from Australia and Argentina to France, Romania, and Russia, are surprisingly _____. All feature splashes of familiar Coke red, iconic Coke bottle shapes, and Coca-Cola's music and "Taste the Feeling" themes.

① experimental
② uniform
③ localized
④ diverse

정답 및 해설

> In recent years, the increased popularity of online marketing and social media sharing has boosted the need for advertising standardization for global brands. Most big marketing and advertising campaigns include a large online presence. Connected consumers can now zip easily across borders via the internet and social media, making it difficult for advertisers to roll out adapted campaigns in a controlled, orderly fashion. As a result, most global consumer brands coordinate their digital sites internationally. For example, [결국 빈칸은 앞의 내용(=통합/균일함)과 동일해야 함] Coca-Cola web and social media sites around the world, from Australia and Argentina to France, Romania, and Russia, are surprisingly uniform. All feature splashes of familiar Coke red, iconic Coke bottle shapes, and Coca-Cola's music and "Taste the Feeling" themes.

09

선택지 해석
① experimental 실험적인
② uniform 균일한
③ localized 국한된
④ diverse 다양한

정답 해설
② uniform 균일한
→ 이 글에서는 소비자들의 참여로 인해서 광고를 통제하고 질서정연하게 만들어내지 못하기 때문에 광고가 표준화되어야 한다고 설명한다. 빈칸에서는 코카콜라의 웹사이트와 소셜 미디어 사이트에 대해 서술하고 있는데 이 글에서는 광고가 표준화 되어야 한다고 설명했으므로 빈칸에 들어갈 가장 적절한 말은 ② uniform이다.

① experimental 실험적인
→ 광고나 마케팅이 실험적이어야 한다는 내용은 언급되지 않았다.
③ localized 국한된
→ 광고나 마케팅이 국한되어야 한다는 내용은 글의 내용에 부적절하다.
④ diverse 다양한
→ 광고나 마케팅이 다양해야 한다는 내용은 글과 반대되는 내용이다.

해석
최근 온라인 마케팅과 소셜 미디어 공유의 인기가 높아지면서 다국적 브랜드에 대한 광고 표준화의 필요성이 대두되고 있다. 대부분의 대규모 마케팅 및 광고 캠페인에는 대규모 온라인 참여를 포함한다. 이제 서로 연결된 소비자들은 인터넷과 소셜 미디어를 통해 경계를 쉽게 넘나들 수 있으므로, 광고주들은 조정된 캠페인을 통제하고 질서정연하게 펼쳐내기가 어렵다. 결과적으로 대부분의 글로벌 소비자 브랜드는 국제적으로 디지털 현장을 통합한다. 예를 들어, [결국 빈칸은 앞의 내용(=통합/균일함)과 동일해야 함] 호주와 아르헨티나에서 프랑스, 루마니아, 러시아에 이르기까지 전 세계의 코카콜라 웹사이트와 소셜 미디어 사이트는 놀랍게도 균일하다. 모든 것은 친숙한 빨간색 콜라, 상징적인 콜라 병 모양, 그리고 코카콜라의 음악과 "당신의 감정을 맛봐라" 라는 테마들이 여기저기 튀는 것을 특징으로 한다.

끊어 읽기
최근, / 높은 인기가 / 온라인 마케팅과 소셜 미디어 공유의 (높은 인기가) / 밀어 올리고 있다 / 필요성을 / 다국적 브랜드에 대한 광고 표준화의. 대부분의 대규모 마케팅 및 광고 캠페인은 / 포함한다 / 대규모 온라인 참여를. 이제 서로 연결된 소비자들은 / 경계를 쉽게 넘나들 수 있다 / 인터넷과 소셜 미디어를 통해, / 어렵게 하면서 / 광고주들이 / 조정된 캠페인을 통제하고 / 질서정연하게 펼쳐내기 (어렵게 하면서). 결과적으로, / 대부분의 글로벌 소비자 브랜드는 / 통합한다 / 그들의 디지털 현장을 / 국제적으로. 예를 들어, / 코카콜라 웹사이트와 소셜 미디어 사이트는 / 전 세계의 / 호주와 아르헨티나에서 / 프랑스, 루마니아, 러시아에 이르기까지 (전 세계의) / 놀랍게도 균일하다. 모든 것은 / 특징으로 한다 / 여기저기 튀는 것을 / 친숙한 빨간색 콜라, / 상징적인 콜라 병 모양, / 그리고 코카콜라의 음악과, / 테마들이.

정답 ②

10

밑줄 친 부분에 들어갈 말로 가장 적절한 것을 고르시오.　　2023 지방직

How many different ways do you get information? Some people might have six different kinds of communications to answer-text messages, voice mails, paper documents, regular mail, blog posts, messages on different online services. Each of these is a type of in-box, and each must be processed on a continuous basis. It's an endless process, but it doesn't have to be exhausting or stressful. Getting your information management down to a more manageable level and into a productive zone starts by _____ Every place you have to go to check your messages or to read your incoming information is an in-box, and the more you have, the harder it is to manage everything. Cut the number of in-boxes you have down to the smallest number possible for you still to function in the ways you need to.

① setting several goals at once
② immersing yourself in incoming information
③ minimizing the number of in-boxes you have
④ closing information you are passionate about

- document 문서
- in-box 편지함
- process 처리하다; 과정
- on a continuous basis 지속적으로
- endless 끝이 없는
- exhausting 지치게 하는, 소모적인
- manageable 관리할 수 있는
- minimize 최소화하다
- incoming 들어오는
- function 작동하다, 기능하다

어휘 Quiz

1	document	6	minimize
2	endless	7	function
3	manageable	8	productive
4	incoming	9	exhausting
5	regular	10	process

정답 1. 문서 2. 끝이 없는 3. 관리할 수 있는 4. 들어오는 5. 일반적인, 규칙적인 6. 최소화하다 7. 작동하다, 기능하다 8. 생산적인 9. 지치게 하는, 소모적인 10. 처리하다; 과정

정답 및 해설

How many different ways do you get information? Some people might have six different kinds of communications to answer-text messages, voice mails, paper documents, regular mail, blog posts, messages on different online services. Each of these is a type of in-box, and each must be processed on a continuous basis. It's an endless process, but it doesn't have to be exhausting or stressful. Getting your information management down to a more manageable level and into a productive zone starts by minimizing the number of in-boxes you have. [주제문의 누락] Every place you have to go to check your messages or to read your incoming information is an in-box, and the more you have, the harder it is to manage everything. Cut the number of in-boxes you have down to the smallest number possible for you still to function in the ways you need to.

10

선택지 해석
① 한 번에 여러 목표 설정하는
② 들어오는 정보에 몰두하는
③ 사용 중인 우편함의 수를 최소화하는
④ 당신이 열정적인 정보를 고르는

정답 해설
③ 사용 중인 우편함의 수를 최소화하는
→ 이 글에서는 우리가 의사소통을 하기 위해서 여러 수단을 사용하는데 대부분이 각각의 수단들이 편지함 유형이니 사용하는 편지함의 수를 줄임으로써 정보를 잘 관리할 수 있고 결국 스트레스를 받지 않을 수 있다고 서술한다. ③을 함으로써 우리가 정보를 관리하기 쉬운 수준으로 낮추고 정보를 생산적인 영역으로 전환시킬 수 있다고 서술하기에 빈칸에 들어갈 가장 적절한 말은 ③이다.

① 한 번에 여러 목표 설정하는
→ 이 글에서는 여러 목표를 한 번에 설정하라는 내용은 언급하지 않았다.

② 들어오는 정보에 몰두하는
→ 들어오는 정보에 몰두하기보다는 들어오는 정보가 분산되지 않게 편지함의 수를 최소화하라는 것이 빈칸에 들어갈 말로 적절하다.

④ 당신이 열정적인 정보를 고르는
→ 이 글에서는 열정적인 정보에 대해 언급하지 않았다.

해석
당신은 얼마나 많은 다른 방법으로 정보를 얻는가? 어떤 사람들은 답변하기 위해 6가지 종류로 의사소통을 할 수 있는데, 문자 메시지, 음성 메일, 종이 문서, 일반 메일, 블로그 게시물, 서로 다른 온라인 서비스의 메시지가 있다. 각 항목은 편지함 유형이며, 각 항목은 지속적으로 처리되어야 한다. 그것은 끝이 없는 과정이지만, 그것이 소모적이거나 스트레스를 줄 필요는 없다. 정보 관리를 보다 관리하기 쉬운 수준으로 낮추고 생산적인 영역으로 전환하는 것은 사용 중인 편지함의 수를 최소화함으로써 시작한다. [주제문의 누락] 메시지를 확인하거나 들어온 정보를 읽기 위해 가야 하는 모든 장소는 편지함이며, 더 많이 가질수록 모든 것을 관리하기가 더 어렵다. 필요한 방식으로 계속 작동할 수 있도록 받은 편지함의 수를 가능한 한 최소로 줄여라.

끊어 읽기
얼마나 많은 다양한 방식으로 / 당신은 / 얻는가 정보를? / 어떤 사람들은 / 아마도 가지고 있을 것이다. 6개의 서로 다른 의사소통 방식을 / 문자 메시지, 음성 메일, 종이 문서, 일반 메일, 블로그 게시물, 서로 다른 온라인 서비스 등 / 이들 각각은 / 일종의 수신함이다 / 그리고 각각은 반드시 처리되어야만 한다 / 계속적으로 / 그것은 끝이 없는 과정이다 / 그러나 그것은 지치게 하거나 스트레스가 될 필요가 없다. / (만드는 것) 당신의 정보 관리를 보다 관리할 수 있는 정도로 만드는 것 / 그리고 생산성 있는 영역으로 까지 만드는 것은 / 시작한다 / 최소화함으로써 (수신함의 수를) 당신이 갖고 있는 수신함의 수를 / (모든 장소들) 메시지를 확인하기 위해 / 혹은 들여오는 정보를 확인하기 위해 / 여러분들이 가야 하는 모든 장소들은 / 수신함이다. 그리고 더 많이 가질수록 더 어려워 진다 / (그것이) 모든 것을 관리하는 것이 / 줄이라 (수신함의 수를) 당신이 가지고 있는 수신함의 수를 / 가능한 최소한의 수로 / 기능하기 위해서 / (방식으로) 여러분들이 / 필요로 하는 방식으로 기능하기 위해서 /

정답 ③

PART 6

내용일치, 불일치

PART 6 내용일치, 불일치

선지부터 빠르게! 시간 단축의 유형이 된다

■ **출제 문항 수에 따른 전략적 사고를 해야 한다.**

내용일치, 불일치는 유형은 선지와 지문의 내용이 동일하기 때문에 **반드시 답이 나오는 문제이다.** 즉 「**쉬운 유형의 문제**」이므로 반드시 맞춘다는 생각으로 임해야 한다. 다만 일치, 불일치 유형 자체가 **시간 소요가 많이 되는 유형**이기 때문에 출제되는 문항 수에 따라 다른 접근법을 가져야 한다.

■ **내용의 일치, 불일치 구성 방식**

① 선지가 우리말인 경우

선지가 우리말인 경우는 곧 해석지가 주어진 상태이므로 한결 쉽게 풀 수 있다.
따라서 "**해석지인 선지**"를 먼저 보고 키워드를 파악한 후 본문을 읽어야 한다.

다음 글의 내용과 일치하지 않는 것은? 2019 국가직

> Langston Hughes was born in Joplin, Missouri, and graduated from Lincoln University, in which many African-American students have pursued their academic disciplines. At the age of eighteen, Hughes published one of his most well-known poems, "Negro Speaks of Rivers." Creative and experimental, Hughes incorporated authentic dialect in his work, adapted traditional poetic forms to embrace the cadences and moods of blues and jazz, and created characters and themes that reflected elements of lower-class black culture. With his ability to fuse serious content with humorous style, Hughes attacked racial prejudice in a way that was natural and witty.

① Hughes는 많은 미국 흑인들이 다녔던 대학교를 졸업하였다.
② Hughes는 실제 사투리를 그의 작품에 반영하였다.
③ Hughes는 하층 계급 흑인들의 문화적 요소를 반영한 인물을 만들었다.
④ Hughes는 인종 편견을 엄숙한 문체로 공격하였다.

MEMO

 TJ Says

우리말 선지 = 해석본

② 선지가 영어인 경우

선지가 영어인 경우도 선지부터 먼저 해석한 후 해당 내용을 본문에서 찾아야 한다.

다음 글의 내용과 일치하지 않는 것은?

2025 국가직

KIDS SUMMER ART CAMP 2025

Join the Stan José Art Museum (SJAM) for a week of fun! Campers get behind-the-scenes access to exhibitions, experiment with the artistic process, and show off their own work in a student exhibition.

WHO
For children ages 6 - 14
Each camper will receive individual artistic support, encouragement, and creative challenges unique to their learning style and skill level.

WHAT
Join SJAM for a summer art camp that pairs creative exploration of art materials and processes led by our experienced gallery teachers and studio art educators. In addition, campers will engage in interpretive art and science lessons created by Eddie Brown, a STEM consultant.

ART CAMP EXHIBITION
We invite families and caregivers to attend a weekly exhibition reception of campers' artwork to celebrate the artistic achievements of each participant.

WHEN
All camps run 9 am - 3 pm, Monday - Friday.
Monday, June 9 - Friday, July 25 (no camp the week of June 30)

---

① Campers will have opportunities to display their work in a student exhibition.
② The camp includes individual artistic support for children ages 6 - 14.
③ A STEM consultant developed interpretive art and science lessons.
④ The camp runs with no break between June 9 and July 25.

---

 ④ 이 캠프는 6월 9일부터 7월 25일까지 중단 없이 운영된다.
→ "Monday, June 9 - Friday, July 25 (no camp the week of June 30)"을 통해 6월 30일이 포함된 한 주는 캠프가 운영되지 않는다는 것을 알 수 있다.

 ① 캠프 참가자들은 학생 전시회에서 자신의 작품을 전시할 기회를 갖게 된다.
→ "Campers get behind-the-scenes access to exhibitions, experiment with the artistic process, and show off their own work in a student exhibition."을 통해 직접적으로 전시회에 참여해 작품을 선보인다는 것을 알 수 있다.
② 이 캠프는 6세에서 14세 어린이를 위한 개별 예술 지원을 포함한다.
→ "For children ages 6 - 14. Each camper will receive individual artistic support,

---

MEMO

☐ exhibition 전시회
☐ show off 자랑하다, 뽐내다
☐ encouragement 격려
☐ learning style 학습 방식
☐ skill level 실력 수준
☐ creative exploration 창의적인 탐구
☐ process 과정
☐ experienced 경험 많은
☐ engage in ~를 하다
☐ interpretive 해석적인, 융합적인
☐ invite 초대하다
☐ reception 리셉션
☐ celebrate 축하하다

encouragement, and creative challenges..."을 통해 (6-14세)와 개별 지원이 모두 언급되어 있다는 것을 알 수 있다.
③ STEM 컨설턴트가 융합형 예술 및 과학 수업을 개발했다.
→ "Campers will engage in interpretive art and science lessons created by Eddie Brown, a STEM consultant."를 통해 STEM 컨설턴트인 Eddie Brown이 수업을 만들었다는 것을 알 수 있다.

해석

2025 키즈 여름 미술 캠프
Stan José 미술관(SJAM)에서 즐거운 일주일을 보내보세요!
캠프 참가자는 전시 뒷이야기를 접하고, 예술 창작 과정을 실험해 보며, 자신의 작품을 학생 전시회에서 선보일 수 있습니다.

누가 참여하나요?
6세부터 14세까지의 어린이를 위한 캠프입니다.
각 참가자는 개별적인 예술적 지원과 격려, 그리고 그들의 학습 스타일과 실력에 맞는 창의적인 도전을 받습니다.

무엇을 하나요?
갤러리 지도자와 스튜디오 미술 교육자가 이끄는 수업에서, 다양한 미술 재료와 창의적 과정을 탐구합니다.
또한, STEM 컨설턴트 Eddie Brown이 개발한 예술과 과학 융합 수업도 함께 진행됩니다.

학생 작품 전시회
캠프 참가자들의 작품을 전시하는 주간 전시 리셉션에 가족과 보호자들을 초대합니다.
모든 참가자의 예술적 성취를 함께 축하합니다.

언제 하나요?
모든 캠프는 월요일~금요일 오전 9시부터 오후 3시까지 운영됩니다.
2025년 6월 9일(월) ~ 7월 25일(금)
※ 단, 6월 30일이 포함된 주는 캠프 없음

정답 ④

■ 내용의 일치, 불일치 정답의 근거

비교적 난도가 있게 문제가 출제되는 경우 다음의 정보를 활용하기도 한다.

① 숫자

보기에 "연도 수" "half(2분의 1)"와 같은 표현이 나왔다면 **"계산을 했다"**는 것이므로 이를 표시한 후에 간단한 계산까지 염두해 두고 본문을 읽는다.
또한, 숫자를 나열하고 그 숫자에 대한 정보를 묻는 경우 역시 적지 않다.
따라서, 본문을 읽어 나갈 때, **"숫자가 제시되면 반드시 표시"**해 둔다.

② 구체적 정보

구체적인 정보를 묻는 경우가 많이 등장하므로, 주어진 지문을 정확하게 해석해야 한다. 특히 after, before, as soon as 등의 접속사로 연결된 문장들의 선후 관계를 묻는 경우가 많으므로 정확한 해석은 필수이다.

③ 문법적 사항

문법적 사항을 묻는 경우에는, 본문의 내용과 보기의 내용이 그 형태는 유사하지만 뜻은 전혀 다른 표현들로 제시된다. 따라서 주의해서 해석해야 한다.

구분	본문		선택지	
조동사 부정	must not should not may not cannot	~해서는 안 된다	don't have to	~할 필요가 없다
의미 차이	should have p.p.	~했었어야 했다	must have p.p.	~이었음에 틀림없다
부분 부정/ 전체 부정	not ~ all[every]	모두 다 ~한 것은 아니다	none / nothing	하나도 ~하지 않았다
	not ~ always	항상 ~한 것은 아니다	never	한 번도 ~해 본 적 없다
	not ~ both	둘 다 ~한 것은 아니다	neither	둘 중 어느 누구도 아니다
빈도부사	hardly scarcely rarely seldom	거의 ~ 않다	always	항상 ~하다
수량 형용사	a few / a little	약간 ~하다(긍정)	few / little	거의 ~ 않다(부정)
시제	have been to	~에 가 본 적 있다	have gone to	~에 가 버렸다

MEMO

 TJ Says

after ★
★한 이후에

before ★
★ 하기 전에

as soon as ★
★ 하자 마자(★ 이후에)

기출로 연습하기

01

다음 글의 내용과 일치하는 것은? 2025 국가직

Department of Health and Human Services

Mission Statement

The mission of the Department of Health and Human Services (HHS) is to enhance the health and well-being of all individuals in the nation, by providing for effective health and human services and by fostering sound, sustained advances in the sciences underlying medicine, public health, and social services.

Organizational Structure

HHS accomplishes its mission through programs and initiatives that cover a wide spectrum of activities. Eleven operating divisions, including eight agencies in the Public Health Service and three human services agencies, administer HHS's programs. While HHS is a domestic agency working to protect and promote the health and well-being of the American people, the interconnectedness of our world requires that HHS engage globally to fulfill its mission.

Cross-Agency Collaborations

Improving health and human services outcomes cannot be achieved by the Department on its own; collaborations are critical to achieve our goals and objectives. HHS collaborates closely with other federal departments and agencies on cross-cutting topics.

① HHS aims to improve the health and well-being of low-income families only.
② HHS's programs are administered by the eleven operating divisions.
③ HHS does not work with foreign countries to complete its mission.
④ HHS acts independently from other federal departments and agencies to achieve its goals.

어휘 Quiz

1	collaboration	6	underlying
2	fulfill	7	sustained
3	administer	8	department
4	initiative	9	accomplish
5	organizational	10	medicine

- department 부서, 부처
- human service 복지 서비스
- mission 임무, 사명
- providing for ~을 제공함으로써
- sustained 지속적인
- advance 발전, 진보
- underlying 기초가 되는, 근본적인
- organizational 조직적인
- medicine 의학
- accomplish 달성하다
- initiative 이니셔티브, 계획
- cover a wide spectrum of 폭넓은 ~을 포함하다
- administer 관리하다, 집행하다
- domestic agency 국내 기관
- promote 증진하다, 홍보하다
- interconnectedness 상호 연결성
- fulfill 수행하다, 실현하다
- collaboration 협력
- critical 중요한, 비판적인
- collaborate 협력하다

정답 1. 협력 2. 수행하다, 실현하다 3. 관리하다, 집행하다 4. 이니셔티브, 계획 5. 조직적인 6. 기초가 되는, 근본적인 7. 지속적인 8. 부서, 부처 9. 달성하다 10. 의학

정답 및 해설

> **Department of Health and Human Services**
>
> **Mission Statement**
> ① The mission of the Department of Health and Human Services (HHS) is to enhance the health and well-being of all individuals in the nation, by providing for effective health and human services and by fostering sound, sustained advances in the sciences underlying medicine, public health, and social services.
>
> **Organizational Structure**
> HHS accomplishes its mission through programs and initiatives that cover a wide spectrum of activities. ② Eleven operating divisions, including eight agencies in the Public Health Service and three human services agencies, administer HHS's programs. ③ While HHS is a domestic agency working to protect and promote the health and well-being of the American people, the interconnectedness of our world requires that HHS engage globally to fulfill its mission.
>
> **Cross-Agency Collaborations**
> Improving health and human services outcomes cannot be achieved by the Department on its own; collaborations are critical to achieve our goals and objectives. ④ HHS collaborates closely with other federal departments and agencies on cross-cutting topics.

01

해설 ① HHS는 저소득층 가족의 건강과 복지를 개선하는 것을 유일한 목표로 삼고 있다.
→ "all individuals in the nation" (전 국민)이다고 언급되어 있다는 것을 알 수 있다. 특정 사람들에게만 주어진다는 해당 보기의 내용은 옳지 않다.
② HHS의 프로그램은 11개의 운영 부서에 의해 관리된다.
→ "Eleven operating divisions… administer HHS's programs."를 통해 해당 내용을 확인할 수 있다.
③ HHS는 사명을 완수하기 위해 외국과 협력하지 않는다.
→ "HHS engage globally to fulfill its mission"을 통해 국제 협력한다는 내용을 확인할 수 있다. 해당 내용은 일치하지 않는다.
④ HHS는 목표 달성을 위해 다른 연방 부처나 기관들과 독립적으로 활동한다.
→ "HHS collaborates closely with other federal departments and agencies""을 통해 협력한다는 내용을 확인할 수 있으므로 글의 내용과 일치하지 않는다.

해석 보건복지부 (Department of Health and Human Services, HHS)
사명 선언문 (Mission Statement)
HHS의 사명은 모든 국민의 건강과 복지를 증진하는 것이다. 이를 위해 효과적인 보건 및 복지 서비스를 제공하고, 의학, 공중보건, 사회복지의 기초가 되는 과학 분야에서 건전하고 지속적인 발전을 촉진한다.
조직 구조 (Organizational Structure)
HHS는 광범위한 활동을 포함하는 프로그램과 이니셔티브를 통해 이 사명을 수행한다. HHS의 프로그램은 11개의 운영 부서가 관리하며, 이 중 8개는 공중보건국 소속 기관이고, 3개는 복지기관이다.
HHS는 미국 국민의 건강과 복지를 보호하고 증진하는 국내 기관이지만, 세계가 서로 연결되어 있기 때문에 국제적으로도 활동하여 사명을 달성해야 한다.
기관 간 협력 (Cross-Agency Collaborations)
보건 및 복지 서비스의 성과 향상은 HHS 혼자만으로는 달성할 수 없으며, 다른 연방 부처 및 기관과의 협력이 매우 중요하다. HHS는 다양한 주제에 대해 다른 부처들과 긴밀히 협력한다.

정답 ②

02

다음 글의 내용과 일치하지 않는 것은?　　　　2024 국가직

> The tragedies of the Greek dramatist Sophocles have come to be regarded as the high point of classical Greek drama. Sadly, only seven of the 123 tragedies he wrote have survived, but of these perhaps the finest is *Oedipus the King*. The play was one of three written by Sophocles about Oedipus, the mythical king of Thebes (the others being *Antigone* and *Oedipus at Colonus*), known collectively as the Theban plays. Sophocles conceived each of these as a separate entity, and they were written and produced several years apart and out of chronological order. *Oedipus the King* follows the established formal structure and it is regarded as the best example of classical Athenian tragedy.

① A total of 123 tragedies were written by Sophocles.
② *Antigone* is also about the king Oedipus.
③ The Theban plays were created in time order.
④ *Oedipus the King* represents the classical Athenian tragedy.

□ tragedy 비극
□ dramatist 극작가
□ high point 절정
□ mythical 신화의
□ separate 분리하다
□ conceive 이해하다
□ chronological 연대순의
□ established 확립된
□ formal 형식적인
□ be regarded as
　~로 여겨지다
□ time order 시간 순

어휘 Quiz

1	tragedy		6	chronological	
2	high point		7	established	
3	mythical		8	formal	
4	separate		9	be regarded as	
5	conceive		10	time order	

정답 1. 비극 2. 절정 3. 신화의 4. 분리하다 5. 이해하다 6. 연대순의 7. 확립된 8. 형식적인 9. ~로 여겨지다 10. 시간 순

정답 및 해설

> The tragedies of the Greek dramatist Sophocles have come to be regarded as the high point of classical Greek drama. ① Sadly, only seven of the 123 tragedies he wrote have survived, but of these perhaps the finest is *Oedipus the King*. ② The play was one of three written by Sophocles about Oedipus, the mythical king of Thebes (the others being *Antigone and Oedipus at Colonus*), known collectively as the Theban plays. Sophocles conceived each of these as a separate entity, and they were written ③ and [연대 순서와 별개로 쓰여짐] produced several years apart and out of chronological order. ④ *Oedipus the King* follows the established formal structure and it is regarded as the best example of classical Athenian tragedy.

02

해설 ① 소포클레스는 총 123편의 비극을 썼다.
(→ "Sadly, only seven of the 123 tragedies he wrote"를 통해 123편의 비극을 썼다는 것을 알 수 있다.)
② 안티고네 또한 오이디푸스 왕에 관한 것이다.
(→ "The play was one of three written by Sophocles about Oedipus, the mythical king of Thebes (the others being *Antigone* and *Oedipus at Colonus*),"를 통해 해당 내용을 알 수 있다.)
③ Theban 연극은 시간 순서대로 만들어졌다.
(→ "and they were written and produced several years apart and out of chronological order."를 통해 시간 순서대로 만들어지지는 않았다는 것을 알 수 있다.)
④ 왕 오이디푸스는 고전적인 아테네 비극을 나타낸다.
(→ 마지막 문장을 통해 해당 내용을 알 수 있다.)

해석 그리스 극작가 Sophocles의 비극은 그리스 고전극의 최절정으로 여겨지고 있다. 안타깝게도 그가 쓴 123편의 비극 중 단 7편만이 남아 있지만, 이들 중에서 가장 훌륭한 것은 "오이디푸스 왕"일 것이다. 이 연극은 테베스의 신화 속 왕인 오이디푸스에 관한 Sophocles가 쓴 세 번째 작품 중 하나로, 다른 두 작품은 "안티고네"와 "콜로노스의 오이디푸스"로, 모두 Theban 연극이라 불린다. Sophocles는 각각을 별개의 작품으로 고안했으며, 이들은 연작으로 작성되고 연출되었으며, 연대 순서와는 별개로 여러 해 동안 몇 년 간격을 두고 쓰여졌고 제작되었다. "오이디푸스 왕"은 확립된 형식적인 구조를 따르고 있으며, 이것은 고전적인 아테네 비극의 가장 좋은 예로 여겨진다.

정답 ③

03

글의 내용과 일치하지 않는 것은? 2023 지방직

> The traditional way of making maple syrup is interesting. A sugar maple tree produces a watery sap each spring, when there is still lots of snow on the ground. To take the sap out of the sugar maple tree, a farmer makes a slit in the bark with a special knife, and puts a "tap" on the tree. Then the farmer hangs a bucket from the tap, and the sap drips into it. That sap is collected and boiled until a sweet syrup remains—forty gallons of sugar maple tree "water" make one gallon of syrup. That's a lot of buckets, a lot of steam, and a lot of work. Even so, most of maple syrup producers are family farmers who collect the buckets by hand and boil the sap into syrup themselves.

① 사탕단풍나무에서는 매년 봄에 수액이 생긴다.
② 사탕단풍나무의 수액을 얻기 위해 나무껍질에 틈새를 만든다.
③ 단풍나무시럽 1갤론을 만들려면 수액 40갤론이 필요하다.
④ 단풍나무시럽을 만들기 위해 기계로 수액 통을 수거한다.

- traditional 전통적인
- produce 생산하다, 농산물
- watery 물기가 많은, 물의
- sap 수액
- slit 틈
- bark 나무껍질
- tap (수도 등의) 꼭지
- boil 끓이다
- remain 남다
- steam 김, 증기
- hang 매달다, 걸다
- farmer 농장주
- bucket 양동이
- collect 모으다

어휘 Quiz

1	collect	6	remain
2	bucket	7	boil
3	farmer	8	bark
4	hang	9	produce
5	interesting	10	traditional

정답 1. 모으다, 추가하다 2. 양동이 3. 농장주 4. 매달다, 걸다 5. 흥미로운 6. 남다 7. 끓이다 8. 나무껍질 9. 생산하다 10. 전통적인

> The traditional way of making maple syrup is interesting. ① A sugar maple tree produces a watery sap each spring, when there is still lots of snow on the ground. ② To take the sap out of the sugar maple tree, a farmer makes a slit in the bark with a special knife, and puts a "tap" on the tree. Then the farmer hangs a bucket from the tap, and the sap drips into it. That sap is collected and boiled until a sweet syrup remains—③ forty gallons of sugar maple tree "water" make one gallon of syrup. That's a lot of buckets, a lot of steam, and a lot of work. ④ Even so, most of maple syrup producers are family farmers who collect the buckets by hand and boil the sap into syrup themselves.

03

해설
① 'A sugar maple tree produces a watery sap each spring'을 통해 매년 봄에 사탕단풍나무가 수액을 생산한다는 것을 알 수 있다.
② 'To take the sap out of the sugar maple tree, a farmer makes a slit in the bark with a special knife'를 통해 사탕단풍나무의 수액을 빼내기 위해 나무껍질에 틈을 낸다는 것을 알 수 있다.
③ 'forty gallons of sugar maple tree "water" make one gallon of syrup'을 통해 1갤런의 시럽을 만들려면 수액 40갤런이 필요하다는 것을 알 수 있다.
④ 'Even so, most of maple syrup producers are family farmers who collect the buckets by hand'을 통해 대부분의 시럽 생산자들은 직접 손으로 수액 통을 수거한다는 것을 알 수 있다.

해석 메이플 시럽을 만드는 전통적인 방법은 흥미롭다. 사탕단풍나무는 땅에 여전히 많은 눈이 있는 매년 봄에 수액을 생산한다. 사탕단풍나무의 수액을 빼내기 위해 농부는 특별한 칼로 나무껍질에 틈을 내고 나무에 "꼭지"를 붙인다. 그리고 나서 농부는 꼭지에 양동이를 매달면, 수액이 그 안으로 떨어진다. 그 수액은 모여서 달콤한 시럽이 남을 때까지 끓여진다 — 40갤런의 사탕단풍나무 "수액"은 1갤런의 시럽을 만든다. 양동이도 많고, 증기도 많고, 일도 많다. 그럼에도 불구하고, 대부분의 메이플 시럽 생산자들은 양동이를 손으로 모으고 수액을 직접 시럽으로 끓이는 가족 농부들이다.

정답 ④

04

다음 글의 내용과 일치하지 않는 것은? 2018 국가직

> Insomnia can be classified as transient, acute, or chronic. Transient insomnia lasts for less than a week. It can be caused by another disorder, by changes in the sleep environment, by the timing of sleep, severe depression, or by stress. Its consequences such as sleepiness and impaired psychomotor performance are similar to those of sleep deprivation. Acute insomnia is the inability to consistently sleep well for a period of less than a month. Acute insomnia is present when there is difficulty initiating or maintaining sleep or when the sleep that is obtained is not refreshing. These problems occur despite adequate opportunity and circumstances for sleep and they can impair daytime functioning. Acute insomnia is also known as short term insomnia or stress related insomnia. Chronic insomnia lasts for longer than a month. It can be caused by another disorder, or it can be a primary disorder. People with high levels of stress hormones or shifts in the levels of cytokines are more likely than others to have chronic insomnia. Its effects can vary according to its causes. They might include muscular weariness, hallucinations, and/or mental fatigue. Chronic insomnia can also cause double vision.

① Insomnia can be classified according to its duration.
② Transient insomnia occurs solely due to an inadequate sleep environment.
③ Acute insomnia is generally known to be related to stress.
④ Chronic insomnia patients may suffer from hallucinations.

- insomnia 불면증
- transient 덧없는, 일시적인
- acute 급성의, 심각한
- chronic 만성의
- severe 극심한, 심각한
- depression 우울증, 우울함
- sleepiness 졸음, 졸림
- impair 손상시키다
- psychomotor 정신 운동(성)의
- be similar to ~와 비슷하다
- deprivation 박탈, 결핍
- consistently 일관성있게
- initiate 시작하다, 주도하다
- be known as ~로 알려져 있다
- disorder 장애, 질환
- weariness 피로, 싫증
- hallucination 환각, 환상
- fatigue 피로
- double vision 복시, 복시안
- classify 분류하다
- duration 지속, 기간
- inadequate 불충분한
- suffer from ~로 고통받다

어휘 Quiz

1	transient	6	depression
2	chronic	7	initiate
3	deprivation	8	fatigue
4	insomnia	9	impair
5	disorder	10	acute

정답 1. 덧없는, 일시적인 2. 만성의 3. 박탈, 결핍 4. 불면증 5. 장애, 질환 6. 우울증, 우울함 7. 시작하다, 주도하다 8. 피로 9. 손상시키다 10. 급성의, 심각한

정답 및 해설

> ① Insomnia can be classified as transient, acute, or chronic. Transient insomnia lasts for less than a week. ② It can be caused by another disorder, by changes in the sleep environment, by the timing of sleep, severe depression, or by stress. Its consequences such as sleepiness and impaired psychomotor performance are similar to those of sleep deprivation. Acute insomnia is the inability to consistently sleep well for a period of less than a month. Acute insomnia is present when there is difficulty initiating or maintaining sleep or when the sleep that is obtained is not refreshing. These problems occur despite adequate opportunity and circumstances for sleep and they can impair daytime functioning. ③ Acute insomnia is also known as short term insomnia or stress related insomnia. Chronic insomnia lasts for longer than a month. It can be caused by another disorder, or it can be a primary disorder. People with high levels of stress hormones or shifts in the levels of cytokines are more likely than others to have chronic insomnia. Its effects can vary according to its causes. ④ They might include muscular weariness, hallucinations, and/or mental fatigue. Chronic insomnia can also cause double vision.

04 해설 ① 불면증은 지속성에 따라 분류될 수 있다.
→ 첫 번째 문장 'Insomnia can be classified as transient, acute, or chronic.'에서 불면증은 일시적인지, 급성인지, 만성적인지에 따라 분류된다고 하였다.
② 일시적인 불면증은 오직 불충분한 수면 환경 때문에 일어난다.
→ 세 번째 문장 'It(Transient insomnia) can be caused by another disorder, by changes in the sleep environment, by the timing of sleep, severe depression, or by stress.'를 통해 알 수 있다. 일시적인 불면증은 불충분한 수면 환경 외에도 다른 질병, 수면의 타이밍, 심각한 우울증 혹은 스트레스에 의해 유발될 수 있다고 하였다. 따라서 해당 선택지는 옳지 않다.
③ 급성 불면증은 일반적으로 스트레스와 연관되어 있다고 알려져 있다.
→ 여덟 번째 문장 'Acute insomnia is also known as short term insomnia or stress related insomnia.'에서 급성 불면증은 단기 불면증 혹은 스트레스와 연관된 불면증으로 알려져 있다고 하였다.
④ 만성 불면증 환자들은 환각으로 고통받을 수 있다.
→ 끝에서 두 번째 문장 'They might include muscular weariness, hallucinations, and/or mental fatigue.'에서 만성 불면증 환자들은 근육의 피로, 환각, 그리고 혹은 정신적 피로를 겪을지도 모른다고 하였다.

해석 불면증은 일시적, 급성 또는 만성적인 것으로 분류될 수 있다. 일시적인 불면증은 1주보다 적은(1주 내) 기간 동안 지속된다. 이것은 다른 질병에 의해, 수면 환경 변화에 의해, 수면의 타이밍, 심각한 우울증, 혹은 스트레스에 의해 유발될 수 있다. 졸음과 손상된 정신 운동 수행 능력과 같은 결과들은 수면 부족의 결과와 비슷하다. 급성 불면증은 한 달보다는 적은 기간 동안 지속적으로 잠을 제대로 잘 수 없는 것이다. 급성 불면증은 잠에 들거나(잠든 상태를) 유지하는 데 어려움이 있을 때, 혹은 잠을 잔 것이 상쾌하지 않을 때 발생한다. 이 문제들은 잠을 자기 위한 충분한 기회와 환경들이 갖추어졌음에도 불구하고 일어난다. 그리고 그들은 낮 시간의 기능을 손상시킬 수 있다. 급성 불면증은 또한, 단기 불면증 혹은 스트레스와 연관된 불면증으로 알려져 있다. 만성 불면증은 한 달 이상 지속된다. 그것은 다른 질병으로부터 야기되거나, 혹은 이것이 1차적 질병이 될 수 있다. 높은 수준의 스트레스 호르몬이나 시토카인 수준의 변화를 가진 사람들은 다른 사람들보다 만성 불면증을 겪을 가능성이 더 높다. 이것의 영향은 원인에 따라 각기 다를 수 있다. 그것들은 근육의 피로, 환각, 그리고/혹은 정신적 피로를 포함할지도 모른다. 만성적 불면증은 또한 복시(複視)를 일으킬 수 있다.

정답 ②

05

다음 글의 내용과 일치하지 않는 것은?

2021 지방직

> Women are experts at gossiping, and they always talk about trivial things, or at least that's what men have always thought. However, some new research suggests that when women talk to women, their conversations are far from frivolous, and cover many more topics (up to 40 subjects) than when men talk to other men. Women's conversations range from health to their houses, from politics to fashion, from movies to family, from education to relationship problems, but sports are notably absent. Men tend to have a more limited range of subjects, the most popular being work, sports, jokes, cars, and women. According to Professor Petra Boynton, a psychologist who interviewed over 1,000 women, women also tend to move quickly from one subject to another in conversation, while men usually stick to one subject for longer periods of time. At work, this difference can be an advantage for men, as they can put other matters aside and concentrate fully on the topic being discussed. On the other hand, it also means that they sometimes find it hard to concentrate when several things have to be discussed at the same time in a meeting.

① 남성들은 여성들의 대화 주제가 항상 사소한 것들이라고 생각해 왔다.
② 여성들의 대화 주제는 건강에서 스포츠에 이르기까지 매우 다양하다.
③ 여성들은 대화하는 중에 주제의 변환을 빨리한다.
④ 남성들은 회의 중 여러 주제가 논의될 때 집중하기 어렵다.

- expert 전문가
- gossip 수다, 잡담
- trivial 사소한, 별거 아닌
- conversation 대화
- frivolous 하찮은, 보잘것없는, 시시한
- range from A to B A에서 B에 이르다
- notably 눈에 띄게
- absent 부재의, 결근의
- psychologist 심리학자
- stick to ~를 고수하다
- concentrate 집중하다
- several 여러 가지의
- discuss 토론하다, 논의하다

어휘 Quiz

1	absent	6	range from A to B
2	stick to	7	frivolous
3	trivial	8	discuss
4	concentrate	9	conversation
5	expert	10	several

정답 1. 부재의, 결근의 2. ~을 고수하다 3. 사소한, 별거 아닌 4. 집중하다 5. 전문가 6. A에서 B에 이르다 7. 하찮은, 보잘것없는, 시시한 8. 토론하다, 논의하다 9. 대화 10. 여러 가지의

정답 및 해설

① Women are experts at gossiping, and they always talk about trivial things, or at least that's what men have always thought. However, some new research suggests that when women talk to women, their conversations are far from frivolous, and cover many more topics (up to 40 subjects) than when men talk to other men. ② Women's conversations range from health to their houses, from politics to fashion, from movies to family, from education to relationship problems, but sports are notably absent. Men tend to have a more limited range of subjects, the most popular being work, sports, jokes, cars, and women. According to Professor Petra Boynton, a psychologist who interviewed over 1,000 women, ③ women also tend to move quickly from one subject to another in conversation, while men usually stick to one subject for longer periods of time. At work, this difference can be an advantage for men, as they can put other matters aside and concentrate fully on the topic being discussed. On the other hand, it also means that ④ they sometimes find it hard to concentrate when several things have to be discussed at the same time in a meeting.

05

해설
① 남성들은 여성들의 대화 주제가 항상 사소한 것들이라고 생각해 왔다.
→ 첫 번째 문장 'Women are experts at gossiping, and they always talk about trivial things, or at least that's what men have always thought.'를 통해 확인할 수 있는 내용이다.
② 여성들의 대화 주제는 건강에서 스포츠에 이르기까지 매우 다양하다.
→ 세 번째 문장 'Women's conversations range from health to their houses, from politics to fashion, from movies to family, from education to relationship problems, but sports are notably absent.'를 통해 알 수 있듯이, 여성들의 대화 주제는 매우 다양하지만 스포츠에 대한 내용은 부재하다고 하였으므로 옳지 않은 설명이다.
③ 여성들은 대화하는 중에 주제의 변환을 빨리한다.
→ 다섯 번째 문장의 'women also tend to move quickly from one subject to another in conversation,'을 통해 확인할 수 있는 내용이다.
④ 남성들은 회의 중 여러 주제가 논의될 때 집중하기 어렵다.
→ 마지막 문장의 'they sometimes find it hard to concentrate when several things have to be discussed at the same time in a meeting.'을 통해 확인할 수 있는 내용이다.

해석 여성들은 가십거리의 전문가이고, 그들은 항상 사소한 것에 대해 이야기한다. 적어도 남자들은 항상 그렇게 생각해 왔다. 하지만, 몇몇 새로운 연구는 여성들이 여성들과 대화를 할 때, 그들의 대화는 시시함과는 거리가 멀고, 남성들이 다른 남성들과 대화할 때보다 더 많은 주제(최대 40개 주제)를 다루고 있다는 것을 암시한다. 여성들의 대화는 건강에서 집까지, 정치에서 패션, 영화, 가족, 교육에서 관계 문제까지 다양하지만 스포츠에 대해서는 눈에 띄게 부재하다. 남성들은 더 제한된 범위의 주제를 가지고 있는 경향이 있는데, 가장 인기 있는 것은 일, 스포츠, 농담, 자동차, 그리고 여성들이다. 1,000명이 넘는 여성들을 인터뷰한 심리학자인 Petra Boynton 교수에 따르면, 여성들은 또한 대화에서 한 주제에서 다른 주제로 빠르게 옮겨가는 경향이 있는 반면, 남성들은 보통 한 주제에 더 오랜 시간 집중한다. 직장에서, 그들은 다른 문제들을 제쳐 두고 토론되는 주제에 완전히 집중할 수 있기 때문에, 이러한 차이는 남성들에게 이점이 될 수 있다. 한편, 이것은 그들이 가끔 회의에서 여러 가지 일을 동시에 논의해야 할 때 집중하기 힘들다는 것을 의미하기도 한다.

정답 ②

PART 7

신유형(실용문)

낯설지만, 수월한 신유형! 겁먹지 말자!

2025 공무원 영어 이후로는 신유형(실용문)이 문제로 출제된다.
구체적으로는 「장문형」 및 「실용문」 형태의 문제가 다수 출제될 것으로 예상된다.
이들 유형은 그동안 우리 시험에서는 볼 수 없었던 유형이므로
낯설게 느껴질 수 있는 것이 사실이다.

그러나, 인사혁신처의 예시 문항과 2025 국가직, 지방직 기출 문항을 살펴보면,
오히려 이들 유형은 **변별력을** 가져갈 수 있는 **요소로 보이지 않는다**.

> 즉, 장문형의 경우 1개의 지문을 통해 2문항을 풀게 되므로,
> **시간 소비를 오히려 줄일 수 있는 부분**이 있으며,
> 실용문의 경우는 내용이 명확하고 제목이 동반되어 있는 경우가 대부분이고,
> 중간에 제시되는 「**소제목**」 등을 통해서 내용 파악이 매우 수월하기 때문이다.

1) 따라서, **필요한 정보를 빠르게 처리**하는 요령을 습득하고
2) **충분히 연습**만 해 둔다면, 오히려 고득점을 가져갈 뿐 아니라,
3) **시간**마저도 **단축**시킬 수 있는 요소로 삼을 수 있을 것이다.

■ 문제 풀이 요령

① 목적 문제 풀이법 – 제목을 최대한 활용하자

예시문항과 2025 기출을 보면
신유형은 「글의 제목」 및 「목적」을 묻는 문제가 출제될 가능성이 크다.
이들 중 글의 「목적」을 찾는 유형은 **민원 등의 이메일을 제시**한다.

따라서, 1) 본문에 제시된 **제목을 통해서** 주요 **글의 소재**를 빠르게 파악해내고,
2) 이를 선지와 대조하여 **소재를 확정**하고,
3) 각 **선지 사이의 차이점**을 통해서 문제가 요구하는 사항을 파악하여,
4) 본문을 통해 답을 도출시킨다.

[1-2] 다음 글을 읽고 물음에 답하시오.

2025 예시문제

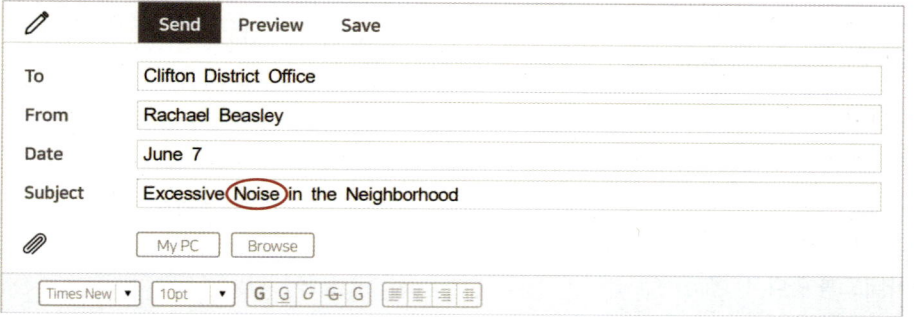

To whom it may concern,

I hope this email finds you well. I am writing to express my concern and frustration regarding the excessive noise levels in our neighborhood, specifically coming from the new sports field.

As a resident of Clifton district, I have always appreciated the peace of our community. However, the ongoing noise disturbances have significantly impacted my family's well-being and our overall quality of life. The sources of the noise include crowds cheering, players shouting, whistles, and ball impacts.

I kindly request that you look into this matter and take appropriate steps to address the noise disturbances. Thank you for your attention to this matter, and I appreciate your prompt response to help restore the tranquility in our neighborhood.

Sincerely,
Rachael Beasley

1. 윗글의 목적으로 가장 적절한 것은?
① 체육대회 소음에 대해 주민들의 양해를 구하려고
② 새로 이사 온 이웃 주민의 소음에 대해 항의하려고
③ 인근 스포츠 시설의 소음에 대한 조치를 요청하려고
④ 밤시간 악기 연주와 같은 소음의 차단을 부탁하려고

ⅰ) 제목: 이웃의 과도한 소음 문제
ⅱ) 선지에 소음이 공통적으로 등장: 소음이 주요 소재
ⅲ) 각 선지는 소음원이 다름(체육대회 / 새로운 이웃 생활소음 / 스포츠 시설 / 악기)
ⅳ) 전반부의 스포츠 시설(from the new sports field)을 통해서 ③을 답으로 고를 수 있음.

② 제목 문제 풀이법

이는 주제문 풀이와 매우 유사한 형태이나, 보다 수월한 문제에 해당한다.

즉, 영어는 기본적으로 두괄식이고, 따라서 글의 **전반부**가
전체 **주제 즉, 제목을 설명하는 자리**이므로,
전반부를 유의해서 자세히 해석하도록 한다.

따라서, 주제문에서 연습한 바,
1) **선지를 비교하여** 소재/ 태도 등의 **차이점을 잡아내고**,
2) 이를 전반부에서 빠르게 찾아내도록 한다.

다음 글을 읽고 물음에 답하시오. 2025 예시문제

We're pleased to announce the upcoming City Harbour Festival, an annual event that brings our diverse community together to celebrate our shared heritage, culture, and local talent. Mark your calendars and join us for an exciting weekend!

Details
- Dates: Friday, June 16 – Sunday, June 18
- Times: 10 : 00 a.m. – 8 : 00 p.m. (Friday & Saturday)
  10 : 00 a.m. – 6 : 00 p.m. (Sunday)
- Location: City Harbour Park, Main Street, and surrounding areas

Highlights
- Live Performances
Enjoy a variety of live music, dance, and theatrical performances on multiple stages throughout the festival grounds.
- Food Trucks
Have a feast with a wide selection of food trucks offering diverse and delicious cuisines, as well as free sample tastings.

For the full schedule of events and activities, please visit our website at www.cityharbourfestival.org or contact the Festival Office at (552) 234-5678

(A)에 들어갈 윗글의 제목으로 가장 적절한 것은?
① Make Safety Regulations for Your Community
② Celebrate Our Vibrant Community Events
③ Plan Your Exciting Maritime Experience
④ Recreate Our City's Heritage

ⅰ) 선지 비교 : 주요 소재가 다름
① 안전 규정 제정(주요 소재: 안전규정)
② 커뮤니티 이벤트 홍보(주요 소재: 커뮤니티 이벤트)
③ 해상 경험 계획 세우기(주요 소재: 해상 경험)
④ 우리 시의 문화유산 재현하기(주요 소재: 문화유산)

ⅱ) 글의 전반부의 "곧 열릴 연례행사 City Harbour Festival 발표" (announce the upcoming City Harbour Festival, an annual event) 의 표현을 통해서 ②의 이벤트 홍보를 정답으로 고를 수 있다.

③ 내용일치/불일치 풀이법

본 문제의 경우도 기존의 일치/불일치와 풀이법은 동일하다.

다만, 앞선 지문에서 보여지듯, 「소제목」이 제시되어 있는 경우가 대부분이므로,

1) **선지를 먼저 확인**하고 이를 통해서
2) 필요한 정보를 빠르게 찾아내 답을 선택한다.

[예시문제]

We're pleased to announce the upcoming City Harbour Festival, an (annual) event that brings our diverse community together to celebrate our shared heritage, culture, and local talent. Mark your calendars and join us for an exciting weekend!

Details
- Dates: Friday, June 16 – Sunday, June 18
- Times: 10 : 00 a.m. – 8 : 00 p.m. (Friday & Saturday)
  10 : 00 a.m. – 6 : 00 p.m. (Sunday)
- Location: City Harbour Park, Main Street, and surrounding areas

Highlights
- Live Performances
Enjoy a variety of live music, dance, and theatrical performances on multiple stages throughout the festival grounds.
- Food Trucks
Have a feast with a wide selection of food trucks offering diverse and delicious cuisines, as well as free sample tastings.

For the full schedule of events and activities, please visit our website at www.cityharbourfestival.org or contact the Festival Office at (552) 234-5678

City Harbour Festival에 관한 윗글의 내용과 일치하지 <u>않는</u> 것은?
① 일 년에 한 번 개최된다. (개최 방식 (annual))
② 일요일에는 오후 6시까지 열린다. (시간대 details)
③ 주요 행사로 무료 요리 강습이 진행된다.
④ 웹사이트나 전화 문의를 통해 행사 일정을 알 수 있다.
　(문의 및 추가 정보: 주로 맨 끝에 제시됨)

★ 풀이의 순서 ★

① 항상 「동의어」-「일치」-「목적/제목」 순서로 푼다.

② 비교적 간단한 동의어를 맨 먼저 푼다.

③ 일치를 풀다보면 전체 내용이 파악되므로 목적·제목을 다시 풀 필요가 없다.

이렇게 하면, **문제풀이 시간을 크게 단축**시킬 수 있다.

이론 설명 적용하기

[01-02] 다음 글을 읽고 물음에 답하시오. 2025 국가직

(A)

Each year in July people all over the world aim to exclude common plastic waste items from their daily life, opting instead for reusable containers or those made from biodegradable materials. We think this is a great idea and why not make it a year-round effort at home and in the workplace.

The vision started in Western Australia in 2011 and has since moved across the world to help promote the vision and stop the earth becoming further saturated with plastic materials which are part of our convenience lifestyle.

Lots of items are designed to be used once and disposed of. They fill up bins in homes, schools, at work and on streets across the world.

You can assist in achieving the goal of having a world without plastic waste.

Choose what you will do
☐ Avoid single-use plastic packaging
☐ Target the takeaway items that could end up in the ocean
☐ Go completely plastic free

I will participate
☐ for 1 day   ☐ for 1 week   ☐ for 1 month   ☐ from now on

- aim to ® ~을 목표로 하다
- exclude 제외하다, 배제하다
- common 일반적인
- daily life 일상생활
- opt for ~를 선택하다
- reusable 재사용 가능한
- container 용기
- biodegradable 생분해성
- be saturated with ~로 포화되어 있다
- dispose of 처분하다
- assist ~을 돕다
- target 겨냥하다
- participate (in) 참여하다

01
(A)에 들어갈 윗글의 제목으로 가장 적절한 것은?

① Development of Single-Use Items
② Join the Plastic-Free Challenge
③ How to Dispose of Plastic Items
④ Simple Ways to Save Energy

02
윗글에서 캠페인에 관한 내용과 일치하지 <u>않는</u> 것은?

① 2011년 서호주에서 시작되었다.
② 플라스틱 과다 사용을 줄이기 위해 전 세계로 확산되었다.
③ 실천할 활동을 선택하여 참여할 수 있다.
④ 최대 한 달까지 참여할 수 있다.

정답 및 해설

01

정답해설 ② 플라스틱 프리 챌린지에 참여하기
→ 글에서는 사람들로 하여금 일회용 플라스틱 사용을 줄이기 위한 캠페인에 참여하도록 독려하고 있다. 구체적으로는 "You can assist in achieving the goal…" 등의 표현과 글의 후반부에서는 체크리스트와 기간 선택 항목까지 있어 참여형 캠페인임을 알 수 있다.

오답해설 ① 일회용품의 개발
→ 글에서는 플라스틱 사용을 하지 "말자"는 캠페인을 홍보하고 있는 것이다. 해당 선지는 글에 서술된 캠페인의 목적과 반대된다.
③ 플라스틱 제품을 처리하는 방법
→ 플라스틱을 어떻게 처리할지에 대한 방법 설명은 아니다.
④ 에너지를 절약하는 간단한 방법들
→ 글의 주제는 플라스틱 줄이기에 관한 것이지 에너지 절약과는 관련이 없다.

정답 ②

02

정답해설 ④ 최대 한 달까지 참여할 수 있다.
→ 마지막의 "from now on(지금부터 계속)" 이라는 선택지가 있어 '최대 한 달'이라는 제한이 없다. 따라서 해당 내용은 일치하지 않는다.

오답해설 ① 2011년 서호주에서 시작되었다.
→ "The vision started in Western Australia in 2011…"을 통해 이 캠페인은 2011년 서호주에서 시작되었다는 것을 알 수 있다.
② 플라스틱 과다 사용을 줄이기 위해 전 세계로 확산되었다.
→ "…and has since moved across the world to help promote the vision and stop the earth becoming further saturated with plastic materials…"를 통해 플라스틱으로 더 포화되는 지구를 막기 위해 전 세계로 퍼졌다는 것을 알 수 있다.
③ 실천할 활동을 선택하여 참여할 수 있다.
→ "Choose what you will do"를 통해 실천 활동을 직접 선택할 수 있다는 것을 알 수 있다.

해석 (A) 플라스틱 프리 챌린지에 참여하기
매년 7월이 되면 전 세계 사람들이 일상생활에서 흔히 사용하는 플라스틱 쓰레기를 없애기 위해 노력하며, 그 대신 재사용 가능한 용기나 생분해성 소재로 만든 제품을 선택합니다.
우리는 이것이 아주 좋은 아이디어라고 생각하며, 이러한 노력을 가정과 직장에서 연중 계속 이어가 보면 어떨까 제안드려요!
이 운동은 2011년 서호주(Western Australia)에서 시작되었고, 이후 전 세계로 퍼져 나가면서 이 비전을 알리고, 플라스틱으로 점점 더 포화되어 가는 지구를 멈추기 위한 활동으로 이어지고 있습니다. 플라스틱은 우리가 누리는 편리한 생활 방식의 일부이기도 합니다.
많은 물품들이 한 번 쓰고 버리도록 설계되어 있으며, 이로 인해 가정, 학교, 직장, 거리 곳곳의 쓰레기통이 가득 차게 됩니다.
여러분은 플라스틱 쓰레기 없는 세상이라는 목표를 달성하는 데 동참할 수 있습니다.
당신이 실천할 수 있는 행동을 선택하세요:

☐ 일회용 플라스틱 포장 사용 피하기
☐ 바다에 흘러들어갈 수 있는 테이크아웃 용품 줄이기
☐ 플라스틱을 아예 사용하지 않기

참여 기간 선택하기:
☐ 1일 동안   ☐ 1주 동안   ☐ 1달 동안   ☐ 지금부터 계속

정답 ④

[03 – 04] 다음 글을 읽고 물음에 답하시오.

Consular services

We welcome all feedback about our consular services, whether you receive them in the UK or from one of our embassies, high commissions or consulates abroad. Tell us when we get things wrong so that we can <u>assess</u> and improve our services.

If you want to make a complaint about a consular service you have received, we want to help you resolve it as quickly as possible. If you are complaining on behalf of someone else, we must have written, signed consent from that person allowing us to share their personal information with you before we can reply.

Send details of your complaint to our feedback contact form. We will record and examine your complaint, and use the information you provide to help make sure that we offer the best possible help and support to our customers. The relevant embassy, high commission or consulate will reply to you.

☐ consular service 영사 서비스
☐ embassy 대사관
☐ high commission 고등판무관 사무소
☐ assess 평가하다
☐ improve 개선하다
☐ make a complaint 민원을 제기하다
☐ on behalf of 대표하여, ~를 대신하여
☐ personal information 개인 정보
☐ examine 조사하다, 검토하다
☐ offer 제공하다
☐ relevant 관련 있는

03

밑줄 친 assess의 의미와 가장 가까운 것은?

① upgrade
② prolong
③ evaluate
④ render

04

윗글의 목적으로 가장 적절한 것은?

① to give directions to the consulate
② to explain how to file complaints
③ to lay out the employment process
④ to announce the opening hours

정답 및 해설

03 **정답 해설** assess는 이 문맥에서 "평가하다, 판단하다"라는 뜻이다.
③ evaluate 평가하다

오답 해설 ① upgrade 향상시키다
② prolong 연장하다
④ render ~하게 만들다, 주다

정답 ③

04 **정답 해설** ② 민원을 제기하는 방법을 설명하기 위해
→ 글의 주요 내용은 "If you want to make a complaint about a consular service ~" "Send details of your complaint to our feedback contact form." 등의 문장을 통해 영사 서비스에 대한 민원을 어떻게 제기하는지, 누가 민원을 제기할 수 있는지, 민원 처리 절차는 어떤지에 대해 설명하고 있다는 것을 알 수 있다.

오답 해설 ① 영사관으로 가는 길을 안내하기 위해
→ 영사관 위치나 길 안내에 대한 정보는 확인할 수 없다.
③ 채용 절차를 설명하기 위해
→ 채용 절차에 대한 내용은 확인할 수 없다.
④ 영업 시간을 공지하기 위해
→ 운영 시간에 대한 언급은 확인할 수 없다.

해석 영사 서비스
영국 내에서든 해외의 대사관, 고등판무관 사무소, 영사관에서든 영사 서비스를 받으셨다면 모든 피드백을 환영합니다. 저희가 실수했을 때 알려주시면, 서비스를 평가하고 개선할 수 있습니다.
받으신 영사 서비스에 대해 민원을 제기하고 싶으시다면, 가능한 한 빨리 해결해 드리고자 합니다. 다른 사람을 대신해 민원을 제기하는 경우, 그 사람의 서명된 서면 동의서가 있어야만 저희가 해당 정보를 공유하고 답변할 수 있습니다.
민원 내용을 피드백 문의 양식을 통해 보내주세요. 저희는 귀하의 민원을 기록하고 검토하며, 제공해 주신 정보를 활용해 고객에게 가능한 최고의 도움과 지원을 제공하기 위해 노력하겠습니다.
해당 대사관, 고등판무관 사무소 또는 영사관이 직접 답변을 드릴 것입니다.

정답 ②

[05-06] 다음 글을 읽고 물음에 답하시오.

To: Carlson District Office
From: John Hankook
Date: November 20
Subject: Excessive Noise in construction site

To whom it may concern,

I am writing to express my concern about the excessive noise caused by the construction site near the city hall. I am a resident of Carlson Avenue, which is located within 100 meters of the construction site. The construction noise have been disturbing my daily life and affecting my health and well-being. The noise level often exceeds the legal limit of 50~70dB, depending on the time of day and the type of construction work. Now I have been suffering from insomnia, headache, and anxiety due to the constant noise. I request that you take immediate and effective <u>measures</u> to reduce the noise, such as adjusting the working hours, using low-noise construction equipment, and monitoring the noise levels regularly. I hope that you will take this matter seriously and respond to my complaint as soon as possible. I appreciate your attention and cooperation.

Sincerely,
John Hankook

- concern 관계, 우려
- excessive 과도한
- construction site 공사 현장
- resident 거주자
- disturb 방해하다, 불안하게 만들다
- exceed 초과하다
- the legal limit 법적 제한 수치
- depending on ~에 따라
- insomnia 불면증
- anxiety 불안
- due to ~로 인해, 때문에
- constant 계속되는
- request ~을 요청하다
- and effective 효과적인
- measure 조치
- reduce 줄이다
- adjust 조정되다
- equipment 장비
- seriously 심각하게
- complaint 불만
- appreciate 감사하다, 이해하다
- attention 관심
- cooperation 협조

05

윗글의 목적으로 가장 알맞은 것은?

① 공사 소음에 대한 조치를 요청하려고
② 층간 소음 문제에 대하여 항의하려고
③ 시립 경기장 응원 소음에 대해 양해를 구하려고
④ 인테리어 공사로 인한 소음에 대하여 주민들에게 양해를 구하려고

06

밑줄 친 measures 와 그 의미가 같은 것은?

① actions   ② estimates   ③ levels   ④ standards

정답 및 해설

05 정답 해설 | 글의 목적을 물어보는 경우 기존의 주제/제목/요지/주장과 동일한 유형으로 생각하고, 글의 첫 문단에서 주제를 파악하면 글의 목적 또한 쉽게 파악할 수 있다. 글의 첫 시작 부분의 "I am writing ~"이라는 표현을 통해 글을 쓰는 이유를 알 수 있으므로 해당 부분을 집중해서 보면 그 뒤에 나오는 "to express my concern about the excessive noise caused by the construction site"를 통해 공사 소음으로 인한 불만을 표출하기 위해 글을 작성했다는 것을 알 수 있다. 따라서 글의 목적으로 가장 적절한 것은 ①이다.

정답 ①

06 정답 해설 | measure 자체로 "조치"의 의미를 갖고 있으며, 이와 더불어 "불만" 글을 썼다면 일반적으로 "불만 내용 – 불만 이유 – 조치 요구"의 방식으로 글을 쓴다. 밑줄 친 부분은 "조치"에 해당하는 부분이므로 "조치를 취한다 = 행동을 취한다"의 내용으로 밑줄 친 measures 의 의미를 파악하는 것이 옳다.

해석 | 관계자 분께,

시청 인근 공사장에서 발생하는 과도한 소음에 대해 우려를 표하기 위해 이 글을 씁니다. 저는 공사장에서 100미터 이내에 위치한 Carlson Avenue에 거주하고 있습니다. 공사장 소음으로 인해 일상생활에 지장을 받고 있으며, 이는 저의 건강과 웰빙에 영향을 미치고 있습니다. 소음 수준은 하루 중 시간대와 공사 종류에 따라 법적 허용치인 50~70dB를 초과하는 경우가 많습니다. 지금은 계속되는 소음으로 인해 불면증과 두통, 불안에 시달리고 있습니다. 작업 시간 조정, 저소음 건설 장비 사용, 소음 수준의 정기적인 모니터링 등 즉각적이고 효과적인 소음 저감 조치를 취해 주시기를 부탁드립니다. 이 문제를 심각하게 받아들이고 저의 불만 사항에 대해 최대한 빨리 답변해 주시기 바랍니다. 관심과 협조에 감사드립니다.

John Hankook 드림

정답 ①

[07 - 08] 다음 글을 읽고 물음에 답하시오.

(A)

Welcome to the Hillstown city Music Festival: This is a celebration of various genres of music around the world.

Details
- Dates: From November 24 to 26, 2023.
- Times: 6 : 00 p.m ~ 10 : 00 p.m (Friday and Saturday)
   4 : 00 p.m ~ 8 : 00 p.m (Sunday)
- Location: Hillstown Center Park and surrounding areas.

Highlights
- Live Concerts
You can watch live concerts of famous singers, bands, and DJs, as well as discover new and emerging talents.

- Fun and Interactive activities
You can also join workshops, games, quizzes, and contests related to music.

- Support a good cause
The festival is also a charity event that aims to raise funds and awareness for various social and environmental issues. You can donate to the organizations of your choice.

- Get your tickets now
You can choose from different types of tickets, such as single-day, multi-day, or VIP passes.

For more information, please visit our website at www.Hillstownmusic.org or contact the Festival office at (51) 234-7890.

07

(A)에 들어갈 윗글의 제목으로 알맞은 것은?

① Donate for environmental issues
② Now or Never: Save our Planet!
③ Music festival for Fun and Environment
④ Support the Charity of your choice

08

Hillstown city Music Festival에 관한 윗글의 내용과 일치하는 것은?

① 매 2년마다 개최되는 축제이다.
② 운영위원회에 의해 지정된 단체에 기부할 수 있다.
③ VIP 티켓은 오직 전화로만 주문이 가능하다.
④ 음악과 관련된 게임에 참가할 수도 있다.

- celebration 축하 행사
- genre 장르
- around the world 전 세계적으로
- surrounding 주변의
- as well as ~뿐만 아니라
- emerging 떠오르는
- interactive 상호 작용하는
- relate to 관련되다
- support 지지하다
- a good cause 대의
- charity 자선
- aim 목표, ~를 목표로 하다
- fund 기금
- awareness 인식
- issue 문제
- donate 기부하다
- organization 단체
- contact 연락, 연결

정답 및 해설

07

정답 해설 글을 쓴 목적은 "Support a good cause"에서 확인할 수 있으며, "aims to raise funds and awareness for various social and environmental issues."를 통해 환경을 위한 모금을 목적으로 한 음악 축제를 홍보한다는 것을 알 수 있다. 따라서 글의 제목으로 가장 적절한 것은 해당 내용을 담고 있는 ③이 가장 적절하다.

해석
① 환경 문제를 위한 기부
② 지금입니다: 지구를 구하세요!
③ 재미와 환경을 위한 음악 축제
④ 당신이 선택한 자선 단체를 지원하세요.

정답 ③

08

정답 해설 ④ 음악과 관련된 게임에 참가할 수도 있다.
→ "Fun and Interactive activities ."를 통해 해당 내용을 확인할 수 있다.

오답 해설
① 매 2년마다 개최되는 축제이다.
→ 해당 내용은 확인할 수 없다.
② 운영위원회에 의해 지정된 단체에 기부할 수 있다.
→ "You can donate to the organizations of your choice."를 통해 자신이 선택한 단체에 기부할 수 있다는 것을 확인할 수 있다. 따라서 ②의 내용은 옳지 않다.
③ VIP 티켓은 오직 전화로만 주문이 가능하다.
→ 해당 내용은 확인할 수 없다.

해석 Hillstown 시 음악 축제에 오신 것을 환영합니다. 전 세계의 다양한 장르의 음악 축제입니다.

세부 사항
■ 일자: 2023년 11월 24일부터 26일까지.
■ 시간대: 오후 6시~10시(금,토) 오후 4시~8시(일)
■ 위치: Hillstown 센터파크 및 주변지역

하이라이트
■ 라이브 콘서트
유명 가수, 밴드, DJ의 라이브 콘서트를 볼 수 있을 뿐만 아니라 새롭고 떠오르는 재능을 발견할 수 있습니다.
■ 재미 있고 상호 작용적인 활동
음악과 관련된 워크샵, 게임, 퀴즈, 콘테스트에 참여할 수도 있습니다.
■ 좋은 대의를 지지합니다
이 축제는 또한 다양한 사회 및 환경 문제에 대한 기금과 인식을 모으는 것을 목표로 하는 자선 행사입니다. 당신은 당신이 선택한 단체에 기부할 수 있습니다.
■ 지금 티켓을 구매하세요.
1일권, 다일권 또는 VIP 패스와 같은 다양한 유형의 티켓을 선택할 수 있습니다.

자세한 사항은 당사 홈페이지(www.Hillstownmusic.org)를 방문하시거나 (51) 234-7890으로 페스티벌 사무실로 문의하시기 바랍니다.

정답 ④

[09 – 10] 다음 글을 읽고 물음에 답하시오.

Dear Ms. Myers

RE: Response to Complaint
We refer to your letter of complaint dated January 24, 2011. Thank you for writing to us on your experience with our products. We appreciate the good feedback to improve our products and services.
It is common for some materials to shrink a little after its first wash. Please allow us to apologize that our service staff did not caution you of this fact for the drape you purchased. Please come in during our office hours to make the change with your right measurements for your new set of drapes. We hope that your home will be beautifully draped with more Beautiful Drapes products.

Yours sincerely,
Customer Service
Beautiful Drapes

09
윗글의 목적으로 가장 적절한 것은?
① 제품 사용의 경험에 대해 항의하려고
② 드레이프 제품의 세탁법에 대해 안내하려고
③ 소비자의 불만족에 관해 사과하려고
④ 드레이프 제품의 더 많은 구매를 유도하려고

10
밑줄 친 "shrink"의 의미와 가장 가까운 것은?
① drop   ② strengthen
③ contract   ④ withdraw

정답 및 해설

09 정답해설 ③ 소비자의 불만족에 관해 사과하려고
(→ 이 글은 소비자가 보낸 항의 편지에 대해 답장을 보내는 내용으로서, 제품을 판매할 때 제품이 첫 세탁 이후 줄어들 수 있다는 것을 알려주지 않았다는 것을 사과하고 있다. 따라서 이 글의 목적으로 가장 적절한 것은 ③이다.)

오답해설 ① 제품 사용의 경험에 대해 항의하려고
(→ 이 글은 소비자의 편지가 아닌, 소비자에게 보내는 제품 판매사 측의 서한이므로 ①은 이 글의 목적으로 적절하지 않다.)
② 드레이프 제품의 세탁법에 대해 안내하려고
(→ 이 글은 소비자의 구매 경험 이슈에 관해 판매 측에서 사과의 답변을 보내고 있으나, 세탁법에 관해 구체적으로 안내하는 안내글은 아니다.)
④ 드레이프 제품의 더 많은 구매를 유도하려고
(→ 이 글은 소비자의 제품에 대한 불만족에 대응하는 답변을 담고 있는 편지이며, 더 많은 제품 판매를 유도하는 것은 주된 목적이라고 볼 수 없다.)

정답 ③

10 정답해설 ③ 수축하다, 계약을 맺다
(→ 이 글에서 "shrink"는 문장의 앞뒤 맥락상 커튼과 같은 물건의 소재가 줄어들거나 작아졌다는 것을 의미하므로, 물건이 수축되었다는 'contract'의 단어가 'shrink'의 동의어로 가장 적절하다.)

오답해설 ① 떨어지다
(→ 이 글에서 의미하는 "shrink"는 제품의 수축을 나타내므로, 제품이 떨어졌다는 것은 이 글의 내용과 부합하지 않는다.)
② 강해지다, 강화하다
(→ 이 글은 제품이 세탁 이후 수축되는 것에 관해 소비자에게 말하고 있으므로, 제품이 강해졌다는 것은 이 글의 내용과 어긋난다.)
④ 움츠러들다, 위축되다, 후퇴하다
(→ 이 글은 소비자가 구매한 커튼 제품이 세탁 이후 줄어들은 것을 언급하고 있으므로, 사람의 태도 또는 입장, 행위 등의 철수, 후퇴 등을 언급하는 'withdraw'는 동의어로 볼 수 없다.)

해석 Myers 귀하

RE: 불만사항에 대한 답변입니다.
2011년 1월 24일자 귀하의 불만 서한을 참고하여 전달드립니다. 당사 제품에 대한 귀하의 경험에 대해 의견 내용을 보내주셔서 감사합니다. 당사 제품과 서비스를 개선하기 위한 좋은 피드백에 감사드립니다.
일부 소재는 첫 세탁 후에 약간 줄어들기도 합니다. 저희 서비스 직원이 구매하신 드레이프에 대해 이러한 사실을 주의시켜 드리지 않은 점에 대해 사과의 말씀을 드립니다. 저희가 근무하는 시간 내에 오셔서 새 드레이프 세트에 대해 정확한 치수로 교환해 주시기 바랍니다. 저희는 귀하의 가정이 더 아름다운 드레이프 제품들로 아름답게 장식되기를 바랍니다.

그럼 안녕히 계십시오.
고객 서비스 팀
Beautiful Drapes 올림

정답 ③